KB200502

Contents

Contents

Contents

Contents

다

Contents

Contents

Contents

Contents

Contents

Contents

Contents

자

Contents

Contents

Contents

Contents

Contents

거룩하신 성령이여
(Holy Spirit we welcome You)

Chris Bowater

거 룩 하 신 - 성 령 이 여 - - -
우 리 에 게 - 임 하 소 서 -

성 령 의 - 불 - 로 오 셔 서 -

세 상 헛 된 마 음 태 우 소 서 -

손 들 고 - 주 를 바 랄 때 -

성 령 이 여 - - 성 령 이 여 - -

성 령 이 여 - - 임 하 소 서 -

2 거리마다 기쁨으로

(Hear our praise)

Reuben Morgan

거리마 - 다기 - 쁨으 - 로 -
십자가 - 앞에 - 행할 - 때 -

춤 을추 - 게하 - 시고 -
주 의빛 - 비추 - 시고 -

주 의백 - 성기 - 도할 - 때 -
물 이바 - 다덮 - 음같 - 이 -

이 땅회 - 복하 - 소서 -
주 영광 - 채우 - 소서 -

산 위

에 서 -   계 곡 까 지 -   우 리

찬 양 -   울 리 네   하 늘

거리마다 기쁨으로

3

거룩하신 하나님

(온 세상 찬양하네 / All the heavens)

Reuben Morgan

거룩 하-신 하나-님- -온 세상-주의-영- -광 가 득-해

열 방 들-아 일 어-나- 경배-와찬-양- -드 -려-

주 얼-굴 비 출-때-주사심- 모두-알 리- - 온하늘

- -찬 양 하 네 아 름다-우신-주 - 온

우주찬 - 양해- 할렐-루-야-우 리왕- -께 -

광대하신 주
(Mighty is our God)

Eugene Greco/Gerrit Fustafson &
Don Moen

광대하 - 신 주 -　　전능하 - 신 왕 -

전능하 - 신 주 -　　만물의주 - 관 자 -

하나님께 - 영광 -　　우리왕께 - 영광 -

주님께 - 영광 -　　만물의주 - 관 자　온 세상

위 - 에 -　가장높으 - 신 그 - 이름 -　그 능력

크 도다 -　만 물을창조 - 하 셨 - - 네

5 나는 아네 내가 살아가는 이유

(불을 내려 주소서)

천관웅

1. 나 는 아 네 내 가 살 아 가 는 이 유
   작 은 불 이 큰 산 모 두 태 우 듯 이
2. 주 발 앞 에 신 을 벗 고 기 도 하 니
   성 령 으 로 연 단 받 은 불 의 사 람

[1.] 불 이 되 는 것
[2.] 불 을 주 소 서

나 를 쓰 소 서
되 게 하 소 서

불을- 내 려주- 소서 - 내게- 성령의 -불 을-

죽 어진 -영 혼 - 살 릴 수있 -도 록 - 나를 -

태 워주 - 소서 - 제단 - 위 에나 -를 드 -리 니 -

열 방의 -불 -로 - 세우- 소 서 - -

나는 아네 내가 살아가는 이유

태 - 우소 - 서부 - 으 소 - 서 성 - 령의 - 불

을

불을 - 내려주 - 소서 - 내게 -

성 령의 - 불을 - 죽어진 - 영혼 - 살

릴 수있 - 도록 - 나를 - 태 워주 - 소서 - 제단 -

위 에나 - 를 드 - 리 니 - 열 방의 - 불 - 로

- 세우 - 소 서 - -

6 나는 순례자

JOYCE, LEE

1. 나는순 례 자 - 이세상 에서 - 언젠가
2. 나는순 례 자 - 방황하 지만 - 예수내
3. 나는순 례 자 - 피곤한 몸을 - 하늘나

집에 - 돌아가 리 - 어두운 세상 - 방황치
구주 - 이끄시 네 - 영광의 나팔 - 소리들
라에 - 누이시 네 - 주볼때 마다 - 영광나

않고 - 예수와 함께 - 돌아가 리 -
릴때 - 천사날 위해 - 찾아오 리 -
타나 - 승리를 위해 - 찬양하 리 -

나는순 례 자 - 돌아가 리 - 날기다

리는 - 밝은곳 에 - 곧돌아 가리 - 기쁨의

나라 - 예수와 함께 - 길이살 리 -

나를 위해 오신 주님

(사랑의 손길)

7

C

문찬호

1. 나를 위 해 오신주님 나 의죄 를 위하여서 유대민
   말 도 - 없 이 우 리에 게 사 - 랑 을 보여주
2. 이세상 에 오신주님 나 의죄 를 위하여서 로마병
   말 도 - 없 이 우 리에 게 평 - 안 을 약속하

족 들 - 에 게 잡 히 시 던 - - 그날밤 에 아무런
신 주님예 수 십 자 가 를 - - 지 - 셨
정 창 과칼 에 찔 리 시 던 - - 그날오후 아무런
신 주님예 수 십 자 가 에 - - 못박혔

네 그러나언 젠가 주님을 부인 하며 원망 하 고 있을때 에

나에게 오 셔서 사랑의 손 길로 어루만 지 셨 네

거절할 수 없어 외면할 수 없어주님의 그 손을 잡았었 네

주님 의 사 랑에 뜨거운 눈 물을 흘리고야 말았 다 네

8 나 실패 거듭해

(내 안의 중심이 주를 찬양 / From The Inside Out)

Joel Huston

나 실패 거-듭 해 -다시 넘 -어져도- 주 자비

와 은혜-로 - 날 안아 - 주 시 네 변함없 - 는 주 님의빛 비

추 시 네 영원하 -신 주 영광 온 땅 가 득 해

내삶의 소-망 은- 주 뜻 -구하며- 나자신

을버리-고- 주님 -을찬 양 변함없 - 는 주님의빛 비

추 시 네 영원하 -신 주 영광온땅 가 득 해

내맘과영혼 - 모두드리리 - 성령의불로 태우소서

나 실패 거듭해

주님의 의로 - 날 감싸소서 - 주를 더 사랑 하 도 록

하 도 록 변함없 - 는 주님의 빛 비 추 시 네 영원하

- 신 주 영광 온 땅 가 득 해 내 맘의 - 소망은 - 주님을 - 찬 양 내안의

- 중 심 이 주 를 - 찬 양 변함없 - 찬 양 해 -

9 나에게 건강있는 것

(하나님을 위하여)

김석균

1. 나에게 건강있는 것 주님 일 하라준 것인 데 나에게 지식있는 것 주님 일 하라준것인 데 너희는 청년의때 에 창조주 - 하나님 을 기억 하라 말씀하신 하 나-님 왜 - 잊었는 가 금보다 귀한세 월 나를 위 해무엇했느 냐 예수님 - 나에게 들-으시니 회개 의 눈물 뿐이 네

2. 나에게 물질있는 것 주님 일 하라준 것인 데 나에게 명예있는 것 주님 일 하라준것인 데 재물과 하-나님 을 겸하여 - 섬-기 지 못하리 라 말씀하신 하 나-님 왜 - 잊었는 가 썩을 것 위 해서는 수많 은 시간을쓰면 서 주님을 - 위해서 무얼했는 지 부-끄러움 뿐이 네

3. 나에게 하나님한 분 그것으로-족하지요 한순간 한-순간 이 은혜 와 감격뿐이 지 요 먼- 저 그의나라 와 그의의 - 를구하 라 세상살 아 가는법을 말 씀하신 나 - 의하나 님 지금의 나 된것 은 주님 의 크신은혜이 니 일할수 - 있을때 힘써일하라 하 - 나 님을 위하여

나의 만족과 유익을 위해
(Knowing You)

Graham Kendrick

나의 만족과유익을위-해가지려했던세
의 능력체험하면-서주의고난에동

상 일들 이젠 모두 다 해로 여 기-고 주님
참 하고 주의 죽으심 본을 받 아-서 그의

을위해다 버리 네 내안에 가장
생 명에참 예하 네

귀한것 주 님 을앎 이 라 모든

것 되 시며- 의와 기쁨 되신주 사 랑 합 니 다

- 부활 합 니 다 - 나의 주 -

18/ 내가 영으로   20/ 내 안에 사는 이   133/ 목 마른 사슴

11 나의 생활 나의 문제

(이제라도)

박장호

1. 나의생 활 나의문 제 내 맘대로 안되 요
2. 없는것 이 죄인가 요 나 를멀리 하여 도
3. 나의소 망 나의기 도 주 님이루 십니 다

나의연 단 나의시 험 아 무 도모 릅니 다
가 - 진 것 없 - 어 도 영생 복 락 있잖아 요
때가되 면 나에게 도 주 실 줄믿 습니 다

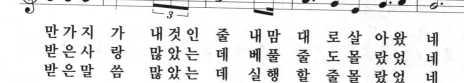

만가지 가 내것인 줄 내맘 대 로살 아왔 네
받은사 랑 많았는 데 베풀 줄 도몰 랐었 네
받은말 씀 많았는 데 실행 할 줄몰 랐었 네

이제라 도 주님앞 에 크게 한 번 울고싶어 라
이제라 도 주님앞 에 감사 하 며 살아가야 지
이제라 도 주님앞 에 말씀 대 로 살아가야 지

나의 입술의 모든 말과
(Let the words of my mouth)

Joe Mackey

나의 입술의모든말 과 나의 마음의묵상 이

주께 열 납 되 기 를 원 하 네 —

생 명 이 — 되 신 주 —
소 망 이 — 되 신 주 —

반 석 이 — 되 신 주 —
능 력 이 — 되 신 주 —

13 나의 하나님 나의 하나님

강태원

나의 하 나님 나의 하 나님 나와 함 께하신 하나 님 주님

뜻 대 로살기 원 하여 이처 럼간 구 합니 다 아버 지 아버

지 죄인 부 르 신아버 지 감사 합 니 다 감사 합니 다 늘찬
지 나를 구 하신아버 지 감사 합 니 다 감사 합니 다 이몸

송 하게 하소 서 아버 지 아버 지 은혜 베 푸신 아버 지
바 쳐살 렵니 다 아버 지 아버 지 축복 해 주신 아버 지

감사 합 니 다 감사 합 니 다 영광 받 아주 옵소 서 *Fine*
감사 합 니 다 감사 합 니 다 사명 감 당케 합소 서

나의 하나님 나의 하나님 나의 하나님 아버 지

감사 합니 다 감사 합니 다 진정 감 사합니 다 *D.S*

나 지치고 내 영혼

(날 세우시네 / You raise me up)

Brendan Graham & Rolf Loyland

나 지치 고 내 영혼 연약 - 할 - 때 - 근심 속
열 망 없 는 그런 삶은 없 - 으 - 리 - 끊임없

에 내마음 - 무거 워 주오셔 서 함께하실 - - 때
이 고동치 - 는가 슴 주오셔 서 경이로날 - - 채

까지 - 나잠 - 잠히 주님 - 을기 - 다려 날세우
우고 - 영원 - 한삶 나에 - 게주 - 시네

사 - 저산 에우 - 뚝 서 리 - 날세 - 우

사 - 풍랑가운 - 데 도 함께 하 - 심나 강하 - 게

하 네 날세우사 모든 것할 수 - 있 네

15 내가 걷는 이 길이

(하나님은 실수하지 않으신다네)

A.M.오버톤 & 최용덕

내가 걷는이 길이 - 혹 굽어도 는 - 수가 있어도 내 - 심장이 울렁 이고 -

가슴 아파도 - 내 마음 속 으로 - 여전히 기뻐하는 까닭은 - 하나

님은 실수 - 하지 않으 - 심일세 - - 내 가 세운 계획이 - 혹

빗나갈지 모르며 - 나의 희망 덧 없이 - 쓰러질수 있 지만 - 나

여전히 인도하시는 주님을 신뢰하는 까닭은 - 주께 서 내가 - 가야할길을잘아 -

심일세 - - 어두운밤 - 어둠이 깊어 날이 다시는 -

밝지 않을 것 같아 보여도 - 내 신앙 부여잡고 - 주

내가 걷는 이 길이

님께 모든것 –맡기 리니 – 하나님을–내가 믿–음일 세 – 지금

은 내가 볼수없는것 너무 많 아서 – 너무 멀리 – 가물가물 –

어른거려도 – 운명 이여 – 오라 – 나 두려워–아니 하리 – 만–

사를 주님께 – 내어 맡기리 – 차츰 차츰 – 안개는걷히고 – 하나

님 지으신 – 빛이 뚜렷이 보이리라 – 가는 길이온통 – 어–

둡게만 보여도 – 하나 님은 – 실수하지 않으신 –다네 – 차츰

님은 – 실수하지 않으신 – 다 – 네 –

Music by 최용덕 Copyright ⓒ by CAIOS. All Right Reserved. Used by permission.

16 내가 산을 향하여

김영기

내가 산을 향하여 – 눈을 들리라 라
내가 손을 들고서 – 기도 하리라 라

나의 도움 이 어디 서 올 – 꼬
나의 응답 이 어디 서 올 – 꼬

천지 지으신 여호와 – 나의 왕이 여
전지 전능한 하나님 – 나의 주시 여

영원 무궁 히 지키 시 리로 다
나의 출입 을 지키 시 리로 다

메들리 곡 17/ 내가 산 향해   32/ 복음들고 산을   48/ 어두운 밤에

내가 산 향해 눈을 들리라

(시편121편 / I Lift My Eyes Up)

Brian Doerksen

내가산향 해　눈을들리라　도움어디 서올 꼬

3rd time to Coda

나의도움 이　천지지으 신　여호와께 로　다

주님필요 해요　주님만내 소망 - 나의참 기 도

주를기다 리니　날구원하 소서 - 생명주 소 서　*D.C.*

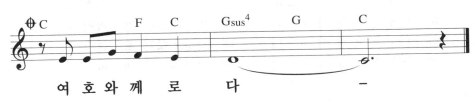

여 호 와 께 로　다　-

18 내가 영으로

최덕신

내가 처음 주를 만났을 때
(주를 처음 만난 날)

김석균

1. 내가 처음 주를 만났을 때 외롭고 도 쓸쓸한 모습 —
2. 내가 다시 주를 만났을 때 죄악으로 몹쓸 병든 몸 —
3. 내가 이제 주를 만남으로 죽음의 길 벗어나려네

말없이 홀로 걸어가신 길 은 영광을 다 버린 그네 —
조용히 내 손 잡아이끄시 며 병든 자 여 일어나거라 —
변찮는 은혜와 사랑 베푸 신 그 분 만 이 나의 구세주 —

정녕 그 분이 내 형제 구원 했 나 나의 영 혼도 구원하려나 —
눈물 흘리며 참 회하였었 네 나의 믿 음이 뜨거웠었네 —
주 예수 따라 항 상 살리로 다 십자가 지고 따라가리라 —

의심 많은 도 마처럼 물었 네 내가 주를 처 음 만난 날 —
그러 나 죄악 이 나를 삼키 고 내 영 혼 갈 길을 잃었 네 —
할렐 루 야 주를 만난 이 기쁨 영광의 찬 송을 돌리 리 —

메들리 곡   7/ 나를 위해 오신 주님   40/ 세상에서 방황할 때   73/ 주님 것을 내 것이라고

20 내 안에 사는 이
(Christ in me)

Gary Garcia

내 안에 사는 이 예수 - 그리스도-니

나의 죽음 - 도 유익 - 함이라 나의

왕 내 노래 내 생명 - 또 내 기쁨 나의

힘 나의 검 내 평화 - 나의 주 -

익 - 함이라

 메들리 곡   26/ 눈을 들어 주를 보라   27/ 능력의 이름 예수   46/ 약한 나로 강하게

내 입술로 하나님의 이름을

21

정종원

내입술로- 하나님의- 이름을 -찬송하며 -

황소를드림-보다 진정한예배를 기 쁘게받-아주시는- 주 님-

내맘으로- 하나님을- 즐겁게 -찬양하네 -

찬송을부르며- 영원히섬기리주 님께 영-광 돌리 -리 -

할 렐루-야 - 할 렐루-야-할 렐루 -할렐루야 -

할 렐루-야 - 할 렐루-야-할 렐루 -할렐루야 -

메들리 곡 55/ 온 땅과 만민들아 65/ 임마누엘 87/ 찬양을 드리며

22 내 영혼아 여호와를 송축하라

(Bless the Lord O my soul)

미가엘 600

Pete Sanchez Jr.

내영혼 아 – 여호와 를 – 송축하 라 – 내영혼

아 – 거룩하 신 – 주–이 름 찬 양 내맘과

정 성다 해주 – 찬양 해　　　송축하라

송축하 라　　– 내영

내영혼 아　　송축하 라　　내–영 혼 아

혼 아 – 송축하 라　　– 내–영 혼 아 – 송축하

송축하 라　　　　　　내영혼　송축하

라　　　　– 내–영 혼 아 –　　송축하

내 영혼아 여호와를 송축하라

C/G **Dm/G** **Em/G** **F/G**

라 내영혼아 송축하 라 내영혼아 내맘과

C/G **A**m⁷ **Dm**⁷ **G**⁷ **C**

정 성다 해찬 양 해 —

23 내 입술의 말과

(시편 19편 / Psalm 19)

Terry Butler

메들리 곡   25/ 너는 담장 너머로   44/ 아주 먼 옛날   79/ 주 예수 사랑 기쁨

너무나도 아름답도다

(영광의 나라)

라종섭

1. 너무 나도아름답도 다 주님 계 신영광의나 라
2. 금은 보화다준다해 도 나는 나 는기쁘지않 아
3. 사랑 하 는형제들이 여 기름 등 불준비합시 다

너무 나 도귀-하도 다 주님 계 신영광의보 좌
내주 님 만바-라보 니 세상 영 화부럽지않 아
주님 나 라곧임하리 니 깨어 있 어기도합시 다

아 - 아 저영광의나 라 내가소 망하오 - 니
아 - 아 저영광의나 라 내가사 모하오 - 니
아 - 아 저영광의나 라 나를기 다리오 - 니

죄가 지 곤갈-수없 어 주님 계 신영광의나 라
거듭 난 자갈-수있 어 주님 계 신영광의나 라
할렐 루 야나는가리 라 주님 계 신영광의나 라

25 너는 담장 너머로 뻗은 나무

(야곱의 축복)

김인식

너 는   담 장너 머로뻗 은 – 나무   가 지
는   어 떤시 련이와 도 – 능히   이 겨

에 푸른 – 열 매 처 럼 –   하 나 님 의 –
낼 강 한 – 팔 이 있 어 –   전 능 하 신 –

귀 한 축 – 복 – 이 –   삶 에 –   가 득 히 –

님 쳐 날 – 거 – 야 –   너   하 나 님 – 께 – 서

– 너 와 –   언 제 나 –   함 께 하 – 시 – 니 –

너 는 하 나 님 의 – 사 – 람 –   아 름 다 운 하 나

– 님 의 – 사 – 람 –   나 는 널 위 – 해 – 기 – 도 하 며

너는 담장 너머로 뻗은 나무

네 길을 - 축복할 - 거야   너는하나님의

-선-물-   사랑스런하나 - 님의-열-매 - 주의품에

-꽃피운-   나무가되어줘 -   -

26 눈을 들어 주를 보라

(See His glory)

Chris Bowater

눈을 들-어 주를 보-라 주의 영광을 보라 눈을

들-어 주를 보-라 주의 영광을 보 라 주는빛

- 거룩과 - 진 리 능력의 - 주의 영광 나타나 셨네

- 선포 - 하 라 선하 - 신 주 주의 인자는 영원함

이 - 라 선 포 - 하 라 선 하 - 신 주 주의

인자는 영원함 이 - 라 눈을 이 - 라 -

능력의 이름 예수

(Jesus Your Name)

27

Claire Cloninger & Morris Chapman

1. 능력의 이 - 름 예 - 수 / 권 능의 이 름 예 - - 수 - / 모든 강력 - - - 을 파 하는예 - 수 - / 생 명 되신 - 예 수 -
2. 치유의 이 - 름 예 - 수 / 용 서의 이 름 예 - - 수 - / 자 유 주시 - - 는 그 이 름예 - 수 -
3. 거 룩한 이 - 름 예 - 수 / 빛을 주는 - 예 - - 수 - / 모든 이 름 - - 위에 뛰 어 난예 - 수 -

28 매일 스치는 사람들

(주가 필요해 / People Need The Lord)

Phil McHugh & Greg Nelson

매일 스치는 사람들

그들은 모 두   주가 필 요 해

모 두 알 게 되 리   사 랑 의 주 님

29 먼저 그 나라와 의를 구하라

(Seek ye first)

Karen Lafferty

1. 먼 저그나－라와 의를 구하라　그 나라와 그의 를
2. 사 람이떡으로만 살것 아니오　하 나님말 씀으 로
3. 구 하라너희에게 주실 것이요　찾 으면찾 으리 라

그 리하 면이－ 모－든것을　너희에게더 하시 리 라
그 리하 면이－ 모－든것을　너희에게더 하시 리 라
문 두드 리면－ 열릴것이 라　할－렐－루 할렐루 야

할 렐 루 야 할 렐 루－야

할 렐 루 야 할렐－루 할렐 루 야

메들리 곡   27/ 능력의 이름 예수   65/ 임마누엘   133/ 목마른 사슴

무엇이 변치 않아
(십자가)

조은아

31 메마른 우리 마음
(Send Your Rain)

Don Dalton & Valerie Dalton

메 마른우— 리마 —음— 황 폐한이—땅에— 강물

같 은주— 의은 —혜 부어 주 소 서

성 령의— 비내 —려— 우 리를씻—으소—서—

우리 마음을 — 새 롭게 하소 서

— 성 령 의 — 단 비 를 — — — 온

세 계위에 부 어주— 소서 — — 성 령 의

— 단 비 로 — — — 주의 빛과 능력

메마른 우리 마음

넘쳐 나- 도록 - - 하소 서 -

주 성령-부으-사 우릴 온유케-하시 -고 주의

생 수 샘 물같 -이 넘치 소 - 서

성 령을-부으 -사 모든 민 족 모든- 방 언

- 모 든 나 라 주 께 무릎 을

꿇 게 하 소 서 - 성 령

32 복음 들고 산을
(Our God Reigns)

Leonard E Jnr, Smith

복음 들고 산 을 넘 는 자 들 의 발 길

- 아름 답 고 도 - 아름답 도 다

평 화 전 하 며 복 된 소 식 을 외 치 네

- 주 다 스 - 리 시 네

- 주 다 스 - 리 시 네

- 주 다 스 - - - - 리 시 네 네

메들리 곡   42/ 아름다운 마음들이   48/ 어두운 밤에   79/ 주 예수 사랑 기쁨

비바람이 갈 길을 막아도

(나는 가리라)

김석균

33 C

비바람이갈 길을 막 아도 나는가리 — 주의길을가 리
험한파도앞 길을 막 아도 나는가리 — 주의길을가 리

눈보라가앞길을 가 려도 나는 가리 — 주의길을가 리
모진바람앞길을 가 려도 나는 가리 — 주의길을가 리

이 길은 영광 의길 이 길은 승리 의길
이 길은 고난 의길 이 길은 생명 의길

나를구 원하 신 주 님이 십자가지고가신 길

나 는 가 리 라 주의길을가리 라

주님 발 자취 따 라 나는가 리 라

나 는가 리 라 주의길을가리 라

주님 발 자취 따 라 나는가리 라

34 사랑하는 나의 아버지

(Blessed be the Lord God Almighty)

Bob Fitts

사 랑 하 는 나 의 아 버 지 - 이 름 높 여 드 립 니 다

주 의 나 라 찬 양 속 에 임 하 시 니 - 능 력 의 주 께 찬 송 하 네

전 능 하 - 신 하 나 님 찬 - 양 언 제 나 동 일 하 신 주 - -

전 능 하 - 신 하 나 님 찬 - 양 영 원 히 다 스 리 네

나 주 의 이 름 높 - 이 리 나 주 의 이 름 높 - 이 리 - - -

하 늘 높 이 올 린 깃 - 발 - 처 럼 - - - 주 의 이 름 높 - 이 리 전 능 하 - 신

 메들리곡   53/ 예수 사랑해요   77/ 주님이 주시는   79/ 주 예수 사랑 기쁨

산과 시내와 붉은 노을과

(오셔서 다스리소서 / Lord Reign in me)

35

Brenton Brown

산과 시내-와 붉은노을-과 땅의모든-것 주다스리-네
생각을넘-어 모든말보-다 나의생활-이 말하게하소-서

내안 의갈-망 유일 한소-망 - 주님날 다스리 는것
세상 그어-떤 것보다 소중-한 - 내주님 날이 끄 심을

주오셔-서 통치 하소-서 헛된 나의-꿈 어둠거 두-사

내모든-것 다드리-니 - 오셔 서다스 리 소서 -

주오셔-서 통치 하소-서 헛된 나의-꿈 어둠거 두-사

다시한-번 나의주-님 - 오셔서 다스 리 소서 -

오셔서다스 리 소서 - 오셔서 다스 리 소서 -

메들리 곡   1/ 거룩하신 성령이여   31/ 메마른 우리 마음   56/ 완전한 사랑 보여주신

36

살아계신 성령님
(Spirit of the living God)

Paul Armstrong

살 아 계 신 성 령 님 날 붙 드 - 소 서

살 아 계 신 성 령 님 날 살 피 소 서

채 우 소 서 채 우 - 소 - 서

성 령 하 나 님 새 롭 게 하 소 서

성도들아 이 시간은

(기회로다)

1. 성 도 들 아 이 시 간 은   은 혜 받 을 기 회 로 다
2. 마 음 문 을 활 짝 열 고   찬 송 하 며 기 도 하 세
3. 타 오 르 는 제 단 위 에   모 든 죄 짐 던 지 어 라
4. 구 하 여 라 사 모 하 라   겸 손 하 고 순 종 하 라
5. 내 일 아 침 있 다 해 도   인 명 생 사 모 르 나 니

성 령 님 의 은 혜 역 사   우 리 위 에 임 하 셨 네
하 나 님 의 은 혜 말 씀   왜 못 받 아 드 리 느 뇨
성 령 불 에 못 태 운 죄   주 님 가 슴 태 우 누 나
은 혜 깊 은 하 나 님 이   우 리 더 욱 사 랑 하 리
내 일 생 에 은 혜 기 회   늘 있 는 줄 생 각 마 라

기 회 로 다   이 시 간 은   은 혜 받 을   기 회 로 다

믿 읍 시 다   받 읍 시 다   이 후 에 기 회 를 믿 지 마 라

메들리 곡   38/ 성령충만을 받고서   39/ 세상 사람 날 부러워   67/ 죄악의 사슬에서

38 성령충만을 받고서

신정의 & 이계자

성령충만을 받고 서 - 기도대장 - 될 래요
성령충만을 받고 서 - 봉사대장 - 될 래요

성령충만을 받고 서 - 전도대장 될래 요
성령충만을 받고 서 - 순종대장 될래 요

성 령은 성 령은 우 리 들 을

대장으로 - 대장으로 - 만 들 어 줘 요

메들리 곡 37/ 성도들아 이 시간은 39/ 세상 사람 날 부러워 75/ 주님 뜻 대로

세상 사람 날 부러워

(부럽지 않네)

1. 세상사람 날부러워 아니하여도
2. 세상사람 날부러워 아니하여도
3. 세상사람 날부러워 아니하여도
4. 세상사람 날부러워 아니하여도

나도역시 세상사람 부럽지않네
이세상의 권세자들 날부러워해
나도역시 부귀영화 부럽지않네
하늘나라 천군천사 날부러워해

하나님의 크신은혜 생각할때에에
성령충만 받을것을 생각할때에에
예수님의 신부될것 생각할때에에
영원토록 누릴영화 생각할때에

할렐루야 찬송이 저절로나네

40 세상에서 방황할 때

(주여 이 죄인이)

미가엘 898

안철호

1. 세상에서 방황할 때 나 - 주님을 몰랐네
2. 많은 사람 찾아와서 나의 친구가 되어도
3. 이 죄인의 애통함을 예수께서 들으셨네
4. 내 모든 죄 무거운 짐 이젠 모두 다 벗었네

내 맘대로 고집하며 온갖 죄를 저질렀네
병든 몸과 상한 마음 위로 받지 못했다오
못자국 난 사랑의 손 나를 어루만지셨오
우리 주님 예수께서 나와 함께 계신다오

예수여 이 죄인도 용서 받을 수 있 - 나요
예수여 이 죄인을 불쌍히 여겨주 - 소서
내 주여 이 죄인이 다시 눈물 흘립 - 니다
내 주여 이 죄인이 무한 감사드립 - 니다

벌레만도 못한 내가 용서 받을 수 있 나요
의지할 것 없는 이 몸 위로 받기 원합니다요
오 내 주여 나 이제는 아무 걱정 없습니다
나의 몸과 영혼까지 주를 위해 바칩니다

 메들리 곡   7/ 나를 위해 오신 주님   64/ 이 험한 세상   70/ 죄인들을 위하여

심령이 가난한 자는

41

여명현

42 아름다운 마음들이 모여서

아름다운마음들이 모여 서주의 은혜 나누며 –
이다음에예수님을 만나 면우린 뭐라 말할까 –

예수님을따라사랑 해야 –지 우리 서로사랑해 –
그때에는부끄러움 없어 야지 우리 서로사랑해 –

하나님이가르쳐준 한가 지 – 네이웃을네몸과같 이

미움다툼시기질투 버리 고 우리 서로 사랑해 –

아무것도 두려워 말라 43

(Don't Be Afraid)

현석주

C G/B Am Cmaj7/G F C/E Dm Gsus4 G7
아 무 - 것 도 두 려 워 말 라 주 나 의 하 나 님 이 지 켜 주 시 네 -
Dm G Em Am Dm G7 1.C F/G 2.C Bb/C C7
놀 라 지 마 라 - 겁 내 지 마 라 - 주 님 나 를 지 켜 주 시 네 - -
F G/F Em Am Dm G7 C Bb/C C7
내 맘 이 힘 에 겨 워 지 칠 지 라 도 주 님 나 를 지 켜 주 시 네
F G/F Em Am F D7 F/G G7
세 상 의 험 한 풍 파 몰 아 칠 때 도 주 님 나 를 지 켜 주 시 네 -
C Em/B Am A7 Dm D7 F/G G7
주 님 은 나 의 산 성 주 님 은 나 의 요 새
C Em/B Am A7 Dm G7 C
주 님 은 나 의 소 망 나 의 힘 이 되 신 여 호 와

Copyright © Hyun, Seok Joo.
Administered by CopyCare Asia(service@copycare.asia). All rights reserved. Used by permission.

메들리 곡 21/ 내 입술로 48/ 어두운 밤에 56/ 완전한 사랑 보여주신

44 아주 먼 옛날
(당신을 향한 노래)

천태혁 & 진경

미가엘 1201

아주 먼 옛날

사 랑 해 요 -

축 복 해 요 -

당 신 의 마 음 에 우 리 의 - -

사 랑 을 드 려 요 -

45 아버지 당신의 마음이

(하나님 아버지의 마음)

설경욱

아버지 당신의- 마음이 있 는곳 에- 나의 마음이- 있기를

원해요 - - 아 버지 -당신의눈물 이고 인곳에 - 나의

눈물이-고이길원해 요 아버지 당신이- 바라보는 영혼에게 -

나의 두눈이 - 향 하길 원해요 - - 아 버지 -당신이울고

있는어 두운땅에- 나의 두발이 - 향 하길 원해 요 나의 마 음

이아버 지 의마음알아- 내 모든뜻- 아 버지의 뜻이 될수 있기를

-나의 온 몸이아 버 지 의마음알아- 내 모든삶-당신의삶되기를 -

약한 나로 강하게

(What the Lord has done in me)

46

Reuben Morgan

약한- 나 로 강하 게 가난 한 날 부 하 게 눈 먼 -

날 볼 수 있 게 주 내 게 행 하 셨 네 - 호 -

산 나 호 - - 산 - 나 죽임 당 한 어린 양 호 - 산 나 호 - -

산 - 나 예 수 - 다 시 사 셨 네 호 - 네 - 내 가 - 건 너 야 할

강 거 기 서 내 죄 씻 겼 네 이 제 - 주 의 사 랑 이 나 를

향 해 흐 르 네 - 깊은 - 강 에 서 주 가 나 를 일 으 키 셨 도

다 구 원 의 노 래 부 르 리 예 수 자 유 주 셨 네 -

메들리 곡   8/ 나 실패 거듭해   14/ 나 지치고 내 영혼   114/ 나에겐 알 수 없는 힘

47

어찌하여야

(나의 찬미 / My tribute)

Andrae Crouch

어찌하여야

바치리라 모두 나의일생을 당신께
세상영광 명예도 갈보리로돌 –려보내 리
그피로 날구하사 죄에서 건지셨 네
하 나 님께영 광날사랑 하신 주

48 어두운 밤에 캄캄한 밤에
(실로암)

신상근

어 두 운 밤 에 캄 캄 한 밤 에 새 벽 을 찾
가 처 음 만 난 그 때 는 차 가 운 새

아 떠 난 다 - 종 이 울 리 고 닭 이 울 어 도
벽 이 었 소 - 당 신 눈 속 에 여 명 있 음 을

내 눈 에 는 오 직 밤 이 었 소 - 우 리 -
나 는 느 낄 수 - 가 있 었 소

오 주 여 당 신 께 감 사 하 리 라 실 로 암 내

게 주 심 을 - 나 에 게 영 원 한 이 꿈

속 에 서 깨 이 지 않 게 하 소 서 -

언제나 내 모습

(주님 내 안에)

임미정 & 이정림

언제나 - 내 모습 - 너무나 - 부끄러워 -

무릎으 - 로 주님께 - 기도로 - 가오니 -

나 홀로 - 서 있는 - 죽은 내 영 깨우 사

주님만 나를 깨워 내 영 살게 하소서 -

주님 내 안에 - 주님 내 안에 - 내 안에 계 시고 -

주님 내 안에 - 주님 내 안에 - 나를 세워 주소서 -

메들리 곡   18/ 내가 영으로   52/ 예수님 날 위해 죽으셨네   63/ 있는 모습 그대로

50 여호와 우리 주여

(시편 8편)

최덕신

메들리 곡 47/ 어찌하여야   53/ 예수 사랑해요   84/ 주의 거룩하심 생각할 때

예수 감사하리 주의 보혈

(Thank You For The Blood)

Matt Redman

예 수   감사 하리 주의보혈 –   축복 속에 우린 자유
예 수   감사 하리 주의보혈 –   승리 안에 우린 구원

– 를 노 – 래 해 –   – 구원 – 을 노 – 래 – 해 –
– 를 노 – 래 해 –

새롭 고 산길이 되신 예수 길과 진 리생명 되셨 네 우릴

주 의자녀 삼으 셨 네 자 유를 – 노 래 – 할 – 때 –

주 행한일 – 찬 양 – 주 행한일 – 찬 양

– 승 리하 시 – 고 – 구 – 속하신 – 주님찬

– 양 해 주 – 양 해 – – – –

52 예수님 날 위해 죽으셨네

(왜 날 사랑하나)

Robert Harkness

1. 예수님 날위해 죽으셨네 왜 날사랑 하 나 –
2. 손과발 날위해 찢기셨네 왜 날사랑 하 나 –
3. 내대신 고통을 당하셨네 왜 날사랑 하 나 –

겸손히 십자가 지시었네 왜 날 사랑 하 나 –
고난을 당하여 구원했네 왜 날 사랑 하 나 –
죄용서 받을수 없었는데 왜 날 사랑 하 나 –

왜 날사랑 하 나 – 왜 날사랑 하 나 –

왜 주님 갈보리 가야했나 왜 날사랑 하 나 –

메들리곡
7/ 나를 위해 오신 주님   54/ 오 하나님 받으소서   63/ 있는 모습 그대로

예수 사랑해요

(Alleluia)

Jude Del Hierro

예 - 수 사 랑 해 요 나 주 앞 에 엎드려

경 - 배 와 찬 - 양 왕 께 드 리 리

할 - 렐 루 - 야 알 렐 루 - 야

할 - 렐 루 - 야 알 렐 - 루

54 오 하나님 받으소서

(왕께 드리는 제사 / Song of offering)

Brent Chambers

온 땅과 만민들아

(Let all the earth hear his voice)

Graham Kendrick

미가엘
602

1. 온땅과만민들 아 주의음성들 고 모두기뻐하 라
2. 땅들아기뻐하 라 죄인구하시 러 주님오신다 네
3. 모두다소리높 여 주님찬 – 양 해 힘있게찬양 해

산들과나무들 도 즐겁게춤추 며 함께손뼉쳐 라
십자가구원으 로 우린물리쳤 네 어둠의세력 을
외치세온세상 에 열방과만민 을 주가통치하 네

사랑과 정의를 주시는 주 영 원한그의 나 라

좌우에날이선 검과같은 진리의 그분말 씀

승 리 해 –

메들리곡   18/ 내가 영으로   21/ 내 입술로   42/ 아름다운 마음들이

완전한 사랑 보여주신

(예수 좋은 내 친구 / My Best Friend)

Joel Houston & Marty sampson

완전한사랑보여주신- 구세주그분아나요 그아들우리에게주신-
구원하신주나는믿네 부활하신주나믿네 다시오실왕나는믿네-

하나님그분아나요 그사랑알-기에- 그아들나-는믿-네
그분과영원히살리

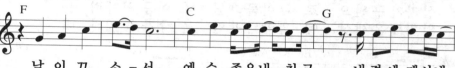

날이끄소서 예수좋은내-친구- 내곁에계시네

-영원히변-치않-네-예수좋은내-친구

-내곁에계시네-영원히변-치않-네--

영원히변-치않-네 영원히변-치않-네-

-영원히변-치않-네 영원히변-치않-네--

메들리 곡   8/ 나 실패 거듭해   148/ 예수 보다 더 좋은 친구 없네   175/ 주님 내게 선하신 분

왜 나만 겪는 고난이냐고

(주님 손 잡고 일어서세요)

김석균

왜 나만겪는 고난이냐고   불 평 하지마세 요   고난의
왜 이런슬픔 찾아왔는지   원 망 하지마세 요   당신이

뒤 편에 있는 주님이주실축복 미리 보 면서감사하세 요   너무
잃 은것 보다 주님께받은은혜 더욱 많 음에감사하세 요   너무

견 디기 힘든 지금이순간에도 주님 이 일하고계시 잖 아요 남들

은 지쳐 앉아 있을지라도 당신 만 은 일어서세 요   힘을

내 세요 힘을 내 세요 주님이 손 잡고계시잖아 요   주님

이 나와함께함을 믿 는다면 어떤 역경도 이길수있잖아 요
고난도 견딜수있잖아 요

Words & Music by 김석균 Copyright © 2001 by CAIOS, All Right Reserved, Used by permission,

58 우리가 악한길에서 떠나

(부흥의 세대 / Revival Generation)

Scott Brenner

우리 가 악한 - 길 - 에 - - 서 - 떠 - 나 -
거룩 함 으로 - 부르 - 심에 - 답 - 해 -
주여 세 월을 - 아 - 끼 - 겠나 - 이 - 다 -

스스 로 겸비 - 하 - 고 - 기 도하 - 며 -
우리 가 - 성 - 회 - 로 - 모 - - - 여 -
지 금의 - 때 - 가 - 악 - 하 - 니 -

주얼 굴 구하 - 오 - 니 -
울며 기 - 도 - 하 - 고 -
아멘 주 - 예 - 수 - 여 -

이 땅 고 치 - 소 - 서 -
금 식 하 - 오 - 니 -
오 시 옵 - 소 - 서 -

주 - 여들 - 으 - - 소 - 서 - 주 이 - 름으 - 로 - 일컫

는 백성 - 에 - 게 - 부흥 을주 - 소 - 서 -

C

하나 님 얼굴 -구 -하 -는 -세 -대 -되 -게 - 하

-소 -서- 온땅덮 는주 -의 -영 -광 -보 ---게 - 하

-소 -서 - 모든 나 라족 -속 -가 -운 -데 -부 -흥 --임

-하 기까 -지 - 밤낮 울 부짖 -는 -부 -흥 -의

-세 -대 -로 -세 -우 -소 -서 - -

59 우리에겐 소원이 하나있네

(우릴 사용하소서)

김영표

우리 에겐소원이 - 하나있 네 주님 다시오 - 실 - 그날까 지 우리

가슴에 - 새긴 주의 십자가 - 사랑 나의 교회를 - 사랑케 - 하 네 주의

교회를향한 - 우리마 음 희생 과포기 - 와 가난과고 - 난 - 하물

며죽음조 - 차 - 우릴 막을수없네 우리 교회는 - 이땅의 - 희망 교회를

교회되 - 게 - 예뱀 예배되 - 게 - 우릴 사용하 - 소 - 서 - 진정한

부흥의 - 날 - 오늘 임하도 - 록 - 우릴 사용하 - 소 - 서 -

성령안 - 에 예배 하 리라 - 자유의 - 마 음으 로

사랑으 - 로 사역 하 리라 - 교회는 - 생명이니 - 교회를

우리의 만남은 주님의 은혜

(왕국과 소명)

미가엘 1147

윤건선

C

우 리 의 만 남 은　　주 님 의 은혜 라 오
우 리 의 모 든 것　　주 여 인 도 하 소 서

우 리 의 모 임 은　　주 님 의 축복 이 라 오　　우 리 는
우 리 의 모 든 것　　주 님 께 바 치 옵 니 다　　오 나 의

하 나 님 영광 위 해　　지 음 받 았 으 니　　우 리 를
하 나 님 아 버 지 여　　당 신 의 뜻 대 로　　오 나 의

하 나 님 나 라 위 해　　충 성 되 게 하 소 서　　오
하 나 님 아 버 지 여　　따 라 살 게 하 소 서

주 여 나 의 소 명　　항 상 인 도 하 소 서　　오

주 여 나 의 소 명　　항 상 인 도 하 소 서

메들리곡   7/ 나를 위해 오신 주님   54/ 오 하나님 받으소서   96/ 오늘 내게 한 영혼

61 은혜로만 들어가네

(Only By Grace)

Gerrit Gustafson

은혜로만 - 들 어 가 - 네 -　은혜로만 - 선 다 네 -

우리의노 - 력이아 - 닌 -　어린양의 - 보혈로 -

그분의임 - 재 가운 - 데 - 오 라 - 하 시 네 -

우 리 를 부 - 르 신 그 - 곳 - 은 혜 로 들 어 - 가 네 -

주 님 의 그 - 은 혜 -　범 죄 한 우 - 리 가 어

- 찌 서 리　요　어 린 양 의 - 보 혈 이

- 깨 끗 케 - 하 시 네 -

D.C.

은혜로만 들어가네

주 님 의 그 - 은 혜 -   주 님 의 그 - 은 혜

주 님 의 그 - 은 혜 -

62 이 땅의 동과 서 남과 북

(한라에서 백두까지 백두에서 땅 끝까지)

고형원

이땅의 동 과서 남과북 - - 가 득한 - 죄악 용서 하소서 - - 모
한라에 서 - 백 두까지 - - 백 두 - - 에서 땅의 끝까지 - - 주

든 우상들 은무 너 지고 주님 만 높 이는 나라 되게하 - 소서
님 오실길 을예 비 하며 주님 만 섬 기는 나라 되게하 - 소서

이땅의지 친모 든영혼 - - 주 예수 - 사랑 알게 하소서 - - 저
이땅의주 님교 회위에 - - 하 늘의 - 생기 부어 주소서 - - 열

들 의아 픔과눈 물 씻는주님 의 보혈이 땅치유 하소서 -
방 을치 유하는 주 백성주님 의 군대를 일으켜 주소서 -

성 령의 - 새 바람 - - 이 땅 에불 어오 - 소 서

주 의영 - 그 생기로 - - 우 리 를다시살 - 리사 이땅

에 하 나님 영광 거 하-는 그 런 나라가 - 되게 하 소서- 열방

에 하 나님 영광 비 추- 는 그 런 나라가 - 되게 하소서 -

있는 모습 그대로

63

오정훈

있는모 습 그 대 로-　　있 는모 습 그 대 로-

있는 모 습 그 대 로-　　　　오 시 오

하 나 님 은 당 신 이 -　　있는모 습 그 대 로-

있는 모 습 그 대 로 오 시 길 원 하 십 니 다

64 이 험한 세상

(찬양하며 살리라)

정석진

이 험한 세상 나 살아갈동 안
내 작은 손에 불 밝혀들고 서

내 주님 가신 길 걸으며 내 주님을 찬양해 -
이 세상 다시 오 시-는 내 주님을 맞으리 -

십 자가 보 혈 날 구한 그사 랑
내 무거운 짐 다 벗겨 주시 고

나 매일찬송 을 드려도 늘 부족한것 뿐이 니
그 아름다운 금 면류관 날 위해예비 하시리

나 호흡있는 동 안에 - 나 생명있 는 동 안에 -

나 주를찬양 하리라 - 내게 생 명주신 주님 을

메들리곡   50/ 여호와 우리주여   87/ 찬양을 드리며   698/ 이제 내가 살아도

임마누엘
(Emmanuel)

Bob McGee

임 마 누 엘　　　임 마 누 엘
그 리 스 도　　　그 리 스 도
할 렐 루 야　　　할 렐 루 야

그 이 름 은　　　임 마 누 엘
그 이 름 은　　　그 리 스 도
찬 양 하 라　　　할 렐 루 야

－ 우 리 와　　　함 께 하 네
－ 우 리 를　　　구 원 하 신
－ 하 나 님　　　찬 양 하 라

그 이 름 은　　　임 마 누 엘
그 이 름 은　　　그 리 스 도
찬 양 하 라　　　할 렐 루 야

메들리 곡　27/ 능력의 이름 예수　76/ 주님의 시간에　87/ 찬양을 드리며

66 저 높은 하늘 위로 밝은 태양

(나로부터 시작되리)

이천

저 높은하늘위 - 로 - 밝은 태양 - 떠오르듯이 -

난 주저앉지 - 않으리 - - 어떤어려움에

- 도 - 주의길을 - 선택하리 - 빛가운데로 - 걸으리

- - 주님을 - 크게보는 - 믿음가 - 지고 -

세 상에 - 나 타내리라 - 놀라운 - 주 의사랑을 - -

주의꿈을안고 - 일어 - 나리라 - 선한능력으로

- 일어 - 나리라 - 이땅의부 - 흥과 - 회복은

- 바로 - 나로부터 시작 되리 - -

메들리곡   4/ 광대하신 주   32/ 복음들고 산을   172/ 주님께 영광을

죄악의 사슬에서

배성현 & 서해원

1. 죄악 의 - 사슬에 - 서 괴로 움 에 눈물흘릴 때 말씀
2. 첫사 랑의뜨거움 - 에 식어 져서 눈물흘릴 때 십자
3. 광야 의 - 세상에 - 서 외로 움 에 눈물흘릴 때 골고

으 로찾아오신 주님 영생을 약속하네 주님
가 를지고가신 주님 평안을 약속하네 주님
다 로걸어가신 주님 천국을 약속하네 주님

의 은혜 사모 하는 곳에 주의 응 답임 하 니 간절
의 사랑 사모 하는 곳에 주의 응 답임 하 니 간절
의 재림 사모 하는 곳에 주의 응 답임 하 니 간절

히 기다 리는 마 음 주여 내게 자유주소 서
히 기다 리는 마 음 주여 내게 승리주소 서
히 기다 리는 마 음 주여 내게 오시옵소 서

메들리곡 40/ 세상에서 방황 할 때 69/ 죄에 빠져 헤매이다가 70/ 죄인들을 위하여

68 전능하신 나의 구주

(모든 것 가능해 / All Things are Possible)

Darlene Zschech

전능 - 하신 - 나의 - 구 - 주 안전 - 한 나 - 의 피 - 난 - 처

주같 - 으신 - 분 없 - 네 - - 어느 - 누가 - 비기 - 리 -

나의 - 발 이 - 반석 - 위 - 에 흔들 - 리지 - 않으 - 리 - -

오 직 - 주 님 - 께 로 - 부 - 터 나의 - 소 망 - 이 오 - 네 -

내 입 - 술 에 - 주의 - 찬 - 양 나의 - 맘 엔 - 주의 - 말 - 씀

새 노 - 래 로 - 주 찬 양 하 리 - - 내 영 - 혼 송 - 축 해 -

기 쁨 - 으 로 - 채 우 - 시 - 니 나 항 - 상 주 - 기 뻐 - 하 - 리

전능하신 나의 구주

새노 – 래 로 – 주 찬양하리 – – 내영 – 혼 송 – 축해 –

– – 내영 – 혼 송 – 축해 약할때나 가난 – 할 때

– 주님 의 – 그 능력 의 이름이 언 제 나 – 내겐 –

모 든 것가 – 능 해 – 모 든 것가 – 능 해 –

모 든 것가 – 능 해 – 모 든 것가 – 능 해 –

죄에 빠져 헤매이다가

(내게 오라)

권희석

죄에 빠 져 헤매 이다 가　지쳐 버린 나의 모습 은
수많 은 사람 - 중에 서　주님 이날 부르 실때 에

못견 디는 아픔 속에 서　그렇 게 쓰러 졌을 때
설레 이는 나의 마음 은　그렇 게 기쁠 수없 네

아무 도 오는사람 이없 어　정말 로난 외로 웠 - 네
이제 나 도 - 주님 위하 여　내모 든것 다드 리 - 리

그때 주님 내게 찾아 와　사랑 으로 함께 하셨 네
내가 가진 모든 것을 을　아낌 없이 주께 드리 리

병 든자 여내 게오 라　가난 한자 내 게오 라
슬 픈자 여내 게오 라　괴로 운자 내 게오 라

죄에 빠 진많 은 사 람 들아 모두 다 내 게오 라
삶에 지친 많은 사 람 들아 모두 다 내 게오 라

죄인들을 위하여 70

(예수 안에 생명)

죄인 들 을위하 여 주님 찾 아오셨네 주안 에
주님 영 접하는 자 하나 님 의자녀요 주안 에

생명 이 있 네 — 죄인들 을위하 여
생명 이 있 네 — 주님 앞 에오시 오

주님 찾 아왔으 나 사람 들 영접 안 했 네 —
어서 빨 리오시 오 주안에 생명 이 있 네 —

예 수 안 에 생 명 있 네 주님 이

빛이 되 시 네 — 예 수 안 에

생 명 있 네 주님 이 빛이 되 시 네 —

71

주께 감사하세
(O Give thanks to the Lord)

Brent Chambers

주 께 감 사 하 세 그 는 선 하 시

며 인 자 하 심 이 영 원 함 이 라 주 께

감 사 하 세 그 는 선 하 시 며 인 자

하 심 이 영 원 함 이 라

메들리 곡
22/ 내 영혼아 여호와를   76/ 주님의 시간에   199/ 주 찬양합니다

주께 와 엎드려

(I Will Come And Bow Down)

72

C

Martin Nystrom

주께 와 엎드려 경배드립니다 주계
신곳 엔 기쁨가 득 - 무엇
과도 - 누구 와도 - 바꿀 수 없 네 예배
드 림 이 기쁨됩니 다 -

73 주님 것을 내 것이라고

(용서하소서)

김석균

1. 주님것 을 내것이 라고 - 고집 하며 - 살아 왔네
2. 천한이 몸 내것이 라고 - 주의 일을 - 멀리 했네
3. 주님사 랑 받기만 하고 - 감사 할줄 - 몰랐 었네

금은보 화 자녀들 까지 - 주님 것을 내 것이 라
주신이 도 주님이 시요 - 쓰신 이도 주 님이 라
주님말 씀 듣기만 하고 - 실행 하지 못 했었 네

아버 지여 - 철없는 종을 - 용서 하 여주 옵소 서
아버 지여 - 불충한 종을 - 용서 하 여주 옵소 서
아버 지여 - 연약한 종을 - 용서 하 여주 옵소 서

맡긴 사명 - 맡긴재 물을 - 주를 위 해쓰 렵니 다
세상 유혹 - 다멀리 하고 - 주의 일 만하 렵니 다
주님 명령 - 순종하 면서 - 주를 위 해살 렵니 다

 메들리 곡

7/ 나를 위해 오신 주님   67/ 죄악의 사슬에서   98/ 주여 우리의 죄를

주님 다시 오실때까지

74

고형원

75 주님 뜻대로 살기로 했네

(돌아서지 않으리 / No turning back)

김영범

1. 주님뜻 대로- 살기로 했네- 주님뜻 대로- 살기로 했네- 주님뜻 대로- 살기로 했네-
2. 이세상 사람- 날몰라 줘도- 이세상 사람- 날몰라 줘도- 이세상 사람- 날몰라 줘도-
3. 세상등 지고- 십자가 보네- 세상등 지고- 십자가 보네- 세상등 지고- 십자가 보네-

뒤돌아서 - -지 - 않겠네 - - - - 뒤돌아서 - -지 - 않겠네 -

어떠한 시련이-와 도 - 수많은
이 해못- 하고 - 우리를

유 혹속-에도 --- 신실하신 -주님- 약속-나붙들 리라
조롱하-여도 --- 신실하신 -주님- 약속-나붙들 리라

- - 세상이 - 결코 돌아서지 않으리

주님의 시간에
(In His time)

미가엘 1105

C

Diane Ball

주님 의 — 시간 에 — 그의 뜻 이뤄 지
기다 려 — 그때 를 — 그의 뜻 이뤄 지

리 기다 려 — 하루 하루살 동 안 주님
리 기다 려 — 주의 뜻 이뤄질 때 우리

인도하시 니 주뜻 이룰때까 지 기다 려 —
들의모든 것 아름 답게변하 리 기다 려 —

메들리 곡   63/ 있는 모습 그대로   71/ 주께 감사하세   86/ 주 품에

77 주님이 주시는 파도같은 사랑은

(파도 같은 사랑)

1. 주님이 주시는 파도같은 사랑은
2. 주님이 주시는 솟아나는기쁨은
3. 주님이 주시는 하늘나라평화는

내 작은 가슴에 흘러흘러넘쳐요
내 작은 가슴에 샘물처럼솟아요
내 작은 가슴에 깊이깊이흘러요

생각하면할수록 기도하면할수록

두눈 가에 눈물이 터질것만같아요

주님의 사랑은 한없이 크셔라
주님의 기쁨은 끝없이 새로와
주님의 평화는 놀랍고 놀라와

우리의 영혼에 한줄기빛이어라
우리의 삶속에 영원한향기어라
우리의 마음에 빛나는보석이라

주 안에 우린 하나

(기대)

천강수

79 주 예수 사랑 기쁨

(주님이 주신 기쁨 / Joy Joy Down In My Heart)

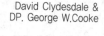

David Clydesdale &
DP. George W.Cooke

주예수 사랑 기쁨 내마음속에 내마음속에
이제는 정 죄 없 네 예수안에서 예수안에서
이제는 해 방 됐 네 예수안에서 예수안에서

내 마음속에 주예수 사 랑 기쁨 내마음속에
예 수안에서 이제는 정 죄 없 네 예수안에서
예 수안에서 이제는 해 방 됐 네 예수안에서

내 마음속에 있 네 나는기 뻐요 정말기뻐요 주
예 수안에 선 없 네
예 수안에서 해 방

예수사랑 기쁨내맘에 나는기 예수사랑 기쁨내맘에

메들리 곡   12/ 나의 입술의 모든 말과   42/ 아름다운 마음들이   150/ 예수 이름이 온 땅에

주와 함께라면

김민식

메들리 곡   33/ 비 바람이 갈길을   39/ 세상 사람 날 부러워   143/ 세상 부귀 안일함과

81 주 위해 나 노래하리라

(주만 위해 살리 / I simply live for You)

Russell Fragar

주위- 해 - 나노래하리 - 라 - 깊은 바다라도 - 주 - 를
따 르리 - 하늘에별들도 - - 부는 바람도 - 내안
에 주님을 - 모두 - 노래할수없네 주를위해 -
주만위해 - 살리 - 주위 - 주의
임재안 - 에영광이 가 - 득해 - 예 배안에 - 서 주얼굴보네
- - - - 세상 무엇과 - 도 비교할수 없 - 으리 -
영광과찬 - 양 받 - 으소서 - 상한맘고 - 치 시고 눈물

주 위해 나 노래하리라

닦으시네 - 말씀으-로 자유주-시 네 주님

께 능치 - 못 할 일은 없 - 도 다 -

주를위해 - 주만위해 - 살리 -

주님 뜻대로 82

Norman Johnson

1. 주님뜻 대 로 살기로 했 네 주님뜻 대 로 살기로 했 네
2. 이세상 사 람 날몰라 줘 도 이세상 사 람 날몰라 줘 도
3. 세상등 지 고 십자가 보 네 세상등 지 고 십자가 보 네

주님뜻 대 로 살기로 했 네 뒤돌아 서 지않겠 네
이세상 사 람 날몰라 줘 도 뒤돌아 서 지않겠 네
세상등 지 고 십자가 보 네 뒤돌아 서 지않겠 네

83 주의 강가로 가게 하소서

(Cause me to come)

Edward R Miller

주의 거룩하심 생각할 때

(주께 경배해 / When I look into Your holiness)

84

Wayne & Cathy Perrin

주의 거룩 하심 생 각 할때 주의 크신사랑 느낄 때

주의 영광 의빛 나의 생활 비춰주 실 때 -

주가 주신 기쁨 맛볼 때 에- 주 의 사랑 속에나 잠 길 때

주의 영광 의빛 나의 생활 비춰주 실 때 -

경 배하 리 - 경 배 하 리 -

나 사 는 동 안 - 주께 경 배 해 - -

경 배 하 리 - 경 배 하 리 -

나 사 는 동 안 - 주께 경 배 해 -

메들리곡 50/ 여호와 우리주여   53/ 예수 사랑해요   190/ 주의 이름 안에서

85 주의 신을 내가 떠나

(Psalm 139:7-14)

Kelly Willard

주 의 신을 내가 떠 나 어디로피 - 하리 까

주는모든 - 것아 시 오 - 니 어디로다 - 니리 까 내가

새 벽 날 개 치 며 - 저 바 다 끝 에 - 거 해 도

어둠도숨 - 기 지 못하리라 - 주님의손 - 이날 인 도 해

주님은내 - 모 든것 - 을 - 지으신분 - 이 시 니

주님의위 - 대 하심 - 을 - 내가고백 - 하리 다

주 품에 품으소서

(Still)

Reuben Morgan

주 품 - 에 - 품 으 소 - 서 -
주 님 안 - 에 - 나 거 하 - 리 -

능 력 - 의 - 팔 로 덮으 - 소 - 서 - 거친 파도
주 능 - 력 - 나 잠잠히 - 믿 - 네 -

날 향해 - 와 도 - 주와 함 께 날 아 오 - 르 리 - 폭 풍 가 운

네 나 의 - 영 혼 - 잠 잠 하 게 - 주를 보 - 리 라 -

87 찬양을 드리며
(Into Your Presence Lord)

Richard Oddie

찬양을 드리며 주 앞에 오옵니다

내 삶을 드리네 두 손 들 어

주 경 배 드릴 때 주님을 느끼네

내눈 보게 하소서 주님 얼 굴

메들리 곡   65/ 임마누엘   71/ 주께 감사하세   199/ 주 찬양합니다

하나님은 사랑이요

89 하나님의 음성을 듣고자

(시편 40편)

김지면

하 나님의음성 을 듣고 자 -기-도하 면   귀-
주 를의지하- 고 교만 하 지않-으-며   거짓

를 기울이고나 의 기도를   들 어주신다 - 네
에 치우치지아 니 하 -면   복 이있으리 - 라

깊 은웅덩이- 와 수렁 에 서끌어주시 고   나의
여 호와나의주 는 크신 권 능의-주 - 라   그의

발 을반석위에 세 우시사 나 를 튼튼히하셨 네   -새
크 신 권능으로 우 리들을 사 랑 하여- 주시 네   -

노 래로-부르 자 라라라 하나 님 께올릴찬송 을   -새

노 래로--부르 - 자 하나 - 님 - 사랑을

D.S.

Fine

90/ 하나님 한번도 나를   112/ 나를 지으신 이가   174/ 주님 내가 여기 있사오니

하나님 한번도 나를
(오 신실하신 주)

최용덕

하나님한 번도 나를 - 실망시킨 적없으 시고 -
지나온모 든세 월들 - 돌 - 아보 - 아 - 도 - -

언제나공 평과 은혜 - 로 나를 - - 지키셨 네
그어느것 하나 주의손길 안미친것 전혀없 네

오 신실 하 신 주 오 신실 하 신 주

내너를떠나지도 않으리라 내너를버리지도 않으리라

약 속 하셨던주님 - 그 약속을지키 사 이

후 로도 영원 토록 - 나를 지키 시리라 확신하 네

91 하늘보다 높으신 주 사랑

(하나님께서 세상을 사랑하사)

Scott Brenner

하늘보다 높으신 주 사랑

92 할 수 있다 하신 이는

이영후 & 장욱조

할수 있다 하신이는 나의 능 력주하나 님

의심 말 라하-시 고 물결 위 걸어라하시 네
나를 바 라보-시 고 능력 준 다하-시-네
주저 말 라하-시 고 십자 가 를지라하시 네
변치 말 라하-시 고 성령 충 만하게하시 네

할수 있 -다하신 주 할수 있 다하 신 주

믿음만이 믿음만 이 능 력이라하 시 네
사랑만이 사랑만 이 능 력이라하 시 네
희생만이 희생만 이 능 력이라하 시 네
성령만이 성령만 이 능 력이라하 시 네

믿음만 이 믿음만 이 능 력이라하 시 네
사랑만 이 사랑만 이 능 력이라하 시 네
희생만 이 희생만 이 능 력이라하 시 네
성령만 이 성령만 이 능 력이라하 시 네

 메들리 곡

48/ 어두운 밤에   207/ 할 수 있다 하면 된다   218/ 나의 등 뒤에서

항상 진실케

(Change My Heart O God)

Eddie Espinosa

항상 진실 케 -   내맘 바꾸 사 -

하나 님 닮 게 -   하여 주소   서

주 는 토 기 장이   나 는 진 흙

날 빛으 소 - 서   기 도 하 오   니

94 힘들고 지쳐 낙망하고

(너는 내 아들이라)

이재왕 & 이은수

힘들고지 - 쳐 낙망 하고님 -어져- 일어 날힘전혀 없-을때 -에 -

조- 용히다 가와- 손 잡아주시며- 나- 에 게 말씀 하시네 -

나에 게실망하 -며 -내 자신연 -약해- 고통 속 에 눈물흘- 릴때 -에 -

못자 국난그 손길- 눈물 닦아 주시며- 나- 에 게 말씀 하-시네 -

너 는내아들 -이 라   오 늘날 내가 -   너를 낳았 도다 -

너 는내아들 -이 라   나 의 사랑 하는내 아들이라 -

언제나 변 함-없이 -   너 는내 아들이라 -   나 의

십자가 고통 - 해산 의 그고통으로 - 내가 너 를 낳았으니 -

 메들리곡   86/ 주 품에 품으소서   89/ 하나님의 음성을 듣고자   90/ 하나님 한번도 나를

성령의 비가 내리네

(Let it rain)

95

Michael Farron

성 령 - 의 - - - 비가 내 리네 -

하 늘 의 문 - 을 여소 - 서 -

성 령 - 의 - - - 비가 내 리네 -

하 늘 의 문 - 을 여 소 - 서 -

96 오늘 내게 한 영혼

(주의 사랑 온누리에)

문찬호

오 늘 내 게 한 영 혼 　 보 내 주 시 옵 소 서 　 죄 에 빠 져 길 을 잃

고 　 헤 매 이 는 자 에 게 　 오 늘 내 게 한 영 혼 　 보 내 주 시
오 늘 나 를 진 리 로 　 인 도 하 여

옵 소 서 　 갈 바 몰 라 방 황 하 는 　 형 제 자 매 들 에 게
주 소 서 　 말 씀 따 라 순 종 하 며 　 늘 - 살 게 하 소 서

아 무 도 사 랑 않 고 　 관 심 도 없 는 　 그 들 에 게 날 이 끄 사
아 무 도 원 치 않 고 　 행 치 도 않 는 　 주 님 말 씀 순 종 하 여

전 할 말 주 소 서 　 오 늘 내 게 한 영 혼 　 보 내 주 시 옵 소
이 몸 바 칩 니 다 　 오 늘 나 를 진 리 로 　 인 도 하 여 주 소

서 　 죄 에 빠 져 길 을 잃 고 　 헤 매 이 는 자 에 게
서 　 말 씀 따 라 순 종 하 며 　 늘 - 살 게 하 소 서

 메들리 곡　95/ 성령의 비가 내리네　　99/ 하나님 우리와　　563/ 우리 주의 성령이

주님이 홀로 가신

(사명)

이권희

주님이 홀로가 신그길 나도 따 라가 오 모든
물 과피를 흘리신 그길 을나도 - 가 오 험한
산 도나는 괜찮소 바다 끝 이라도나는 괜찮소 죽어
가 는 - 저들 을위해 나를 버리길바라 오 아버

지 나를보내주 오 나는 달 려 가겠 소
이 나를미워해도 나는 사 랑 하겠 소
을 버리면서까지 나를 사 랑 한당 신

목 숨도아끼지 않겠소 나를보내주 오 세상
세 상을구원할 십 자 가 나도따라가 오 생명
이 작은나를받 아 주오 나도사랑하   오

98 주여 우리의 죄를

(벙어리가 되어도)

문찬호

주 여 우리의 죄 를　　용 서 하 여 주 소 서
주 여 우리의 죄 를　　용 서 하 여 주 소 서

지 난 날의 잘 못 을　　사 하 여 주 옵 소 서
지 난 날의 허 물 을　　사 하 여 주 옵 소 서

주 여 주 여 나 의 죄 를 위 － 하 여
주 여 주 여 나 의 죄 를 위 － 하 여

주 여 주 여 십 자 가 를 지 셨 네
주 여 주 여 십 자 가 를 지 셨 네

주 님 가 신 그 길 을　　나 도 걸 어 야 하 네
나 의 생 명 다 하 여　　주 를 위 해 살 리 라

주 님 가 신 그 길 을　　나 도 걸 어 야 하 네
벙 어 리 가 되 어 도　　찬 양 하 며 살 리 라

메들리 곡　52/ 예수님 날 위해 죽으셨네　62/ 이 땅의 동과 서　97/ 주님이 홀로가신

하나님 우리와 함께 하시오니 99

(The Lord is present in his sanctury)

Gail Cole

하 나 님 우리와 함께하시 - 오니 주 를 찬양하 세

우 리 가 모 일 때 임하시는 - 주님 주 를 찬양하 세

찬 양 찬 - 양 주 를 찬양하 세 - - - -

찬 양 찬 - 양 주 를 찬양하 세

메들리곡   95/ 성령의 비가 내리네   96/ 오늘 내게 한 영혼   563/ 우리 주의 성령이

100 호렙산 떨기나무에

미가엘
1636

김익현

호 렙산 떨기 나무에 　 나 타 나신하나 님 　 모 세
불꽃 떨 기속 에계신 　 거 룩하신하나 님 　 약 하

를 부르 신 　 주 - 하 - 나님 　 하나 님
고 힘없 는 　 내 백성을찾으라 　 찾으 라

내 가너와함께 가 리라 　 너 를도와주리 라

고 통속에있는 내 백성 　 어 서찾 아 가 라
억 압받고있는 내 백성 　 어 서구 하 여 라

불 꽃떨 기속 에 계신 　 거 룩하신하나 님 　 우 리

를 부르신 　 주 하 나 님 하나 님

갈릴리 바닷가에서

Alison Huntley

D

갈릴 리 바닷 가 에 서 － 주님 은 시 몬에
사마 리아 우물 가 에 서 － 주님 은 여 인에

게 물으셨 네 － 사 랑 하 는시 몬 아 넌날
게 물으셨 네 － 사 랑 하 는여 인 아 넌날

사 랑 하느 냐
사 랑 하느 냐 오주 님 당 신만 이 아십니 다 －

102 감사로 제사 드리는 자가

(감사로 제사를)

권혁진

감사로 제사 –드리 는 자 가 하나님을 영화 롭게

하 나 니 그행위를 옳게 하는 자 에 게

하나님 의 구원 –보이 시 리 라 감사드 려 –

감사 드리 –세 –아 버지 께 감사로 제사 를 –

찬송드리 –세 –아 버지 께 우리의 찬송 을 –

할렐루 야 할 렐 루 야 우리의 찬 송 을 –

할렐루 야 할 렐 루 야 영원토록 찬 송 을 –

영원토록 감사 를 – 영원토록 감사찬송 을 –

감사해요 깨닫지 못했었는데 103

(또 하나의 열매를 바라시며)

설경욱

104 감사해요 주님의 사랑

(감사해요 / Thank you Jesus)

Alison Revell

감 사 해 요 - 주님의 사 랑 -

감 사 해 요 - 주님의 은 혜 -

목 소 리 높 여 주 님 을 영 원 히 찬 양 해 요

나 의 전 부 이 신 - 나 의 주 님 -

고요히 주님 앞에 와

(주님 앞에 무릎 꿇고)

105

윤용섭

D

1.고 요 히주님앞에 와 내 - 모 습돌아볼 때
2.겸 손 히머리를숙 여 기 - 도 - 드릴 - 때
3.두 손 을마주붙잡 고 눈 - 을 - 감으 - 면

순간 순 간의 그모 든 일이 죄와 허 물 - 뿐입니 다
순간 순 간의 행한 일 들이 죄와 허 물 - 뿐입니 다
순간 순 간의 그모 든 일이 죄와 허 물 - 뿐입니 다

주님 의 손 과발 에 다시 못 을박던이죄 인
주님 의 그 허리 에 다시 창 을댔던이죄 인
주님 의 그 옷자 락 다시 잡 아찢던이죄 인

빌라도 의 병사보 다 악하 고 추한몸 이
빌라도 의 군중보 다 악하 고 추한몸 이
로마병 정 그보다 더 악하 고 추한몸 이

주님앞 에 무릎꿇 고 용 - 서를 - 빕니 다
우리주 님 그앞에 서 용 - 서를 - 빕니 다
십자가 를 바라보 며 용 - 서를 - 빕니 다

메들리 곡
40/ 세상에서 방황 할 때   64/ 이 험한 세상   192/ 주의 임재 앞에 잠잠해

106 그는 나를 만졌네

(낮은 데로 임하소서)

그 는 나 를 만 졌 네 - 내 영 혼 을 -
그 는 나 를 버 리 지 - 아 니 하 고 -

나 는 그 를 느 꼈 네 - 그 숨 결 을
나 는 그 를 떠 나 지 - 아 니 하 리

주 의 사 랑 있 으 면 나 외 롭 지 않 아

주 의 사 랑 안 - 에 서 나 두 렵 지 않 네

김석균

기도하세 요 -지 금 - 아직포기하지 마-세 요 -

주님앞에 무릎꿇고 - 겸손 하게 기 도 해보세 요 -
주님앞에 무릎꿇고 - 간절 하게 기 도 해보세 요 -

내 앞 길 가로막 는 장애물 있다해 도 걱 정하지마세 요
하 늘 이 무너져도 절망하제마세 요 주님의지하세 요

돌아서지마세 요 슬픔도 고통도 괴로움 도
믿음을가지세 요 슬픔도 고통도 괴로움 도

기도로이겨낼 수 있잖아 요 - 기도하 세 요

기도하 세 요 주님은 당신 편입니 다 -

메들리 곡 122/ 내 평생 살아온 길 153/ 오늘 집을 나서기 전 179/ 주님 예수 나의 생명

108 나는 믿음으로

(As for me)

Daniel Dee Marks

나 - 는 믿음으로 주 얼굴보리니

- 아침에깰 때에 주형상에만족하 - 리

나주님닮 기 원하 네 믿음으

로 주얼굴보 리 라 - 나 -

라 - 믿음으로 주얼굴

보 리 라 -

나는 주를 나의 피난처로 109

(피난처)

이민섭

나 - 는 - 　주 - 를 - 　나의피 난 - 처 로 삼아 -

주 님의 - 　날 개그늘아래 - 　온전히 거 - 하 - 리 -

주 의보좌앞 에 나 - 가 　주 의얼굴 보 며

내 영혼평안 히 쉬 - 네 　주 의품 안 - 에 -

110 나는 주를 부르리

(I will call upon the Lord)

Michael O'Shields

나 는 주를부-르 리   찬 양 받으실-주 님

날 건 지 리 원 수들 로부터 - - - 오

살 아계 신 반 석이신주찬양-구 원의하나님을 높이

세 - 오 살 아계 신 반 석이신주찬양 - 구

원 의하나님을 높이 세 - - - -

메들리 곡   108/ 나는 믿음으로   150/ 예수 이름이 온 땅에   172/ 주님께 영광을

나 무엇과도 주님을
(Heart And Soul)

Wes Sutton

나 무엇과 - 도 주님을 바 - 꾸지 - 않으리 -

다 른 어떤 - 은혜 - 구 하지 않 - 으리 -

오직 주님만 - 이 내 삶에 - 도움이 - 시니 -

주 의 - 얼굴 보기 - 원합니다 - 주님 사 랑 - 해요

- 온 맘 과 정 성 다해 - 하 나 님 - - 의

신 실 - 한 - 친구 되기 - 원합니다 -

D

112 나를 지으신 이가

(하나님의 은혜)

조은아 & 신상우

나를 지으신 이가 - 하 나 님 나를 부르신 이가 - 하 나

님 나를 보내신 이도 - 하 나 - 님 - 나의

나 된 것은 다 하나님 은 혜라 - 나의 달려 갈 길 다가 도록

- 나의 마 지막 호흡 - 다하 도록 - 나 로

그 십자가 - 품게 하 시니 - 나의 나 된 것은 다 - 하나님

은 혜라 - - 한량 없는 은 혜 - 갚을 길 없 는

은 혜 내 삶을 에 워 싸 는 - 하나 님의 - 은 혜

- 나 주저함 없 이 - 그 땅을 밟음 도

- 나를 붙드시 는 - 하나님 의은 혜 -

미가엘
1732

나를 세상의 빛으로
(Light Of The world)

113

Scott Brenner

나 를 세 - 상 의 빛 - 으 - 로 - 부르신 - 주님 - 비추

소서 - 나 도 주님 의 - 빛을 비추 리 라 - - - 어

둠 을 밝 - 히 는 빛 - 온 세 상 - 을 - 비 - 추 는 빛 - 산

위 의 - 마 - 을 이 숨 - 기 - 지 - 못 - 하 - - 네 - - 어

114 나에겐 알 수 없는 힘

(알 수 없는 힘)

최용덕

나에겐 알수없는 힘 어디서 생겨나-는 지
나에겐 알수없는 사랑 어디서 생겨나-는 지

지금도 알수 없는 - 강하고 담-대한 힘
지금도 알수 없는 - 강하고 따뜻한사 랑

언 제 어 디 서든 쓰 러 진다하여 도
누 가 - 나 를- 미 워 한다하여 도

주님의 도움때문 에 일어 설 수있어 요
주님의 도움때문 에 사랑 할 수있어 요

메들리 곡
27/ 능력의 이름 예수   43/ 아무것도 두려워말라   92/ 할 수 있다 하신이는

나의 갈망은

(This is my desire)

Scott Brenner

D

116 나의 예수 온 맘 다해
(Lord of My Heart)

Sung Hee Brenner & Scott Brenner

나의 예수 - 온 맘 다해 - 사랑해요 -

나의 예수 - 온 맘 다해 - 경배해요 -

예수님께 - 온 맘 다해 - 순복해요 -

영원토록 - 찬양을 - 드립니다 -

당신은 - 순결하고 - 아름다 - 운 주이십니다

- 거룩하 - 고 사랑스 - 러운 능력과 영 - 광의 주 - 이십

- 니다 하늘과 땅 - 이 주 찬양해 - 영광의 왕

메들리 곡   53/ 예수 사랑해요   111/ 나 무엇과도 주님을   126/ 놀라운 주의 사랑

- 을 영 원 한 주 를 - 평 화 의 왕 - 자 모 든 만 물

- 의 주 영 원 영 원 - 토 록 주 님 을 높 - 이 세 나 의 예 수

내가 주님을 사랑합니다 117

(고백)

이길승

내 가 주 님 을 사 랑 합 니 다 내 가 주 님 을 사 랑 합 니 다
내 가 주 위 해 죽 겠 습 니 다 내 가 주 위 해 죽 겠 습 니 다
내 가 주 위 해 살 겠 습 니 다 내 가 주 위 해 살 겠 습 니 다

주 님 먼 저 날 - 사 랑 하 셨 - 네 내 가 주 님 을 사 랑 합 니 다
주 님 먼 저 날 - 위 해 죽 으 셨 네 내 가 주 위 해 죽 겠 습 니 다
주 님 먼 저 날 - 위 해 사 셨 - 네 내 가 주 위 해 살 겠 습 니 다

118

내가 그리스도와 함께

박윤호

D D⁷ G D
내가 그 리 스 도 와 함 - 께 십자 가 에 못

Bm Em A⁷ D D⁷
박 혔나 니 - 그런 즉 이 - 제 내가

G A⁷ D D⁷ G
산 것아니 요 오 직 내안 에 예수 께 - -

Gmaj⁷ D A⁷ D D C/D D⁷
서 사 신 - 것 이 라 - 이제

Gmaj⁷ D Bm G
내 - - 가 육체 가 운- 데 사 는 것

Em⁷sus Em⁷ Asus⁴ A⁷ D Dmaj⁷ F♯m
은 - - - 나를 사 랑하사 자 기몸

G Gmaj⁷ D Em A⁷ D G/D D
버 리 신 예수 위 해 산 것이 라 -

내가 너를 믿고 맡긴 사명

119

(길 잃은 청지기)

주숙일

내가너를믿고 맡긴사 명 너는왜잊 어 버렸나
내가너를믿고 맡긴재 물 왜너의배 만 채우나

나만따르리 라 하던약 속 너는왜잊 어 버렸나
나를위해다 시 바치리 라 그약속잊 어 버렸나

위로받기 보다는 위로하 고 사랑받기 보다 는 사랑하며
위로받기 보다는 위로하 고 사랑받기 보다 는 사랑하며

십자가만 면류관만 바라보 며 - 의의길 간 다 더 니 -
십자가만 면류관만 바라보 며 - 의의길 간 다 더 니 -

위로하기 보다는 위로받 고 사랑을받 기 원하 네
위로하기 보다는 위로받 고 사랑을받 기 원하 네

120 내게 있는 향유 옥합

(옥합을 깨뜨려)

내게 있는 향유옥합 주께-가져 와

그 발 위에 입맞추고 깨뜨-립니 다

나를위해 험한산길 오르-신그 발
나를위해 십자가에 달리-신그 발
주님다시 이땅위에 임하-실그 때

걸음마다 크신사랑 새겨-놓았 네
흘린피로 나의죄를 대속-하셨 네
주의크신 사랑으로 날받아주소 서

메들리 곡   63/ 있는 모습 그대로   72/ 주께 와 엎드려   104/ 감사해요 주님의 사랑

내 평생 사는동안
(I will sing)

Donya Brockway

121

D

122 내 평생 살아온 길

조용기 & 김성혜

1. 내 평 생 살아온 길 뒤를 돌 아보 니
2. 나 같 은 못난인 간 주 께 서 살리시 려
3. 예 수 님 나의주 님 사 랑 의 내하나 님

걸 음 마 다자욱마 다 다 - 죄 뿐입니 다
하 늘 의 영광 - 보 좌 모 두 다 버리시 고
이 제 는 예수 - 님 만 내 자 랑 삼겠어 요

쓰 리 고 아픈마 음 가 눌 길 - 없어 서
천 하 디 천한종 의 형 상 을 입으셨 네
나 의 남 은인생 길 주 와 걸 어가면 서

골 고 다 언덕길 을 지 금 찾 아오니 다
아 - 아 주의사 랑 어 디 에 견주리 까
예 수 님 복음위 해 굳 세 게 살겠어 요

너는 그리스도의 향기라   123

구현화 & 이사우

너 는 그 리 스 도 의 -   향 기 라 -   너 는

그 리 스 도 의 - 편 지 라   하 나 님 -   앞 에 서 그 - 리

생 명 이 -
스 도 의 - 향 기 니 - 너 를 통 해   사 랑 이 - 흘 러 가
기 쁨 이 -

생 명 이 -
리   너 를 통 해   사 랑 이 - 흘 러 가 리
기 쁨 이 -

124 너 어디 가든지 순종하라
(Wherever you may go)

Stephen Hah

너 어디 가 든지　순 종 하 라
나 어디 가 든지　순 종 하 리

너 어디 있 든 지　충 성 하 라
나 어디 있 든 지　충 성 하 리

주 녀의 하 나님　왕 되 신 주
주 나의 하 나님　왕 되 신 주

영 원 히 주 님 만　찬 양 하 라
영 원 히 주 님 만　찬 양 하 리

메들리 곡　113/ 나를 세상의 빛으로　159/ 오직 주의 사랑에 매여　174/ 주님 내가 여기

놀라우신 주의 은혜

125

(Grace Flows Down)

David Bell,Loule Giglio &
Rod Padgett

놀라 - 우 신 - - - - - 주의 - 은 혜 - - - - -

주의 - 사 랑 - - - - - -흘러 - 오 네 -

십자 - 가 에 -달리신 그손 - 과발 - - - - -

그 은 - 혜 가 나를 덮 - 네 -

- 네 - 나를 - 덮 - 네 - - - - - - - 나를 - 덮

- 네 - - - - - - - 주의 - 은 - 혜 - - - - - -

- 나를 - 덮 네 - - - -

메들리 곡　111/ 나 무엇과도 주님을　112/ 나를 지으신 이가　152/ 오 나의 자비로운 주여

126 놀라운 주의 사랑

(Beautiful One)

Tim Hughes

- 셨 네 - 날 붙 - 드 시 는 - 그 사 - 랑 그 어

1. - 느 누 가 - 내 주 - 와 같 - 으 리 -

2. - 느 누 가 - 내 주 - 와 같 - 으 리 - 아 름 다

내 영 - 혼 노 - 래 해 - 내 영

- 혼 노 - 래 해 - 아 름 - 다 우 - 신 주

- 노 래 하 네 - - 아 름 다

D

127 눈으로 사랑을 그리지 말아요

(영원한 사랑)

미가엘
1133

김민식

눈으 로 사랑 을 그리 지 말아 요 입술 로 사랑

을 말하 지 말아 요 영원 한 사랑 을 바라

는 사람 은 사랑 의 진리 를 알지 요 -

참사랑 은 가 난 함 도 부 요 함 도 없어

요 - 괴로 움 도 즐거 움 도

주와 함 께 나 눠 요 - 나 의 - 가 장 -

귀 한 것 그 것 을 주는 - 거예 요 -

메들리 곡   101/ 갈릴리 바닷가에서   134/ 사랑은 언제나 오래참고   166/ 이와 같은 때엔

눈을 들어
(Open your eyes)

128

Carl Tuttle

D

| D | Asus⁴ A⁷ | G A⁷ | D |

눈 을 들 어 영광 의왕 을 보 라

| D | Asus⁴ A⁷ | G A⁷ | D D⁷ |

소 리높 여 주를 찬 - 양 하 라

| Gmaj⁷ A | D D⁷ Gmaj⁷ A | D D⁷ |

사 랑 해 요 선 포 하 리

| G A | B Bm/A G G/F♯ Em | A⁷ D |

알 렐 루 - 야 주 송 축 해

129 당신은 사랑받기 위해

이민섭

당신 은 -사랑받기위-해 태어난사람- 당신

의삶 속에서- 그사랑 받고있지요- 당신 받고있-지요

태초부터- 시작된 하나님-의사랑은- 우리

의만남-을통해 열매를맺고- 당신이이세상-에존

재함으로인-해- 우리 에게얼마나-큰기 쁨이되는지-

당신은사랑받-기위해 태어난사람-

지금도그사랑- 받고있지요- 받고있지요- 당신

메들리 곡
25/ 너는 담장 너머로   123/ 너는 그리스도의 향기라   182/ 주님은 너를 사랑해

미가엘 616

때가 차매
(Now is the time)

130

때 가 차 매 　 – 아 버 지 께 　 – 신

령 과 진 정 으로 예 배 드 리 네 　 – 　 – 때 가 차

매 　 – 아 버 지 께 　 – 신

령 과 진 정 으로 예 배 드 리 네 　 –

131 마음을 다하고
(여호와를 사랑하라)

미가엘 1087

주숙일

마 음을 다하 고 성 품을 다하 고

힘을 다 하여 서 여호 와를 사랑하 라

네 게준 계명 을 마 음에 새기 고

부지 런히 - 부지런히 - 이웃 에게 전하여 라

그 러 면 네가 짓지 않은 큰 집을주리 라

네가 심지 않은 과실을 먹게하리 라 -

그 러나 한가 지 잊 지는 말아 라

죄인 된 우리를 구원 하신 여호와 를

모든 이름 위에 뛰어난 이름 132

고형원

모든 이름위- 에뛰어난-이 름 예수는 주 -예수는 주

모두 무릎꿇고 경 배를드리세 예 수 는 만유의-주 님

예수는 주 -예 수는주 온 천 하만물우-러 러 그

보 좌앞 영 광을돌리-세예 수 예수   예 수 는- 주 -

133 목마른 사슴

(As the deer)

Martin Nystrom

목 마 른 사슴 시 냇 물을찾아 헤 매 이 듯 이
금 보 다 귀한 나 의 주님내게 만 족 주 신 주

내 영혼 주를 찾 기 에―갈 급 하 ―나 이 다
당 신 만 이― 나 의 기쁨또한 나 의참 보 배

주 님 만 이― 나 의 힘 나 의 방 패나의 참 소 망

나 의 몸 정성 다 바 쳐서주님 경 배 합 니 다

메들리 곡   29/ 먼저 그나라와 의를   53/ 예수 사랑해요   120/ 내게 있는 향유 옥합

사랑은 언제나 오래 참고

(사랑)

134

정두영

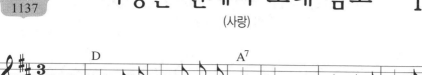

사랑 은 언제 나 오래참 고 - 사랑 은 언제 나 온유하
사랑 은 무례 히 행치않 고 - 자기 의 유익 을 구치않

며 - 사랑 은 시기 하 지않으 며 - 자랑 도 교만
고 - 사랑 은 성내 지 아니하 며 - 진리 와 함-

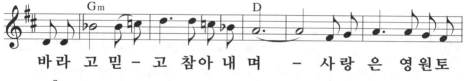

도 아니 하 며 - 사랑 은 모든 것 감싸주고 -
께 기뻐 하 네 -

바라 고 믿 - 고 참아 내 며 - 사랑 은 영원토

록 변함없 네 - 믿음 과 소망 과 사 - 랑 은 -

이세 상 끝 까 지 영원하 며 - 믿음 과 소망

과 사랑중 에 - 그중 에 제일 은 사랑이 라 -

135 사랑은 참으로 버리는 것

(사랑은 더 가지지 않는 것)

M. Reynold

미가엘 1127

사 랑은참으로 *버리는것 - 버리는것 - 버리는것 -

사 랑은 참으로 *버리는것 - 더 가 지지않 는 것

이 상하 다 동 전 한닢 움 켜 잡으면 없 어 지고

쓰고빌 려주면 풍성 해져 땅 위 에가득하 네 오 것

자 내 일걱 정일랑 버 리고--모 든염려주님께 맡 기 세 요

사 랑은 참으로 버리는것 - 더 가 지지않는 것

*|섬기는것, 베푸는것, 다주는것

메들리 곡   79/ 주 예수 사랑 기쁨   108/ 나는 믿음으로   148/ 예수보다 더 좋은 친구

사랑의 주님이

사랑 의 주님 이 날사 랑 하시 네

내 모 습 이대 로 - 받으셨 네 -

사랑 의 주님 이 날사 랑 하듯 이

나 도 널 사랑 하며 섬기 리 -

137

사랑하는 주님

(베드로의 고백)

미가엘 1841
김석균

사랑하는 주님 내게다가 와 이밤이다 가기전 에
멀리서들리는 닭울음소 리 나의영혼 잠깨웠 네

네가나를― 버리리라 하 실 때 왜그리 섭섭 하던 지
잊어버렸던 지난슬― 픈 고백 왜그리 부끄 러운 지

주님과함께 죽을지라 도 배반하지는 않겠다했 던
이세상어디 숨을곳있 나 닭울음소리 들릴때마 다

믿음없는 나의헛 된 맹세 주님마음 울렸었 네
사랑하는 나의주 님 모습 스치고또 스쳐가 네

내가그 를 알지못하노 라 내가그를알지못하노 라

내가그를알지못하 노라 부인하고― 돌아서서한없이울었네 ―

사랑하는 주님

내가주를잃고 방황했 듯　주도나를잃고 슬퍼했 네
주님오실기약 어찌잊 고　맡긴사명모두 잊었던 가

하지만 – 나의눈 물 보 다　주님의 눈물더뜨거웠 네
지금도 – 새벽닭 울 때 면　참회의 눈물로회개하 네

Words & Music by 김석균 Copyright © 1987 by CAIOS, All Right Reserved, Used by permission.

D

138 사랑합니다 나를 자녀삼으신

(I'll Be Lovin' You)

Carla White/Tim White & Maria Irey

사랑 합니 다 - 나를 자 녀 삼으 신

주 - 사 랑 합 니 다 - 나를

자 녀 삼으 신 주 - 내 부 르 짖음

들으 시 고 감 싸 주 시 - 는 - 영원

히 주 찬양 합 니 - 다 내 삶을 다 해 -

선하신 목자
(Shepherd Of My Soul)

Martin Nystrom

선하신 - 목자 - 날 사랑하 - 는분 - 주

인도하 - 는곳 - 따라 가 - - 리 주의 말 - 씀을 - 나

듣기위 - 하 - 여 주 인도하 - 는 - 곳 가 려 네

네 나를 푸른초 - 장과 - - 쉴 만한물 - 가 로 - 내

선하신 - 목자 - 날인 - 도해 - 험한 산과골 - 짜기 - 로 내가

다닐지 - 라도 - 내 선하신 - 목자 - 날인 - 도해 -

140 성령이여 내 영혼을

미가엘
1964

이천

성령이여 - 내 영혼을 - 충만케 하 소 서 -

내 속에 - 강 물 이 - 넘 쳐 나 - 게 - -

오 - 성 령 하 나 - 님 - - 날 - 다시 새롭

- 게 - - 하 소 서 - 채 - 우 - 소 서

- 내 영혼이 세 - 상 - 유혹 - 다 이기고 다 - 시 - 주를
오 - 직 - 주만

- 닮 아 가 도 록 - 록 -
- 나 타 내 도

메들리 곡
1/ 거룩하신 성령이여   95/ 성령의 비가   150/ 예수 이름이 온 땅에

세상 때문에 눈물 흘려도 141
(외롭지 않아)

1. 세상때문에 - 눈물흘려도 외롭지않아 - 주님계시니
2. 마귀때문에 - 고통당해도 외롭지않아 - 주님계시니
3. 세상친구들 - 나를떠나도 외롭지않아 - 주님계시니

D

세상때문에 - 설움당해도 - 주님땜에외롭지않 아
마귀때문에 - 괴롬당해도 - 주님땜에외롭지않 아
세상친구들 - 나를버려도 - 주님땜에외롭지않 아

외롭지않아 - 주님계시니 두렵지않아 - 주님계시니 -

세상때문에 - 눈물흘려도 - 주님땜에외롭지않 아

메들리곡 39/ 세상 사람 날 부러워 52/ 예수님 날 위해 146/ 아침 안개 눈 앞

142 세상 권세 멸하시러
(For This Purpose)

Graham Kendrick

세 상 권 세 멸 하 시 러
주 님 보 혈 권 능 으 로

주 님 이땅에 나타나 시 었 네
우 리 일어나 나가서 외 치 세

우 리 안 에 계 신 주 - 즐겁
어 둠 의 세 력 들 은 - 모두

게 찬양 해 - 주 님나라 거 하 리 -
물 러갔네 - 승 리하신 나 의 주 -

(형제)

죄악

(자매)

할렐 루야 이기 셨 네

할렐

을 이기 셨 네

죽음 을 승리로

세상 권세 멸하시러

루야 승리로　　　할렐 루야 고치 셨 네

모든　질병 고치 셨 네

주　다 스 － 리 시 네 － －

143 세상 부귀 안일함과

(주님 내게 오시면)

윤용섭

1. 세상 부귀 안일함과 세상 근심하다가
2. 세상 일에 얽매여서 세상 일만 하다가
3. 지금까지 내가 한 일 주님께서 보시고

주님 나를 찾으시면 어떻게 만날까
주님 나를 부르시면 어떻게 만날까
훗날에 나를 보며 무어라 하실까

주님 내게 오시면 나 어찌 대할까

멀리 방황하던 나 불쌍한 이 죄인

이제 주만 생각하며 세상 권세 버리고 근심
영광

두 손 들고 눈물로 써
오직 주만 바라보며 주만 따라가오리다
십자가를 내가 지고

신실하게 진실하게
(Let me be faithful)

144

Stephen Hah

신실하게 - 진실하게 - 거룩하게 살게 하소서

신실하게 - 진실하게 - 거룩하게 살게 하소 서

하 나 님 - - - 나의 마음 - 만져 주소서 -
하 나 님 - - - 나의 기도 - 들어 주소서 -

하 나 님 - - - 나의 영혼 새롭게 하소 서
하 나 님 - - - 주의 길로 인도 - 하소 서

D

메들리 곡   111/ 나 무엇과도 주님을   175/ 주님 내게 선하신 분   186/ 주여 진실하게 하소서

145 아름다웠던 지난 추억들

(친구의 고백)

미가엘
1173

권희석

1. 아름다 웠던 - 지난추 억들 - 사랑했 었던 - 많은친
2. 지난유 월절 - 저녁성 찬때 - 주님과 함께 - 마시던
3. 새벽닭 울때 - 난괴로 웠어 - 풍랑이 일면 - 난무서

구들 - 멀고도 험한 - 고난의 길을 - 나이제
핏잔 - 그일이 문득 - 생각이 나면 - 어느새
웠어 - 하지만 이젠 - 두렵지 않아 - 이세상

말 없 - 이 주님을 위 하 - 여 떠나야 지
내 뺨 - 에 주르르 눈 물만이 흐릅니 다 수없이
끝 까 - 지 주님을 위 하 여 죽을텐 데

많은 - 사람들 위해 - 당신이 바친 - 고귀한

희생 - 영원히 당신 과 함께있 고 - 파 사랑의

십 자 가 를 맞 이 하 네

메들리 곡
64/ 이 험한 세상   113/ 나를 세상의 빛으로   176/ 주님 말씀하시면

아침 안개 눈 앞 가리듯
(언제나 주님께 감사해)

146

김성은 & 이유정

아침안개 눈앞가리 듯　나의 약한믿음의심쌓일 때　부드
빗줄기에 바위패이 듯　나의 작은소망사라져갈 때　고요

럽게다가온주의음 성　아무 것도염려 하지 마 라
하게들리는주의음 성　내가

너 를사랑하노 라　외로움과방황속에 서

주님 앞에 나아 갈때 에　위로 하시 는주님

나를도 우사　상한 나의 마음 감싸 주시 네

십자가의보 혈로 써　주의 크신사랑알게하셨 네

주 님께 감사하리 라　언제 나 주님께감사 해

메들리 곡　104/ 감사해요 주님의 사랑　199/ 주 찬양합니다　205/ 평안을 너에게

147 어느날 다가온 주님의

(고백)

김석균

어 느날 – 다가온 주 님의　이름을부를수　없었어요

뜨거운사 랑을　느꼈지만　부를수 – 없었어요

어느날 – 다가온주 님의　모습을쳐다볼수 없었어요

따뜻한사 랑을　느꼈지만　바라보지못했어요

비우지못 한　작은가슴　당신의사 랑은　너무커요

부서지고　낮아져 도　당신앞 에 설수　없었어요

오 늘도 – 찾아온 주 님의　이름을불러 봅니 다

부를수 록다 정한　주님모 습　가만히안아봅니 다

메들리곡
15/ 내가 걷는 이 길이　90/ 하나님 한 번도 나를　114/ 나에겐 알 수 없는 힘

예수보다 더 좋은 친구

(나의 참 친구)

김석균

149 예수 그 이름

(그 이름)

송명희 & 최덕신

예 수 - - -그 이 름 - 나 는 - 말할수

없 네 - 그 이름 -속에있는 비 밀 을

그 이름 -속에있는 사 랑을 - 그 사 랑을 -말할수

없 어서 - 그 풍부함 - 표현못 해 서 -

비 밀이 -되었네 그 이 름 비밀이 -되-었

네 - 사람들 그 -이름 건 축자 의 -버린

돌 처럼버 렸 지 만 - -내 마음에 - 새겨진

이 -름 은 -아 름 -다 운 보 석 - 내

예수 그 이름

게 있는 - 귀한비 밀 이라 - - 내 마음에 - 숨겨진

기 쁨 - 예 수 - 오 - - 그 이 름 - 나

는 말할 수 없 네 - - 그 이 - 름의 비밀

을 - - 그 이 - 름의 사 랑 을 -

150 예수 이름이 온 땅에

미가엘
1693

김화랑

예수이름이 온땅에 – 온땅에 퍼져가 네
예수이름이 온땅에 – 온땅에 선포되 네

잃어 버린영혼 예수이름 – 그 이름듣고 돌아오 네 – – 예수
하나님의나라 열방중에 – 열방중에 임하시 네 – – 하나

님 기뻐 노래하시리 잃어 버린영혼 돌아올 때 – – 예수
님 기뻐 노래하시리 열방 이 – 주께 돌아올 때 – – 하나

님 기뻐 춤추시리 잃어 버린영혼 돌아올 때 – –
님 기뻐 춤추시리 열방 이 – 주께 돌아올 때 – –

메들리 곡   32/ 복음들고 산을   126/ 놀라운 주의 사랑   132/ 모든 이름 위에

예수 하나님의 공의
(This kingdom)

151

Geoff Bullock

미가엘 1676

예 – 수 – 하나님의공 의 주독생
예 – 수 – 하나님의사 랑 주은혜

자 그의나 라 임하시 – 네 – –
와 말씀으 로 나타났 – 네 – –

예 – 수 – 제물이되신 주 – 영광중
예 – 수 – 거룩한하나 님 –

에 그의나 라 임하시 – 네 – – 주의

나라 영원 하며 – – 그의 영광 무궁 하리 – – 왕의

위 엄과 – 능력 – 이 – 이제 임하였 – 으니 – 주의

주권과 – 주의 통치 와 – 주의 나라 힘 – 과권세 임하네 –

예 – 수 – 하 나님의 – 공 의 –

152 오 나의 자비로운 주여

(영혼의 노래 / Spirit song)

John Wimber

오 나의 자비로운 주여 나의 몸과 영혼
모여라 주께 찬양하라 나의 귀한 친구

을 주님은 헤로다 채워 주소 서
야 주이름 앞에너 두손모으고

이세상 괴롭걱정 근심 주여 받 아주시
오 너의 슬픔세상 눈물 너의 쌓인아픔

고 힘든 세 상에서 인도하소 서 -
을 십자 가 앞에서 모 두버리 고 -

예 수오예 수 지금오셔서 -

예 수오예 수 채워 주소 서

메들리곡 36/ 살아계신 성령님   120/ 내게 있는 향유 옥합   146/ 아침 안개 눈 앞 가리듯

오늘 집을 나서기 전 153

M.A. Kidder & W.O.Perkins

1. 오 늘 집을나서 기 전 기 도 했 나 요
2. 맘 에 분이가득 찰 때 기 도 했 나 요
3. 어 려 운시험당 할 때 기 도 했 나 요
4. 나 의 일생다하 도 록 기 도 하 리 라

오 늘 밤을은총 위 해 기 도 했 나 요
나 의 앞길막는 친 구 용 서 했 나 요
주 가 함께당하 시 면 능 히 이 기 리
주 께 맡긴나의 생 애 영 원 하 리 라

기 도 는우리의 안 식 빛 으로인도하 리

앞 이 캄캄할때 기 도 잊 지 마 시 오

메들리 곡 14/ 나 지치고   15/ 내가 걷는 이 길이   57/ 왜 나만 겪는 고난이냐고

오라 우리가

(여호와의 산에 올라 / Come and let us go)

B. Quigley & M-A Quigley

미가엘
1586

오 라 우리가 - 여호와의 - 산에올라 - 하

나 님의 전에이르자 - 전에이르 자 - 주

님 의 도 를 배 우 고 - 주

님 의 길 로 행 하 리 - 이 는

율 법 이 시 온 에 서 나 오 고 - 주 의

말 씀 은 예 루 살 렘 에 서 -

메들리곡 32/ 복음 들고 산을   110/ 나는 주를 부르리   132/ 모든 이름 위에

오소서 진리의 성령님

(부흥 2000)

고형원

오소서진리의 성령님- 이땅흔들며 임 하소서-

거짓과탐욕 죄 악에무너진- 우리가슴정케하소 서

오소서은혜의 성령님- 하늘가르고 임 하소서-

거룩한불꽃하늘 로서임하사- 타오 르게하소서주영광위 해

부흥의불길-타오르게 하소서- -진리 의말씀-이땅새롭게하소 서

은혜의강물- 흐르게 하소서- -성령 의바람- 이땅가득불어 와

흰옷입-은주의 순결한백성 주의 영 광위해이제일어 나

열방을-치유하 머행진하는 영 광의그날을주-소 서

 74/ 주님 다시 오실 때까지 111/ 나 무엇과도 주님을 120/ 내게 있는 향유 옥합

156 오순절 거룩한 성령께서

(불 같은 성령 임하셔서)

John W. Peterson

1. 오순절거룩한 성 령 께서 충만한은혜주신 다
   흩어진초대교회 성 도 들 담대히복음 전했 네
2. 이세상어두움에 찼 으 나 오직믿음으로살 리
   지난날성도들기 도 할때 큰부흥일어났었 네

그의증거로승리 얻 었 네 큰구속받은우리 들
순교한그들따라 우 리도
성령의뜨거운그 불 길이 교회에새힘을주 네
오늘날그와같은 성 령을

나가서복음전하 자 불 같 은 성 령
다시금부어주소 서 역 사 하 소 서

임 하셔 서 풍성한 은혜와 주사랑줍소 서
이 시간 에

기 도 합 니 다 성령의충 만 을

성령의충만 을 성령의충만 을

D

오 주 님 께 서 나를 살 리 셨 네
하 나 님 께 서 나를 사 랑 하 네
오 성 령 께 서 나를 도 우 시 네

십 자 가 의 피 로 구 원 하 셨 네 –
독 생 자 를 주 신 참 사 랑 일 세 –
크 신 능 력 으 로 승 리 하 리 라 –

오 주 님 께 서 나를 살 리 셨 네
하 나 님 께 서 나를 사 랑 하 네
오 성 령 께 서 나를 도 우 시 네

전 혀 알 지 못 했 던 기 쁨 일 세 –
독 생 자 를 주 신 참 사 랑 일 세 –
크 신 능 력 으 로 승 리 하 리 라 –

이 제 나 는 주 님 만 을 의 지 하 – 리 라

진 정 놓 지 않 으 리 –

158 오직 예수 다른 이름은

(No other name)

Robert Gay

오직예 수 다른이름은 없네 주이름 만 우리에게 주셨

네 오직예 수 다른이 름 없 — — 네 오

영 — 광과존귀 권 세 — 와 — 찬양 받 으 — 실분오직주예

수 오직예 수 온 땅 위에홀 — 로

높으신 — 이름 — 하 늘 위 높이들 — 리셨 — 네 — 온

땅 위에홀 — 로 높으신 — 이름 — 영 광과 존귀와

찬양 드리세 오 직예 으 — 실분오직주예 수 —

오직 주의 사랑에 매여

159

고형원

D

오직 주 의 사랑에 매 여 내 영 기 뻐 노래합니 다 이 소

망 의언 덕 기 쁨의 땅 - 에 - 서 주 께 사랑 드립니 다 오직

주 의임 재안에 갇 혀 내 영 기 뻐 찬양합니 다 이 소

명 의언 덕 거 룩한 땅 - 에 - 서 주 께 경배 드립니 다 주께

서 주 신 모든 은 혜 나 - 는 말할 수 없 네 내 영

혼 즐거 - 이 주 따르렵 - 니다 - 주 께내 삶 드립 니 다

메들리 곡   111/ 나 무엇과도 주님을   144/ 신실하게 진실하게   176/ 주님 말씀하시면

160 오직 주의 은혜로

오직주의 - 은혜 로 지금여기 - 서 있 네

한 없는 - 경 배 한없는 - 찬 양 내 영혼예배드 리 네

나를위해 - 이 땅에 오신주의 - 그 은 혜

십자가 - 고 통 이기신 - 주님 그은혜어찌잊으 리

주은혜 날채우시네 - 주은혜 보게하시네 -

살아가는동안 - 은혜로만살리 -

십 자 가은 혜 로 - -

메들리 곡 84/ 주의 거룩하심 생각할 때 111/ 나 무엇과도 주님을 112/ 나를 지으신 이가

우리가 걷는 이 길

161

최용덕

162 우리 모일때 주 성령 임하리

(As We Gather)

Mike Faye & Tommy Coomes

우리모일때－주　성령임－하리

우리모일때－주　이름높이리　　우리마음모－아

주를경배할때　　주님 축복하－시 리 － －

주 님 축 복 하 － 시 리

메들리곡　　72/ 주께와 엎드려　　76/ 주님의 시간에　　171/ 주님께 경배드리세

이와 같은 때엔
(In moments like these)

163

David Graham

이와 같은 때엔 난 노래하네 사 랑을 노
이와 같은 때엔 난 기도하네 조 용히 기

래 하 네 주 님 께 이와 같은 때 엔 손
도 하 네 주 님 께

높 이 드 네 손 높 이 드 네 주 님 께 ー 주 님

사 랑 해 요 ー 사 랑 해 요 ー 사

랑 해 요 주 님 사 랑 해 요 ー 주 님 ー

164 이 땅 위에
(신 사도행전)

김사랑

이 땅위에 - - 하나님의 교회 - 부르심을 - 따라일 - 어나 -

거치 른광야 - 외 - 치는 소리로 - 거듭거 듭피 어나 - 라

성 령이여 - - 이세대를 향해 - 주의 진리를 - 선포케하 - 소서

- 십자 가에서 - - 죽으신그 사랑 - 우리사 랑 되게 하소

서 닫힌 문들아 - 열릴지 - 어다 - 모든 세대여 - 일어나라

- 주 예 수께 - 무릎꿇 - 고 경 배드 - 리세 - 죽음

이 기신 - 평화의 - 왕 - - 성 령이 - 여 임 하소

이 땅 위에

서　초대 교회 역사같은 - 권 능 으 - 로 모든 교회 일

으켜주 - 소 - 서 - - 일 어 나 - 라　빛 발 하 라 승리

의 기 높 이들고 - 전 진 하 라 주님 오실길 - 예 비 하 라

D

165 이제는 내가 없고

이제는 내가 없고

이 제 는 내 - 가 산것아니 - - -요 - -

내안 에 주님 - 이 사신 것 - - 이 - 라 - - - -

이 제 는 내 - 가 없 - 고 오 직 예수 - 님 - 만

내 안 에 살 - 아 계 - 신 오 직 예수 - 님 만 -

찬 양 하 며 살 - 리 - 라 - 예 배 하 며 살 - 리 - 라 -

내안 에 계 시 - 는 오 직 예 수 님 만 - - - 내안

에 계 시 - 는 오 직 예 수 님 만 - - - -

166 작은 불꽃 하나가

(Pass it on)

Kurt Kaiser

1.작은 불 꽃하나 가 큰 불 을일으 키어 - - 곧
이 돈아나 면 새 들은지저 귀고 - - 꽃
구 여당신 께 이 행복전하 고싶소 - - 내

주 위사람 들 그 불 에몸녹 이듯이 - - 주
들 은피어 나화 창 한봄날 이라네 - - 주
주 는당신 의의 지 할구세 주라오 - - 산

님 의사랑 이같이 한 번경 험하면- 그 의사랑 모
님 의사랑 놀라와 한 번경 험하면- 봄 과같은 새
위 에올라 가 -서 세 상에 외치리- 내 게임한 주

두에게 전 하고싶 으리 - - 2.새싹 - 산
희망을 전 하고싶 으리 - - 3.친 -
의사랑 전 하기 원하네 - - -

위 에올라 가 서 세 상에 외치리- 내

게임한주 의사랑전 하 기 원하네 - -

죄 없으신 주 독생자

(Lamb of God)

Twila Paris

167

미기엘 2284

죄 없으 신 주 독생 자 하나님 보 좌를 떠 - 나
겸 손하 신 왕 주 예 수 사 람 들 은 조 롱 했 - 네
죽 어야 할 이 죄 인 을 주 님 께 로 이 끄 셨 - 네

죄 악 된 땅 에 오 셨 네 세 상 죄 지 신 어 린 양
우 리 를 사 랑 하 신 주 십 자 가 에 못 박 았 네
주 지 팡 이 막 대 기 로 어 린 양 인 도 하 시 네

오 - 어 - 린 - 양 귀 한 어 린 양 주 님 을 사 랑 합 니 - 다

주 보 혈 - 로 씻 으 소 서 예 수 님 귀 한 어 린 - 양
　　　　　　　　　주 의 양 되 게 하 소 - 서

D

168 주께서 주신 동산에

(땅 끝에서)

고형원

주께서 주신 동산에 - 땀 흘리며 씨를 뿌리며
비바람 앞을 가리고 - 내 육체는 쇠잔해져도

내 모든 삶을 드리리 - 날 사랑하시는 내 주님께 -
내 모든 삶을 드리리 - 내 사 - 모하는 내 주님께 -

땅 끝에서 주님을 맞으리 주께 드릴 열매 가득 안고 -

땅 끝에서 주님을 뵈오리 주께 드릴 노래 가득 안고

- 땅의 모든 끝 찬양하라 - 주님 오실 길

예비하라 - 땅의 모든 끝에 서 주님을 찬양하

라 - 영광의 주님 곧 오시리라 -

메들리 곡   74/ 주님 다시 오실 때까지   97/ 주님이 홀로가신   155/ 오소서 진리의 성령님

주께 힘을 얻고

(축복의 사람)

169

설경욱

주 께 힘을 얻고그마음에 - 시온 의대로가 있는그대는 -

하나님의- 축복 의사 람이죠- 주님 그대를-너무기뻐 하시죠 -

주의 집에거하기를사모 하 - 고- 주를 항상찬송하는그대는 -

하 나님의- 축 복 의 사람이죠- 주님 그대를-너무사랑 하시죠 -

그대 섬김은- 아름다운찬 송   그대 헌신은- 향기로운기 도

그대 가 밟는땅 어디 에서라도 - 주님 의이름높아질거에 요

170 주 나의 하나님

(주님 앞에 섭니다)

심종호

주나의하- 나님 - 　주님앞에섭- 니다 -

거룩하신나 - 의주 - 　주를경배합- 니다 -

주앞에무 -릎꿇고- 　그얼굴구 - 할때 -
주앞에무 -릎꿇고- 　그자비구 - 할때 -

내앞에오 -신주님- 　나를만지 - 시네 -
내앞에오 -신주님- 　나새롭게 - 하네 -

변함없는 - 주의 -사랑 - 　나의모든 - 아픔 - 눈

물씻으 -시네- - - 　주의손날 -붙드 -시니 -

이제내가 -일어 -나 주를경 -배합 - 니 -다 -

주님께 경배드리세
(Come Let Us Worship And Bow Down)

171

Dave Doherty

메들리 곡   102/ 감사로 제사 드리는 자가   172/ 주님께 영광을   280/ 주님께 감사드리라

172

주님께 영광을
(주님께 알렐루야)

최덕신

주님께 영-광을- 주님께 감-사를-

주님께 찬-양을- 할렐루 야

젊-음을-
- 우리의 가-진것- 모두다 바-쳐서-

주님을 사-랑해- 할렐루 야

메들리 곡   150/ 예수 이름이 온 땅에   154/ 오라 우리가   171/ 주님께 경배 드리세

주님 나를 부르셨으니

173

윤용섭

```
1. 주님 나 를부르셨으 니 주님 나 를부르셨으 니
2. 주님 나 를사랑했으 니 주님 나 를사랑했으 니
3. 주님 나 를구원했으 니 주님 나 를구원했으 니
```

```
내모 든 정성 내모 든 정성 주만 위 해바칩니 다
이몸 바 쳐서 이몸 바 쳐서 주만 따 라가렵니 다
소리 높 여서 소리 높 여서 주만 찬 양하렵니 다
```

```
주 - 님 주 - 님 나의 기 도들 으 - 사
주 - 님 주 - 님 나의 기 도들 으 - 사
주 - 님 주 - 님 나의 기 도들 으 - 사
```

```
영원 토 록주 님만 을 사 모 하 게하옵소 서
언제 까 지주 님만 을 사 모 하 게하옵소 서
할렐 루 야주 님만 을 사 모 하 게하옵소 서
```

메들리 곡   105/ 고요히 주님 앞에 와   174/ 주님 내가 여기 있사오니   290/ 주의 보좌로

174 주님 내가 여기 있사오니

(나를 받으옵소서)

최덕신

주님 내 가여 기있 사오니 나를 보 내소 - 서

나의 맘 나의몸 주께 드리오 - 니 주 받으옵 소 서

주님 내 가여 기있 사오니 나를 써 주소 - 서

가진 것 모두다 주께드 리오 - 니 주 받으옵 소 서

알 렐 루 - 야 알 - - 렐 - 루 - 야

알 렐 루 - 야 - - - - 알 - 렐 루 야

야 나를 받으옵소 서 나를 받 으

옵 소 서 -

120/ 내게 있는 향유 옥합   176/ 주님 말씀하시면   223/ 나의 주 나의 하나님이여

주님 내게 선하신 분 175

(So Good To Me)

Darrell Evans & Matt Jones

D

주님 - 내게선하신 분
고아같은 나를 구해
매일 아침 마다 주의

주의자녀 삼아 주셨네 주님 - 내게선하신
-자비로 새생 명주네 주님 - 내게선하신

분 내 과거를 던지 -시고 내죄세지않으시 -네 -
분 주의손 이내게계셔 내기쁨이 주께있 -네 -

나 춤을추 네 나주께 외 쳐 -

나주께뛰 네 뛰며 돌며할렐루야 - - 선하 신분

- 선하 신분 - 선하 신분 - 주님
Fine

오 직주 -님 이 - 나를구하 -셨 네

나거 리에 -서 도 - 찬양을드 -리네 -
D.S.

176

주님 말씀하시면
(말씀하시면)

김영범

주님 말씀하 – 시면 – 내가 나아가 – 리 다 – 주님

뜻 이 아 – 니 면 – 내가 멈 춰 서 – 리 다 – 나의

가 고서 – 는것 – 주님 뜻 에 있 – 으 니 – 오 주

– 님 – 나 를 이 끄 – 소 – 서 – 주님 뜻 하

신 그 – 곳 에 – 나 있 기 원 합 – 니 – 다 – 이 끄

시 는 – 대 로 – 순 종 하 며 살 – 리 – 니 – 연 약 한 내 – 영 혼

– 통 하 여 일 하 – 소 – 서 – 주님 나라와 – 그 뜻 을 위 – 하여

– 뜻 하 오 – 주 – 님 – 나 를 이 끄 – 소 – 서 –

메들리곡

139/ 선하신 목자   144/ 신실하게 진실하게   279/ 주님 계신 곳에 나가리

주님 예수 나의 동산

이영후 & 장욱조

주님예 수 나의동 산 내맘속 에 동녘하 늘

아침햇 살 가득안 고 자라나 는 나무같 아
활짝피 는 백합같 아
피어나 는 안개같 아

그 안 에서 이생명 도 귀한재 목 되겠어 요
피어나 는 꽃되리 라
맑은영 혼 되겠어 요

오 하 나님 이재목 바쳐- 당신제 단 쌓으리 니
이꽃바 쳐-- 당신제 단 밝히리 니
이영혼 바쳐- 당신제 단 향내리 니

은혜로 운 사랑으 로 하늘평 안 내리소 서

178 주님 손에 맡겨 드리리

(전심으로 / With All I Am)

Reuben Morgan

주님 손에 맡겨 드리리

경배하 - 리 - - 경배하 - 리 라

- - 경배하 - 리 - - 경배하 - 리 - 라

- - 경배하 - 리 - - - 경배하 - 리 - 라

- 내가 믿 - 는 분 - - 전심 - 으로 - -

D

179 주님 예수 나의 생명

(주님 안에 살겠어요)

김기원 & 장욱조

1. 주님 예 수 나의생 명 죽을이 몸 살리신 주
2. 주님 예 수 나의목 자 방황에 서 인도한 주
3. 주님 예 수 나의구 주 사망권 세 이기신 주

주님 예 수 피마시 고 새생명 을 얻은이 몸
주님 주 신 생수마 셔 소생함 을 얻은영 육
그 살 먹 고 배부르 고 그피로 서 변한이 몸

주 님 안에 이생명 도 한몸이 된 지체이 라
주 님 따라 이인생 도 순종하 며 감사하 리
주 님 께만 이시간 도 충성하 며 희생하 리

오 내 주님 이몸바 쳐 - - 당신위 해 살 겠어 요
오 내 목자 인도따 라 - - 십자가 를 지 겠어 요
오 내 구주 구원의 주 - - 사랑하 며 살 겠어 요

성령권 능 내리시 사 이내결 심 도우소 서
성령충 만 부으시 사 열매맺 게 하옵소 서
성령인 도 따르면 서 청지기 로 살겠어 요

주님의 성령 지금 이곳에 180

(임하소서)

송정미 & 최덕신

주님의 성-령 지금 이 곳 에 임-하 소 서

임 하 소 서 주님의 성-령 지금 이 곳 에

임-하 소 서 임 하 소 서 알 렐 루 야 알-

렐 루 야 알 렐-루-야 알 렐 루 야 야

메들리 곡   76/ 주님의 시간에   86/ 주 품에 품으소서   197/ 주님 이 곳에

181 주님의 마음으로 나 춤추리

(주님의 춤추리 / Teach me to dance)

Steve A. Thompson &
Graham Kendrick

주님의마 음으로나춤추 - 리 성령의능 력으로따라가
음으로사랑하 - 리 주님약속 의말씀신뢰하

- 리 주님의빛 가운데걸어가 - 리 주님의마
- 리 다시오실 주님나바라보 - 리 주님의마

음으로춤추리 - 주님의마 - 주는생 명의근원
음으로춤추리 - 주님의마 - 매일의 삶속에서

하늘과 땅의 주인 주안에넘치는 기 - 쁨
주님을위한 사랑 순종으로주께 드 - 려

주님의 아이되어 기쁨의 - 춤추리 주님의영광 을
나의모 든힘다해 주님께경 배하리 나의모든것 다

위 - - 한 기 - - 쁨 주님의마
드 - - 려 찬 - - 양 주님의마

음으로춤추리 -　주님의마　음으로춤 추리 -

D

주님은 너를 사랑해　182

조환곤

주님은　너를사랑해-　주님은 너를사랑해-　우리를

사랑하신주-　널사랑 해　주님은 너를사랑해-　주 님은

너를사랑해-우 리를 사랑하신주-　널사랑 해　주님은　해

* | 기뻐해, 위로해, 축복해

183 주 다스리네

(The Lord Reigns)

Dan Stradwick

주 다 -스리네 - 주 다 -스리네 - 주

다 -스리네 - 온땅기뻐해 - 온땅기뻐해 - 온땅기뻐해

- 만백성기뻐하 라 - 주다스리

네 - 주 네 -

주님나라임 -하네 모든적불태

-우네 악한세력은 녹네 주님의임재앞- 에

주님의임재앞- 에 - -주

네 - 주다스리 네 -

주 달려 죽은 십자가 184

(놀라운 십자가 / The Wonderful Cross)

J.D. Walt & Chris Tomlin, Jesse Reeves

D

주 달려 죽 은─ 십 자─ 가 우 리가 생 각──
죽 으신 구 주─ 밖 에─ 는 자 랑을 말 게──
온 세상 만 물─ 가 져─ 도 주 은혜 못 다──

할 때─ 에 세 상에속 한─ 욕 심─ 을
하 소─ 서 보 혈의공 로─ 입 어─ 서
갚 겠─ 네 놀 라운사 랑─ 받 은─ 나

1. D   2, 3. D

헛 된줄 알 고 버 리──네 네 놀라
교 만한 맘 을 버 리──네
몸 으로 제 몰 삼 겠──

운 십─자 가 ─ 놀 라 운 십─자 가

날─위 해 ─죽 으─ 신주 ─인 ─해 ─생 명
모─두 나 ─와 주─ 의은 ─혜 ─를 ─찬 양

last time to ⊕ 1. A   2. A ⊕ A   D
D.C. al Coda

─언 네─ ─놀 라 ─ ─
─하 리─

185 주 사랑이 나를 숨쉬게 해

(Breathe)

정신호

메들리곡　14/ 나 지치고　136/ 사랑의 주님이　112/ 나를 지으신 이가

D

주여 진실하게 하소서　186
(I'll be true, Lord Jesus)

미가엘 831

주여 *진실하게하소서 오늘 하루 순간순간을 주가 주신힘으로 승리하기 원하네 주여 나를진실하게하소서

*| 사랑하게, 묵상하게, 기도하게, 말씀보게, 전도하게

메들리곡　153/ 오늘 집을 나서기 전　226/ 날마다 숨쉬는 순간　265/ 우리에게 향하신

187 주를 위한 이곳에

김준영 & 임선호

주를위한이곳 에 예배하는 자들 중 에

그가찾는이없 어 주님께 서 슬퍼하시네 –

주님이찾으시 는 그한사 람 그예 배 자

내가그사람되 길 간절히 주 께예배하네 – 주은혜 –

로 이곳에 서있 네 주임재 – 에 엎드려 절하네 – 그

어느것도 – 난 필요없네 – 주 님만 – 경배 – 해 – 주은혜 –

로 이곳에 서있 네 주임재 – 에 엎드려 절하네 – 그

어느것도 – 난 필요없네 – 주 님만 – 경배 – 해

메들리 곡

84/ 주의 거룩하심 생각할 때   155/ 오소서 진리의 성령님   199/ 주 찬양합니다

주여 나에게 세상은

(당신의 뜻이라면)

이정림

주 여 나에 게 세상 은 넓어 요 주 여 나에 게

세상은 험해 요 사 – 랑 의주여 내곁 에 오셔 서

이세 상 가는 길 지켜 주 –시옵– 소서 주의길 가는동 안

흐르 는 눈물 이 주님 이 주신 것이라 면 기 쁘게흘리게하–소 서

그 대 의아픔 은 주님 이 가신 고난의 길

그 대 의눈물 은 –주님 이 흘린보혈의 피

오주 여 이길 이 당신 의 뜻이라 면

이 아 픔의길– – 이 영광 의 길되게하소 서

189 주의 사랑을 주의 선하심을

(Think about His love)

Walt Harrah

주의 사랑을 - 주의 선하 심 - 을 -

주의 은혜를 생각해 보 라 - 하늘

보 다도 더높으신 - 아 버지의사랑 크 고놀랍

네 - - - - 아 버지사랑 크 고놀랍 네

내 어찌그 사랑 - 잊 으 리 내
나 길을 - 잃고 - 헤 맬 때 그

어찌주의 - 궁휼 - 잊 으리 - 내 영혼의 -
사 랑날 - 찾아 - 내 셨네 -

- 모 든소원 - - 만 족시킨 - 하나님 - -

메들리곡   101/ 갈릴리 바닷가에서   136/ 사랑의 주님이   144/ 신실하게 진실하게

주의 이름 안에서

(찬양의 제사 드리며 / We Bring The Sacrifice Of Praise)

Kirk Carroll Dearman

190

191 주의 인자는 끝이 없고
(The steadfast love of the Lord)

Edith McNeill

주 의 인 자 는- 끝 이- 없 고 그
주 의 사 랑 은- 끝 이- 없 고 그
주 의 보 호 는- 끝 이- 없 고 그

의 자 비 는- 무 궁 하 며 - 아 침
의 공 의 는- 영 원 하 며 - 아 침
의 자 비 는- 풍 성 하 며 - 아 침

마 다 새 롭 고 늘 새 로 우 니 주 의 성

실 이 큼 이 라 성 실 하 신 주 님 -

메들리곡

152/ 오 나의 자비로운   192/ 주의 임재 앞에   374/ 하나님은 너를 만드신 분

주의 임재 앞에 잠잠해

(Be Still)

David J. Evans

미가엘 617

192

주 의 임재 앞 에잠잠해 주 여 기 계 시 네
주 의 영광 앞 에잠잠해 주 의 빛 비 치 네
주 의 능력 앞 에잠잠해 주 역 사 하 시 네

와 서 모두 굽 혀경배해 신 령 과 진 리 로
거 룩 한 - 불 태우시며 영 광 의 관 쓰 네
죄 사 하고 치 유하시는 놀 라 운 주 은 혜

순 결 하 신 주 님 거 룩 한 존 전 에
그 영 광 찬 란 해 빛 되 신 우 리 왕
주 믿 는 자 에 게 능 치 못 함 없 네

주 의 임재 앞 에잠잠해 주 여 기 계 시 네
주 의 영광 앞 에잠잠해 주 의 빛 비 치 네
주 의 능력 앞 에잠잠해 주 역 사 하 시 네

메들리곡   120/ 내게 있는 향유 옥합   191/ 주의 인자는 끝이 없고   199/ 주 찬양합니다

193 주의 자비가 내려와

(Mercy is falling)

David Ruis

주의자비-가내려 - 와내려- 와 주의자비-가봄 비같이

주의자비-가내려 - 와나 를덮 네 -

헤이호 주의 자비하심과 헤이호 주의 은혜로

헤이호 나는영원히 춤추 리 -

메들리 곡   150/ 예수 이름이 온 땅에   203/ 춤추며 찬양해   253/ 손을 높이 들고

주의 집에 거하는 자

(Blessed)

Darlene Zschech & Reuben Morgan

195 주 이름 온 세상에

(덮으소서 / Cover The Earth)

Meleasa Houghton & Israel Houghton,
Cindy Cruse

주 이름 온 세상에 높이고 전 파 하 는
주 말씀 선 포 하 고 주의왕국 예 비 하 는

- 도 구 가 되 리 라 물 이 바 다 덮 음 같
- 소 리 가 되 리 라

이 천국열어 – 주 – 성 – 령 – 부어주소 – 서

덮으소서 영광으 – 로 주의영광 온땅위 – 에

덮으소서 천국의 – 소 리 – 로 –

덮으소서 영광으 – 로 주의영광 온땅위 – 에
온세상은 주의것 – – 열 방주께 경배하 – 네

덮으소서 천국의 – 소 리 – 로 – 덮으소서 –

Fine

주 이름 온 세상에

천 국 열 어 주 소 서   새 노 래 퍼 지 도 록

물 이 바 다 덮 음 같 이   덮 으 소 서 -

천 국 열 어 주 소 서   새 노 래 퍼 지 도 록

물 이 바 다 덮 음 같 이   덮 으 소 서 -

D.S. al Fine

D

196 주 자비 춤추게 하네

(춤추는 세대 / Dancing Generation)

Matt Redman

주영 광 외치 는 세 대되 - 리 놀라운 주영광

- 외치 - 리 라 - - 주 - 의 영 - 광 을 -

메들리곡   190/ 주의 이름 안에서   193/ 주의 자비가 내려와   203/ 춤추며 찬양해

미가엘 1828

주님 이곳에   197

고형원

주님 이곳 에 주님 이곳에 우리 와함께 함께
상한 심령 을 위로 하시며 병든 우리몸 고쳐

하시네 - 나의 몸과 맘 경배   드 리
주시네 - 결박 을끊고 자유 주 시

네 주님 이곳 에 계시 네
네 주님 이곳 에 계시 네

메들리 곡   76/ 주님의 시간에   180/ 주님의 성령 지금 이 곳에   187/ 주를 위한 이 곳에

198 주 이름 큰 능력 있도다
(There is power in the name of Jesus)

Noel Richards

주이름 – 큰능력 – 있도 –다　　난믿네
주이름 – 큰능력 – 있도 –다　　예리한

　그이름 –　　예수의 –　그이름
–　검처럼 –　　예수의 –　그이름

–　부를 –때　　새생명 –　　얻었네 –
–　외치 –며　　일어나 –　　나가세 –

마귀는 –　　　떠나 –가 고
원수는 –　　　주발 –앞 에

갇힌자 –　　　자유케 해 – – –
무너져 –　　　떠 나가 네 – – –

–　모든이 –름 보다 더 –　높은 이 – 름 –

주예 – – –수 –

주 찬양합니다

(Ich lobe meninen Gott)

Cl. Fraysse Bergese

주 찬양합니 다　　　내 마 음을 다해 주

가 하신놀 라운　일 들을세 상에 모 두전 하　리 라

주 찬양합니 다　　　내 마 음을 다해 내

가 주를 기뻐　하며찬양해 할 렐 — 루 — 야　　지

극 히 높 으신　이름찬양해 할 렐 — 루 — 야　　지

극 히 높 으신　이름찬양해 할 렐 — 루 — 야

International Copyright Secured.

D

65/ 임마누엘　191/ 주의 인자는 끝이 없고　192/ 주의 임재 앞에 잠잠해

찬양의 열기 모두 끝나면

201

(마음의 예배 / The heart of Worship)

Matt Redman

찬양의 열 기 - 모두 끝나면 - 주 앞에 나 와 -
영원하신 왕 - 표현 치 못할 - 주님의 존 귀 -

더욱 진실 한 - 예배 드리네 - 주님을 향 한 -
가난 할 때 도 - 연약 할 때도 - 주 내 모든 것 -

노래 이상 의 노래 - 내 맘 깊은 곳 에 주께서 원 하신 것 -

화려 한 음악 보 다 - 뜻없는 열정 보다 중심 을 원하시죠 - -

주님 께 드릴 맘 - 의 예 - 배 주 님을 위한 -

주 님을 향한 노 래 중심 잃은 예배 내 - 려 놓 - 고

이제 나 돌아 와 - 주 님 만 예배 해요 -

202 천사의 말을 하는 사람도
(사랑의 송가)

Tina Benitez

천 사 의 말 을 하는 사 람 도 사 랑 없으
진 리 를 보 고 기뻐 합 니 다 무 례 와 사
지 금 은 희 미 하게 보 이 나 그 때 는 주

면 소용 이 없 고 심 오 한진 리 깨달
심 품 지않 으 며 모 든 것믿 고 바라
를 맞 대 고 보 리 하 나 님나 를 알 고

은 자 도 울 리 는 징 과 같 네 -
는 사 랑 모든 것 덮 어 주 네 - 하
계 시 듯 우 리 도 주 를 알 리 -

나 님 말 씀 전한 다 해 도 그 무 슨 소

용 있 나 - 사 랑 없 으 면 소용

이 없 고 아 무 것 도 아 닙 니 다 -

메들리 곡   88/ 하나님은 사랑이요   134/ 사랑은 언제나 오래참고   167/ 작은 불꽃 하나가

춤추며 찬양해

203

(나의 왕 앞에서 / I Will Dance I Will Sing)

Matt Redman

춤 추 며 찬 양 해 나 의 왕 주 님 께

그 누 구 도 내 열 정 - 빼 앗 을 수 없 네 나 춤 추 리

자 존 심 다 버 리 고 기 뻐 해 누 군 가 날 비 웃 어 도

춤 추 리 자 존 심 다 버 리 고 뛰 놀 며

Fine

나 나 나 - 나 나 나 헤 이 나 나 나 - 나 나 나 헤 이

나 나 나 - 나 나 나 헤 이 나 나 나 - 나 나 나 헤 이

D.C. al Fine

204 탕자처럼 방황할 때

(탕자처럼)

김영기

1. 탕자 처럼 방황 - 할 때 도 애타게 기다리 는 -
2. 불순 종한 요 나와같 이 도 방황 하던 나에게 -
3. 음탕 한저 고 멜과같 이 도 방황 하던 나에게 -

부드런 주님의음 성 이 내 맘을 녹 이셨 네 -
따뜻한 주님의손 길 이 내 손을 잡 으셨 네 -
너그런 주님의용 서 가 내 맘을 녹 이셨 네 -

오 주님 나 이제갑 니 다 날 받아 주 소 - 서 -

이 제는 주 님만위 하 여 이 몸을 바 치리 다 -
이 제는 주 님만위 하 여 이 생명 바 치리 다 -
이 제는 주 님만위 하 여 죽 도록 충 성하 리 -

메들리 곡   40/ 세상에서 방황 할 때   64/ 이 험한 세상   698/ 이제 내가 살아도

평안을 너에게 주노라

(My peace I give unto you)

Keith Routlege

D

평안 을 너에 게 주노 라 — 세상

이 줄 - 수 없 - 는 - 세상

이 알수 도 없 는 평 - 안

평 - - 안 평 - - 안 평안

을 네 게 주노 라 -

76/ 주님의 시간에   152/ 오 나의 자비로운 주여   297/ 평화 하나님의 평강이

206 하늘의 해와 달들아

(호흡이 있는 자마다)

김세영

하늘의 해와 달들아

세 상 모 든 사 람 들 아 주 를 찬 양 하 라 -

살 아 계 신 너 의 하 나 님 을 -

호 흡 이 있 는 자 - 마 다 - -

여 호 와 를 찬 양 하 - 여 라 - -

D

207 할 수 있다 하면 된다

(할 수 있다 해 보자)

윤용섭

할 수 있 다 하 면 된 다　해 보 - 자

믿 는 자 에 게 능 치 못 함 이　없 으 리 라

나 는 부족해 도　나 는 약 해 도　주님 도와주신 다
믿 음 가지고 -　꿈 을 가지고　주님 바라보아 라
기 도하면서 -　찬 양할 때에　주님 함께하신 다

의 심 말 고　두 려 워 말라　기 적 이 일 어 난 다
성 령 님 이　도 와 주 신다　좋 은 일 일 어 난 다
할 렐 루 야　할 렐 루 - 야　기 적 이 일 어 난 다

말 씀 안 에 서　믿 음 안 에 서　할 수 있 다 해 보 자

험하고 어두운 길 헤매일 때 208

(늘 노래해)

유의신 & 서영석

D

험하고 어두운길 헤매일때에 주님은
가시밭 험한곳도 찾아가 - 서 주님을

날부르셨 네 - 세상의 가치없는 노래부를
노래부르 리 - 내주여 나와함께 하시어 -

때 주님날 구원하셨 네 - 이세상
서 늘찬송 하게하소서 - 이세상

노 래 다 해 도 내맘엔 기쁨없지 만 -

그러 나 이젠 찾 았 네 진실 한

나의 노래를 - 주님의 사랑 주님의

은 혜 내생명바쳐 - 늘노래해

메들리곡 54/ 오 하나님 받으소서 152/ 오 나의 자비로운 주여 166/ 이와 같은 때엔

209 험한 세상 나그네 길

(He Touched Me)

William J Gaither

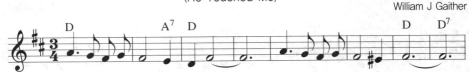

1. 험한세상나 그 네길 — 나 의맘이곤할 때 —
2. 죄와수치무 거 운짐 — 괴 롬슬픔당할 때 —
3. 주예수를내 가 안후 — 나 의죄짐벗었 네 —
4. 내모든것주 를 위해 — 아 낌없이드렸 네 —

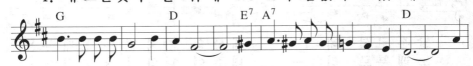

사 랑스런주 의손길 — 늘 나의맘을두드리네 —
그 때예수손 내미사 — 오 놀라운구원주셨네 — 오
영 원토록찬 양하리 — 참 생명되신구주예수
주 님내게성 령으로 — 늘 넘치도록채우시네 —

주여 — 나의주여 — 내맘에평화주소서 —

나의— 기쁨나 의생 명주 손길날구— 원했네 —

메들리곡 64/ 이 험한 세상 204/ 탕자처럼 방황할 때 205/ 평안을 너에게 주노라

오늘도 하룻길

210

(길)

박희춘

오 늘도 하 룻길 나그네 길 을 나 혼자 가 - 야 해 -

멀 고도 험한 길 나그네 길 을 나 혼자 가 - 야 해 -

나 혼자 가 야 해 - 아 아 아 -

갈래갈래 갈림길 길- 이라 도 네 게주신 주 의길 따라갈 려 오

갈 래갈래 갈 림길 길- 이 라 도 내 게주신 주 의길 따라갈 려 오

Fine

내 집은 갈릴리 해변 푸 른풀 밭 쉬어갈수 있 - 는 데 -

내 사명 다하기 까지 갈 수없 네 그 리 운 내 본향 집 -

그 리 운 내 본향 집 - 아 아 아 -

D.S

211 너의 가는 길에

(파송의 노래)

미가엘 1670

고형원

너의 가는 길에

가라 주의 이름 으로 – 거칠 은광 야위에 – 꽃

은피어 나고– 세상 은네 안에서 – 주님의 영광 보리라 – 강하

고 –담대하 라 세상 이기 신주 늘함 –께 – 너와

동행 – 하시며 네게 새힘 늘 – 주시 리 –

메들리 곡   74/ 주님 다시 오실 때까지   97/ 주님이 홀로가신   212/ 너의 푸른 가슴 속에

212 너의 푸른 가슴속에

고형원

너의푸른가슴-속 에 십자가 의 -흔적있다 면

주위해이제일-어 나 너의 믿음 주께보-이 라

너의뛰는가슴-속 에 하늘의 불 -타고있다 면

그나라그영광-위 에 너의 삶을 주께드-려 라

오 랫동안-꿈꿔왔 던 -그나 라 이제곧오-도 록

우리주의-은혜의 강 -이땅 휩쓸며- 흐르도 록 하나

님의눈물을-가진자 일어나-- 주님 을 따르라 - 너의

십자가지고-주님을 따르면-- 온세 상 주영광보-겠 네

너의 푸른 가슴속에

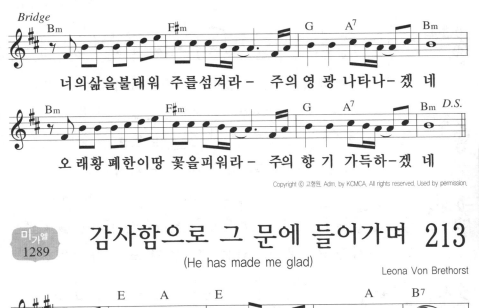

너의삶을불태워 주를섬겨라- 주의 영 광 나타나-겠 네

오 래황 폐한이땅 꽃을피워라- 주의 향 기 가득하-겠 네

감사함으로 그 문에 들어가며 213

(He has made me glad)

Leona Von Brethorst

감사 함으 로그 문에 들어가-며 그의 궁정 에들 어 가--

주께 감사 드리 며 그 이 름-을 송 축 할-지 어- 다

주님 의기쁨 내게임하네 나 항상기쁨안 에서 주 찬 양

주님 의기쁨 내게임하네 나 기쁜찬송주께드리 네

214 기뻐하며 승리의 노래 부르리
(We will rejoice)

David Fellingham

기뻐하며 승리의 노래 부르리

- 전능의 왕 --- - 함께하시 네
- 우리의 강하신 용사 - 구원과 승리 주시 네
- 기뻐 외치 며 - 주께 두 손 들리 -
- 춤을 추 며 - 왕 께 찬 양해 -
- 모든 원수 를 - 멸 하 신 주님 -
- 전 능의 왕 - 함께 하시 네 -

E

215 나를 지으신 주님

(내 이름 아시죠 / He knows My Name)

Tommy Walker

가사:

나를 - 지으 신주님 - 내안 - 에계셔 -

처음 - 부터내삶은 - 그 의손에 - 있었죠 -

내이 - 름아 - 시죠 - 내모 - 든생 - 각도 -

내흐 - 르는 - 눈물 - 그 가닦아 - 주셨죠 -
아바 - 라부 - 를때 - 그 가들으 - - 시죠 -

그는 - 내아 - 버지 - 난그 - 의소유 -

내가 - 어딜가든지 - 날떠나지 - 않죠 -

메들리 곡   112/ 나를 지으신 이가   223/ 나의 주 나의 하나님   287/ 주를 향한 나의 사랑을

나를 향한 주님의 사랑

216

주영광

나를 향한 주님 의사 - 랑 그 누구 - 도 바꿀 수 없 -네

나의 영 - 혼 언제나 주 -를 원해 - - 나를 -

주의 권 세 - 와 능력 - 이 영원 영 - 원- 토 록 내 삶 -에

언제나 - 날 - 이 끌 - 어 주 - 소 서 - - 나를 -

E

217 나를 향한 주의 사랑

(산과 바다를 넘어서 / I Could Sing Of Your Love)

미가엘 1904

Martin Smith

나를 향한 - 주의 - 사랑 - 산 과 바다 - 에 넘 - 치니

- 내 마 음 열 때 주 님 나 에 게 참 자 유 주 - 셨 네

- 늘 진 리 속 - 에 거 - 하 며 - 나 의 손 을 - 높 이 - 들 고

- 언 제 나 주 님 의 사 랑 을 노 래 하 리 -

주 의 사 랑 노 래 - 하 - 리 - 라 - 영 원 토 록 노 래

- 하 - 리 - 라 - 주 의 사 랑 노 래 - 하 - 리 - 라 -

1. 영 원 토 록 노 래 - 하 - 리 - 라 -   2. 영 원 토 록 노 래

나를 향한 주의 사랑

- 하 - 리 - 라 -　　내가 춤 - 을 출 때

다 비 웃 겠 - 지만 - -　　그 들도주 - 알

게 되면 -　함 께 기뻐 - 춤 - 을 추게 - 되 리 -

영 원 토 록 노 래 - 하 - 리 - 라 - -

218 나의 등 뒤에서
(일어나 걸어라)

최용덕

E / **B⁷** / **A** / **B⁷**
나 의등 뒤에 서 나를 도 우시 는 주

E / **B⁷** / **E** / **B⁷**
나 의 인생 – 길에 서 지치 고 곤하 여
평 안 히길 – 을갈 땐 보이 지 않아 도
때 때 로뒤돌아보 면 여전 히 계신 주

A / **E** / **C♯m** / **E** / **B⁷** / **E**
매 일 처럼주저 않고 싶을 – 때 나를 – 밀어주시 네
지 치 고곤 하여 넘어 질때 – 면 다가 와손내미시 네
잔 잔 한미 소로 바라 보시 – 며 나를 – 재촉하시 네

E / **B⁷**
일 어나 걸 어라 내 가 새힘을주리 니
(○ ○아! 일어 나라)

E / **A** / **E** / **B⁷** / **E**
일 어나 너 걸 어라 내 너를 도 우 리

메들리 곡 92/ 할 수 있다 하신 이는 207/ 할 수 있다 하면 된다 227/ 내가 어둠 속에서

나의 마음을
(Refiner's Fire)

219

Brian Doerksen

나 의 마 - 음을 - 정금과같이 정결케 하 소 서

나 의 마 - 음을 - 정금과같 이   하 소 서

내 영혼에 - 한 소망있 으 니 - 주 님 과

같 - 이 거룩하게 - 하 - 소 - 서 - 나 의 삶

을 드 리 니 거룩하게 - 하 소 서 - - 오 주 - 님

나를받으 - 소 서 - 나를받으 - 소 서 - -

E

메들리 곡 221/ 나의 부르심   223/ 나의 주 나의 하나님이여   236/ 내 주 같은 분 없네

220 나의 발은 춤을 추며

나의 부르심
(This Is My Destiny)

Scott Brenner

E

나-의부르심- 나의영원-한소-망 예수님의-형상-을

닮--는것- 나-의목적- 나의높은-부르-심

세상을뒤로-하고-주위-해사-는것- 덮으-소서-

주-거-룩한-품에-품으--소서- 이곳

이 나속-한곳-오예-수 이끄-소서- 주

얼굴보-기위-해은-말한- 곳으로- 내가 나아갑-니다-

메들리 곡   174/ 주님 내가 여기 있사오니   176/ 주님 말씀하시면   219/ 나의 마음을

222 나의 사랑하는 자의 목소리

(나의 사랑 나의 어여쁜자야)

이길로

나의 사랑하는자의목소 - 리 - 듣기원 - 하 - 네 나

의 사 랑나의 어 여쁜 - 자 - 야 바 위 틈 은밀 - 한곳에 - - 서 -

듣 기 원 - 하 - 네 부 드 러운주님의 - 음 성 나의

성 나의 사랑 - 나의사랑 - 나의 어여쁜 - 자 - 야 일

어 - 나 함 께 가 - 자 나의 사랑 - 나의사랑 - 나의

어 여쁜 - 자 - 야 일 - 어 나 - 함 께 가 자

나의 주 나의 하나님이여 223

(깨뜨릴 옥합이 내게 없으며 / Adonai, my Lord my God)

Stephen Hah

나의주 나의하나 님이여 주를경배합니다

주 사 랑하는나의 마 음을 주께서 아시나이 다

Fine

E

깨 뜨릴옥합내게 없 - 으며주께드 릴향유없지 만
고 통속에방황하 는내마음주 - 께로갈수없지 만

하 나 님형상대로 날 빚으사새 영 을내게부어 주소 - 서
저 항 할수 - 없는 그 은혜로주 님 의길을걷게 하소 - 서

나의 주 나의하나 님 이여 주 를경배합니 다 주

사 랑하는나의 마 음을 주께 서 아시나이 다 나의

120/ 내게 있는 향유 옥합   219/ 나의 마음을   294/ 하나님은 너를 지키시는 자

224

나 주 앞에 서서
(Now that You're near)

Marty Sampson

나 주 앞에 서 서 - 찬 양을 드 리 네
내 삶 주 께 있 네 - 주 생 명 주 셨 네

- 내 가 필 요 한 것 - 예 - 수 - 주 - 의 - 사 - 랑
- 내 가 필 요 한 것 - 예 - 수 - 주 - 의 - 은 - 혜

주 의 품 - 안 에 - - 품 어 주 - 시 니 - - 주 님 과 함 께

영 원 히 - 살 리 - 이 제 주 계 시 니 모 든 것 - 다 -

변 해 모 든 것 - 다 - 변 하 네 이 제 달 라 진 - 나 - 바 뀐 내 - 삶

- 나 주 님 과 - 함 께 - 있 기 를 원 - 하 네 - 있 기 를 원 - 하 네

- 주 계 시 - 있 기 를 원 - 하 네 - 나 항 상 주 - 만 찬 - 양 - 해

나 주 앞에 서서

주님계-신 -곳-에- 나있

- 기원- 하네 -   - 있 기 를원-하네 -

E

225 나의 주님께 귀한 것

(선물)

김지현

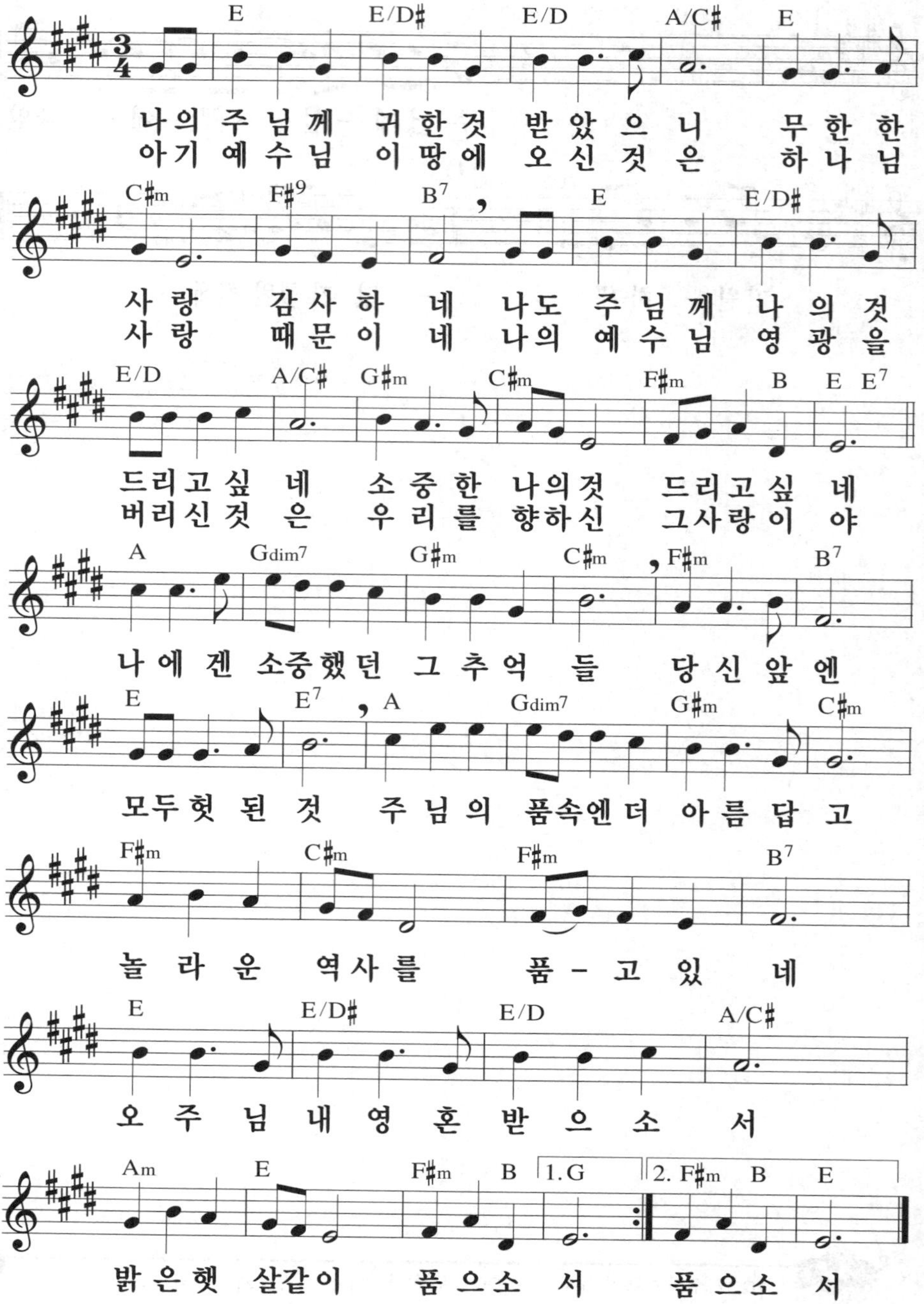

E E/D♯ E/D A/C♯ E
나의 주님께 귀한것 받았으니 무한한
아기 예수님 이땅에 오신것은 하나님
C♯m F♯9 B7 E E/D♯
사랑 감사하네 나도 주님께 나의 것
사랑 때문이네 나의 예수님 영광을
E/D A/C♯ G♯m C♯m F♯m B E E7
드리고싶네 소중한 나의것 드리고싶네
버리신것은 우리를 향하신 그사랑이야
A Gdim7 G♯m C♯m F♯m B7
나에겐 소중했던 그 추억들 당신앞엔
E E7 A Gdim7 G♯m C♯m
모두헛된것 주님의 품속엔더 아름답고
F♯m C♯m F♯m B7
놀라운 역사를 품-고 있네
E E/D♯ E/D A/C♯
오 주님 내 영혼 받으소서
Am E F♯m B 1.G 2. F♯m B E
밝은햇 살같이 품으소서 품으소서

날마다 숨쉬는 순간마다   226

(Day by day)

Arr. PD. Berg Sandell & Ahnfelt Oscar

날마 다 숨쉬는순간 마 다　내앞 에 어려운일보 네
날마 다 주님내곁에 계 셔　자비 로 날감싸주시 네
인생 의 어려운순간 마 다　주의 약 속생각해보 네

주님 앞 에이몸을맡길 때　슬픔 없 네두려움없 네
주님 앞 에이몸을맡길 때　힘주 시 네위로함주 네
내맘 속 에믿음잃지않 고　말씀 속 에위로를얻 네

주님 의 그자비로운 손 길　항상 좋 은것주시도 다
어린 나 를품에안으 시 사　항상 평 안함주시도 다
주님 의 도우심바라 보 며　모든 어 려움이기도 다

사랑 스 레아픔과기 쁨 을　수고 와 평화와안식 을
내가 살 아숨을쉬는 동 안　살피 신 다약속하셨 네
흘러 가 는순간순간 마 다　주님 약 속새겨봅니 다

E

227 내가 어둠 속에서

미가엘 1124
문경일

1. 내가 어둠 속에서 - 헤맬 때에도 - 주님은 - 함께 계셔 - 내가 시험 당하여 - 괴로울 때도 - 주님은 - 함께 계셔 -
2. 내가 은밀한 곳에서 - 기도할 때도 - 주님은 - 함께 계셔 - 내가 아무도 모르게 - 선한 일할 때도 - 주님은 - 함께 계셔 -
3. 힘이 없고 연약한 - 사람들에게 - 주님은 - 함께 계셔 - 세상 모든 형제와 - 자매들에게 - 주님은 - 함께 계셔

기뻐 찬양하네 할렐루 할렐루야 할렐루 할렐루야 우리 모두 찬양 할렐루 할렐루

야 - - - 주님 나와 함께 계시네 -

메들리 곡   48/ 어두운 밤에   253/ 손을 높이 들고   269/ 위대하고 강하신 주님

내가 지금 사는 것

(더욱 크신 은혜)

228

김한준

E

1. 내-가 지 금 사-는 것 주님의 크 신은-혜 요
2. 세-상 에 서 당-하 는 환-란 고 초 많-으 나
3. 하-늘 에 는 영-광 이 우-리 에 겐 기-쁨 이

주-를 믿 게 된-것 은 더욱 크 신은-혜 라
이-길 힘 을 주-시 니 더욱 크 신은-혜 라
날-로 더 해 가-는 것 더욱 크 신은-혜 라

넘-치 는 주의사 랑 놀-라 운 주의은 혜
답답할 때 기-도 로 쓰러질 때 손-길 로
쌓-여 진 사-랑 도 감당할 길 없-어 서

날-마 다 경험하 며 주-께 감 사합-니 다
어루만 져 주-시 니 주-여 감 사합-니 다
몸-과 맘 드립니 다 진-정 감 사합-니 다

메들리곡   64/ 이 험한 세상   143/ 세상 부귀 안일함과   698/ 이제 내가 살아도

229 내 갈급함

신수경 & 윤주형

내갈급함- 어느 것으로 - 채울- 수없-네 내갈 급함 - 상한

나의심-령에- 내갈 급함 - 부르 짖는소 - 리들- 으소 -서

내갈 급함 - 주의 음성들-리네 - 내 게로나 -오 - 라 - 영원히

- 영원히- 목 마름전-혀 없으리- 내 게로나-오 - 라 - 가까이

- 가까이- 생 수의근 - 원 되신주께 내 게 로나-오 - 라- 영원히

- 영원히- 목 마름전-혀 없으리- 내 게로나-오 - 라 - 가까이

- 가까이- 생 명의근 - 원 되신주-께 - _ _ _ _

내게로부터 눈을 들어

(시선)

230

김명선

내 게로부-터눈-을들-어 주를보-기시-작할-때 주의일을보-겠네
성 령이나-를변-화시-켜 모든두-렴사-라질-때 주의일을보-겠네

- 내 작은마 - 음돌 - 이키 - 사 하늘의- 꿈꾸 - 게하 - 네
- 황 폐한땅 - 한가 - 운데 - 서 주님마 - 음알 - 게되 - 리

주님을볼때 - 모든 시선을 - 주님께드 - 리고 - 살아
주님을볼때 - 모든 시선을 - 주님께드 - 리고 - 전능

계신하 - 나님 - 을느 - 낄때 - 내 삶 은 주의 - 역사가 - 되고
하신하 - 나님 - 을느 - 낄때 - 세 상 은 주의 - 나라가 - 되고

D.C. al Fine

- 하나 - 님 이 일하기시작 - 하 - - 네 -

D.S. al Fine

주님의영광 - 임하네 - 주볼때 - 주님의영광 모든

231 내 마음을 가득 채운
(Here I Am Again)

Tommy Walker

내마음을가득 채운 주향 한찬양 과사랑　어 떻게 표현 할수
수많 은 멜로 디와 찬양 들을드 렸지만　다 시고 백하 기원

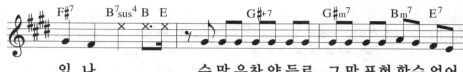

있 나　　　수많 은찬 양들로　그 맘 표현 할수 없어
하 네　　　주님 은나 의 사랑　삶 의 중심 되시 오니

다시 고백합니다 –　주 사 랑 해요 온 맘다 하여
주를 찬양합니다 –

말 로다 –할수 –없 어 –　오 ––– 주　사 랑 해 요

찬양 받아주 소서 –　　　주님 사랑 다시 고백

하 는 새날 주심 감사 해 ––요 ––　　　 –

219/ 나의 마음을　　224/ 나 주 앞에 서서　　251/ 사랑해요 목소리 높여

내 맘의 눈을 여소서

(Open Te Eyes Of My Heart)

232

Paul Baloche

내 맘의눈 - 을여소 - 서　　내 맘의눈 - 을열어 -

주 보 게 하 소서　　주 보 게 하 소서

내 맘의눈 - 을여소 - 서　　내 맘의눈 - 을열어 -

주 보 게 하 소서　　주 보 게 하 소서

주이름 높이들- 리고 -　　영광의빛비춰주시 - 며

권 능-넘 치 길보 기 원하 네 거 룩거- 룩거 - 룩 -

거 룩거 - 룩거 -룩 -　　거 룩거 - 룩거 -룩 -

거룩거- 룩거 -룩 - 주보게 하소서 -　　하소서 -

E

233 내 아버지 품
(주님만으로)

전은주

내 아 버 지 품 – 날 향해부르 시 는 – 노 – 래

그 한결 같 은 사 –랑– 모든 두려움 물 –리치네 –

사 랑 없는거 –리 에 나– 험한 산 길 해 –맬때 –도

자기를 내어 주신 사랑– 죽음 도 떠 –나 게 하 –네 주님 한분

만으로 –난 만족 하네 – 이세상 어느 것 과도 –비교할 수 없 –으니

– 주님 사랑 만 으로 – 난 자 유 하네 – 오 직 – 주만 이

나 의 상급 되 –소서 –

내 아버지 품

나의상급 주님 나의상급 주-님

나의상급 되-소서 -

오-직- 주만이 나의상급 되-소서 -

234 내 아버지 그 품 안에서

(내 영혼은 안전합니다)

전은주

내아 버지 - 그품 안에-서 - 내 영혼은- 안전합-니다 - 주손

길로- 내삶 을안으-시-니- 그 평강이-나를덮습-니다 - 나비록넘

어지며- 흔 들리지만- 주 내안에-거하-며 나 를붙드-시니-

내 생각을- 주 께로돌-리고 - 주시는 평강의- 옷을입습-니다

- 주약속 안에서- 내영혼 평안-해 내뜻보다

크신주님의 계획- 나 신뢰- 해 두려움 다내려 놓고-주님만

의 지-해 주안에서 내 영혼- 안 전합-니 다 -

내 영이 주를 찬양합니다 235

정종원

236 내 주 같은 분 없네
(There's no one like You)

Eddie Espinosa

내 주 같- 은 분 없- 네 - 그 어 느

누 구 도- - 내 생명- 다 하 도 록

- 주 얼굴- 만 구 하 리- - 내 주 같- 은

분 없- 네- - 그 어 느 누 구 도-

- 내 주 같- 은 분 없- 네- - 이 땅- 위

- 에 - 오 하- 나 님

- 주 나 의 모- 든 - 것- - - 내 주 같- 은

내 주 같은 분 없네

분 없-네- - 이 땅-위 -에 - - - - -

- 오 하-나 -님 - - 주 나 의 모 - 든

- 것 - - 내 주 같-은 분 없-네

- 이 땅-위 -에 - -

E

237 내 주는 반석이시니

1. 내 주는반석 이 시 니 저 곳은안전하도 다
2. 바 람이불고 비 와도 저 곳은안전하도 다
3. 자 비한반석 이 시 니 저 곳은안전하도 다

질 병과고통 없 으니 저 곳은안전하도 다
물 결이넘쳐 밀 려도 저 곳은안전하도 다
구 원의손이 있 으니 저 곳은안전하도 다

오 나의예수는 반석 이 시 니 반 석 이 니 반 석 이 니

오 나의예수는 반석 이 시 니 저 곳은안전하도 다

너 근심 걱정와도

(주 너를 지키리)

238

E

너 근심걱정 와도　어려운일당 해도

걱정말아 라　주너를지 키리 -

위험한일당 해도　슬픈일 이 와도

걱정말아 라　주너를지 키리 -

늘지켜주 시리 -　주님 의 사랑속에거하 라

- 그 의 평화속에유하 라 - 그분 의 영원속에자유하라

1. - 주지 키 리

2. - 주지 키리 -

239 너는 내게 부르짖으라

이연수

너 는- 내게 부르짖으라- 내가 네 게- 응답 하 겠고

너 는- 내게 부르짖으라- 네가 알 지-못하는 크고비밀한-

일- 을 네게 보이 리라- 일을 -행하는 여 호와

그것 을 지어성취 하는여호와- 그 이름을- 여호 와라하는자-

을 네게 보이 리라- 다만 너는내-게 부르 짖으라-

너 는- 내게 부르 짖으라- 내가 네 게- 응답 하 겠고

너 는- 내게 부르짖으라- 내가 네게응답 하 리 라

너는 시냇가에 심은 240

박윤호

너 - 는 시냇가 에 심 - 은 - 나무 라
주의 시 절을좇 아 구원 열 매맺으 면

하나 님 의사랑 안 에 믿음 뿌 리내리 고
주의 영 화 로운 빛 - 너를 보 호하리 니

주의 뜻 대 로주의 뜻 대 로항 - 상 사 세 요
주의 뜻 대 로주의 뜻 대 로항 - 상 살 리 라

당신은 하나님의 언약안에 241

(축복의 통로)

이민섭

당신은- 하나님- 의 언약 안에 -있는축복의- 통 로

당신을- 통하여- 서 열 방이 - 주께 - 돌아오 게되 리
주께 - 예 배하 게되 리

242 너희는 세상의 빛이요

(들어라 주님 음성)

당신은 알고 있나요

(그 사랑)

243

정현섭

당신은 –알–고 – 있나요　　우리를위한 그 사 랑

당신은 –알–고 – 있나요　　십 자가의 그 사 랑

그　사　랑　당신 마음깊은곳그곳에 있 으 리

그　사　랑　험한 세상한가운데있나니 –

그사랑 –깨달아 –아나요　　당신과나를용서 한

그사랑 –당신의 – 마음속에　　항상 함께 하리 라

E

215/ 나를 지으신 주님　217/ 나를 향한 주의 사랑　287/ 주를 향한 나의 사랑을

메들리 곡

244 두려운 마음 가진자여

(주 오셔서 구하시리 / He will come and save you)

Bob Fitts & Gary Sadler

두려운 마음- 가 진 - 자여 - 놀라 - 지 말라
상한 마음 - - 가진 - 자여 - 낙망 - 치 말라

- - - 주 너의 하나님 - 강한 손으로 -
- - - 주 너의 하나님 - 사랑의 팔로 -

- 주 이름 부 를 때 - - 주님 구하시리

- 주오셔서 구 하 - 시리

- 주오셔서 구 원 하 - 시리 - 약한 자들
눈을 들어

- 에게 강한 능력 - 으로 주오셔서 구 원하 - - 시리
- 보라 회복의능 - 력을 주오셔서

- 주오셔서 구 원하 - - 시리 -

메들리 곡

181/ 주님의 마음으로 나 춤추리   235/ 내 영이 주를   286/ 주를 찬양해

두 손 들고 찬양합니다

(I lift my hands)

245

Andre Kempen

두 손 들고　　찬양 합니다　　다시오실왕　여

호와 께　　오직 주만 이　　나 를 다스리 네 　-

나주님만을 섬 기리 　- 헛된마음 버 리고 　-

성 령이여 내 영혼 　- 충 만하게 하 소서 　-

주 님앞 에 내생 명 드리리라 　-

메들리 곡　　219/ 나의 마음을　　282/ 주님 내 아버지　　287/ 주를 향한 나의 사랑을

246 매일 주와 함께

(Sweeter)

Israel Houghton/Meleasa
Houghton/Cindy Cruse-Ratcliff

매일 주와 함께

주와함께사는 - 것 놀라워 - 라 모든것 -- 을-이기 네

- 합당하신주님 - 께 다 드 리 - 리 날마다 -내전부를

- 해가뜨 - 는 데 -부터 - 해가지 - 는 데 -까 지

- 매일주와 함 께 　어제보다더 새 롭 - 게

- 매일주와 함 께 　어제보다더 새 롭 - 게

- 아침에 -주 경-배하 -며 저녁에 -주높-이 리

- 나매일 사 -랑스런주와 날 -마다더새롭게

날 -마다더새 롭게 - - - -

247

마음이 어둡고
(기도)

김문영 & 최덕신

마음이 어둡고 괴 - 로 울때 주

님 예수님을 나 - 생각 - 해요 - 머 -

리 - 둘 곳조차 없 - - 으 시던 혼 자 기도하시

넌 주님 생 - 각 - 해 요 - 주님만 섬 기며

따 르기로한 나 - 세상이 준 이모 든 괴롬버 리

고 - 예수님 처 - 럼 기 도하기를 원 해요

- 예수님 처럼 - 기 도 하 - 기 원 해 요 요

261/ 예수님 목마릅니다   276/ 주께 두 손 모아   327/ 마음이 상한 자를

부서져야 하리
(깨끗이 씻겨야 하리)

김소엽 & 이정림

부서져야 하리 - 부서져야 하리 -

무너져야 하리 - 무너져야 하리 -

깨져야 - 하리 - 더 많이 깨져야하 리

씻겨야 하리 - 깨끗이 씻겨야하 리

다 버리고 다고 치고 겸손히 낮아 져 도

주앞에서 정결타고 자랑치 못할거예 요 -

부서져야 하리 - 무너져야 하리 -

깨져야 하리 - 깨 끗이씻겨야하 리

249

빛 되신 주
(Here I am to Worship)

Tim Hughes

빛 되 신주 어 둠가운데비추 - 사   내 눈보게하소 - 서 -
만 유 -의 높임 을 받으소 - 서   영 광중에계신 - 주 -

예 배 하 는 선 한 마음주시 - 고   산 소망이 되시 - 네 -
겸 손 하게 이 땅 에 임 하신 - 주   높 여찬양 하 리 - 라 -

나 주 를 경배 하 리엎드 려절 하 며 고백해 주 나 의 하나님

- - 오사랑스런 주 님 존귀한예 수 님 아름답고 놀 라우신주

- 다 알수 - 없네 - 주의 - 은 혜 - 내죄

- 위한 - 주십 - 자가 - 다 알수 - 자가 - 나 주를 경배

메들리 곡   217/ 나를 향한 주의 사랑을   219/ 나의 마음을   245/ 두 손 들고

빛이 없어도

(주 예수 나의 당신이여)

250

이인숙 & 김석균

빛이 없어도 환하게 다가 오시는 주예수나의-당신이 여
나는 없어도 당신이곁에 계시면 나는언제나-있습니 다

음성이 없어 도 똑똑히 들려주시는 주예수나의 -당신이 여
나-는 있어도 당신이 곁에없으면 나는언제나 -없습니 다

당신이 계시므로 나도있 고 -당신의노래가머묾으로나는 부를수있어요

주 여 -꽃처럼 향기나는 - 나의 생 활이아니어 도

나는 당 신이좋을수 밖에없어요 주예 수 나의당 신이 여

E

251 사랑해요 목소리 높여
(I love You Lord)

Laurie Klein

사 랑 해 요 – 목 소 리 높 여 –

경 배 해 요 내 영 혼 기 뻐

오 나 의 왕 – 나 의 목 소 리 –

주님 귀에 곱 게곱 게 울 –리 길 –

세상 향락에 젖어서

(주님을 따르리라)

252

김석균

1. 세 상 향락에 젖어 서 주님을 외면할 때 -
2. 한 번 돌아선 그 길을 참회로 묻어두고 -
3. 지 난 세월을 돌이켜 주님의 일 더하고 -

돌아오 라 부르시 던 주 음성 들었 네 -
주의뒤 를 따라가 며 즐 겨 길가겠 네 -
하늘나 라 소망하 며 항 상 깨어있 네 -

잊으리 이 전 것 은 죄악에 발 묶인 몸 -
내평생 빚 진 마 음 한없는 사 랑이 라 -
생명의 면 류 관 을 머리에 씌 워주 마 -

속죄로 짐 을 벗 고 주님을 따 르리 라 -
십자가 내 가 지 고 주님을 따 르리 라 -
약속하 신 주 님 만 섬기며 따 르리 라 -

253 손을 높이 들고
(Praise Him on the trumpet)

John Kennett

손을높이들고 주를찬양– 높은곳을향해 주를찬양– –

모 든 만물들은 – 주 를 찬 –양하라 –

왕의왕 되신 예수 – 다스리시는 예수 –

생 명 있 음 을 찬 양 해 –

할 렐 루 야 주를찬양– 할 렐 루 야 주를찬양– –

생 명 있 음 을 찬 양 해 – – – – –

을 찬 양 해 –

아바 아버지

254

김길용

아 바아버 – 지 – 아 바아버 – 지 나를안으시 – 고바라보 – 시는

아 바아버 – 지 – 아 바아버 – 지 – 아 바아버 – 지 나를

도 우시 – 고힘 주시 – 는 아 버 지 주는

내 맘 – 을고 치 – 시 고 볼수 없 는상 – 처만 지 – 시

네 나를아 – 시 고 나를 이 해하 – 시 네 – 내영

혼 새 롭 게 세 우 – 시 네

255 어두워진 세상 길을

(에바다)

고상은

어두워진 세상길을 주님없이 걸어가다 나의영혼
아무것도 알수없고 아무것도 볼수없고 아무것도

어두 워 졌 네 어느것이 길 - 인지
들을 수 없 네 세상에서 방 황하며

어느것이 진리 인지 아무것도 알수없었 네 -
이리저리 헤매 일때 사랑하는 주님만났 네 -

주님없이 살아가는 모든 삶 실패와 좌절뿐이 네 -
어두웠던 나의눈이 열리 고 막혔던 귀가 열리 네 -

사랑하는 나의주님 내영 혼 눈을뜨 게 하소 서 열려라
답답했던 나의마음 열리 고 나의영 혼 살리 네 열려라

에 바 다 열 려 라 - 눈 을 뜨게하소 서 -

죄악으로 어두워진 나의영혼 을 나의눈을 뜨게하소 서 -

예수 가장 귀한 그 이름 256

(The sweetest name of all)

Tommy Coomes

예 수　가장 귀한그-이름　　예 수 -언제나 기도들-으사 오
예 수　찬양 하기원-하네　　예 수 -처음과 나중되-시는 오
예 수　왕의 왕이되-신주　　예 수 -당신의 끝없는-사랑 오

예 수 -나의손 잡아주시는 가장 귀한 귀한그- 이 름
예 수 -날위해 고통당하신 가장 귀한 귀한그- 이 름
예 수 -목소리 높여찬양해 가장 귀한 귀한그- 이 름

메들리곡　149/ 예수 그 이름　282/ 주님 내 아버지　336/ 아버지 사랑합니다

예수 사랑 나의 사랑 257

(Jesus in me)

1011

예 수 사 랑　　나 의 사 랑--

내 맘 속 에 넘 쳐 *형제를 사 랑 해

*|자매를, 주님을, 목사님, 장로님, 집사님, 성도님

메들리곡　136/ 사랑의 주님이　205/ 평안을 너에게 주노라　263/ 예수 이름 찬양

258 여호와를 즐거이 불러

(감사함으로)

심종호

여호와를 즐거이 불러

함과 인자하 ─심이 영원 ─하고　주의성 ─실하─심이

─　대 대 에미 치리로 ─ ─다 ─ ─ ─ 감 사 함

─으로 주를높 ─이며 그 문 ─ 에─들어가서 ─　찬송함

─으로 그 이 ─름─을─ 송 축할지─어다 ─

E

259 예수님 그의 희생 기억할 때

(다시 한번 / Once Again)

Matt Redman

예수님 - 그 의희생 기억할 때 자기 몸버 - 려 - 죽 으신주 -
이제 는 - 저 높은곳 에앉으신 하늘 과땅 - 의 - 왕 되신주 -

나항상 - 생 명주신그은혜를마 음에새겨 봅니다 - 마
나이제 - 놀 라운구원의은혜 - 높이찬양 하리라 -

음에새겨 봅니다 - 주달 리신 십자 가를 내가볼때 주
높여찬양 하리라 -

님 의 자비 내마 음을 겸손 케해 주께 감사 하며

내생 명주 께드 리네 - 감사드리 리

Fine

주 의십자가 나의친구되신 주 주 .

D.S

예수님의 보혈로

예 수 님 의 보 혈 로　예 수 님 의 보 혈 로

예 수 님 의 보 혈 로 눈 같 이 희 겠 네

십 자 가 십 자 가 내 가 처 음 볼 때 에 나 의 맘 에 큰 고 통 사 라 져

오 늘 믿 고 서 내 눈 밝 았 - 네 참 내 기 쁨 영 원 하 도 다

261 예수님 목마릅니다

(성령의 불로 / Holy Spirit Fire)

Scott Brenner

예 수 님 목 - 마 릅 - 니 다 - -

오 시 어 기 - 름 부 으 소 서 - -

주 님 을 사 - 모 합 - 니 다 - -

오 셔 서 채 - 워 주 - 소 서 - -

성 령 의 - 불 로 - 성 령 의 - 불 로 -

임 하 - - 소 서 - 임 하 - - 소 서 -

성 령 의 - 불 로 - 성 령 의 - 불 로 -

예수님 목마릅니다

기 름부 - 으소서 -　기 름부 - 으소서 -

불같은사 - 랑드립 니 다 - 　 -

나 의간구 - 를들으 - 소서 - 　 -

이세상어 - 느것 - 보다 - 　 -

주님을의 - 지합 - 니 다 - 　 -

E

262 예수님이 좋은걸

이광무

예 수 님 이 좋 - 은 - 걸 어 떡 합 - 니 까 -
예 수 님 이 좋 - 은 - 걸 어 떡 합 - 니 까 -
형 제 님 이 좋 - 은 - 걸 어 떡 합 - 니 까 -
이 교 회 가 좋 - 은 - 걸 어 떡 합 - 니 까 -

예 수 님 이 좋 - 은 - 걸 어 떡 합 - 니 - 까 -
예 수 님 이 좋 - 은 - 걸 어 떡 합 - 니 - 까 -
자 매 님 이 좋 - 은 - 걸 어 떡 합 - 니 - 까 -
이 교 회 가 좋 - 은 - 걸 어 떡 합 - 니 - 까 -

세 상 의 어 떤 것 과 바 꿀 수 - 없 네 -
날 위 해 십 자 가 를 지 신 예 - 수 님 -
서 로 돕 고 화 목 하 는 형 제 자 - 매 님 -
길 이 요 진 리 시 며 생 명 이 - 신 주 -

예 수 님 이 좋 - 은 - 걸 어 떻 합 - 니 - 까 -
우 리 죄 를 용 - 서 - 한 우 리 예 - 수 - 님 -
예 수 님 이 피 로 사 - 신 성 도 랍 - 니 - 다 -
사 랑 하 며 전 도 하 - 는 교 회 랍 - 니 - 다 -

 270/ 이 날은   295/ 하나님을 아버지라   361/ 주께서 왕위에 오르신다

예수 이름 찬양
(Praise the name of Jesus)

Roy Jr. Hicks

263

E

메들리 곡   219/ 나의 마음을   245/ 두 손 들고   256/ 예수 가장 귀한 그 이름

264 오 주 안에 내 믿음이 있네

(주님 찬양해 / Let The Praises Ring)

Lincoln Brewster

주안 – 에 – 내 믿음 – 이 – 있 네 – 오

주안 – 에 – 내 소망 – 이 – 있 네 – 오

주안 – 에참 – 평 안 있 네 – 주안

– 에내 – 힘 이 있 네 – 주안 – 에살

– 고 숨 쉬 네 – 내 모든말 – 과 행 동 이 주

님 의뜻 – 을따 르 니 내 거룩한 – 손 들 고 – 서 주님 찬양 – 해

 메들리 곡   263/ 예수 이름 찬양   272/ 전심으로 주 찬양   286/ 주를 찬양해

우리에게 향하신

265

김진호

1. 우 리에게향하 신   여 호와의인자 하 심이
2. 우 리에게향하 신   여 호와의진실 하 심이
3. 우 리에게향하 신   여 호와의계획 하 심이

크 고 크 도다 크 시 도· 다 --
영 원 영 -원 하 시 도 다 --
놀랍 고 놀 랍다 놀라우 시 도 다 --

크 고 크 도다 크 시 도 다
영 원 영 -원 하 시 도 다
놀랍 고 놀 랍다 놀라우 시 도 다

E

메들리 곡   236/ 내 주 같은 분 없네   263/ 예수 이름 찬양   277/ 좋으신 하나님

266 우리의 찬송 중에 임하신 주님

(기적이 일어나네)

윤주형

우리 의찬 - 송 중 - 에 임 하신 - 주 님 -
질 병 과고 - 통 무 - 거 운 멍에 - 벗 네 -

주 얼 굴 바 - 라 며 경 배 드 - 리 네 -
보 혈 의 능 력 의 지 하 며 나 - 갈 때 -

마 른 땅 같 - 은 영 - 혼 주 사 모 - 할 때 -
어 둠 과 사 - 망 의 - 영 쫓 김 받 - 았 네 -

주 님 의 크 - 신 능 - 력 난 볼 수 가 - 있 네 -
거 룩 한 성 - 령 의 - 불 - 지 금 임 - 했 네 -

기 적 이 - 일 어 나 네 - 내 안 에 - 내 안 에 -
기 적 이 - 일 어 나 네 - 이 땅 에 - 이 땅 에 -
기 적 이 - 일 어 나 네 - 열 방 에 - 열 방 에 -

 메들리 곡 226/ 날마다 숨쉬는 273/ 존귀 오 존귀하신 주 290/ 주의 보좌로 나아갈 때에

우리 함께 기도해

267

고형원

우 리 함께기도 해 주앞에나 – 와 – 무릎 꿇고 –

긍 휼 베푸시는 주 하늘을향 – 해 – 두손들고 –

하늘문–이열리고–은 혜의빗줄기– 이 땅가득내리도 록

마침내–주오셔서–의 의 빗줄기– 우 리 위에부으시도 록

268

우리 함께 기뻐해
(Let Us Rejoice And Be Glad)

미가엘 1574

Gary Hansen

우리함께 - 기뻐- 해　　주께 영광 - 돌리-

세　　어린 양의 혼 - 인 잔 -- 치와 - 신부

가 준비 - 되었　네 - -　　할 렐루야 전능

하 신 주 가다 스 리 네　　할렐 루야 전능

하 신 주 가 다 스 리 - 네　　네

메들리 곡　　253/ 손을 높이 들고　　269/ 위대하고 강하신 주님　　273/ 존귀 오 존귀하신 주

위대하고 강하신 주님

269

(Great and mighty is the Lord our God)

Mariene Bigley

위대 하 -고 강하 신 주님 - 우리 주하 나 님

위대 하 -고 강하 신 주님 - 우리 주하 나 님

깃발 을높이들고 흔 들며- 왕 께 찬 양 해

위대 하 -고 강하 신 주님 - 우리 주하 나 님 - - -

위대 하 -고 강하 신 주님 - 우리 주하 나 님

E

270 이 날은 이 날은
(This is the Day)

Les Garrett

1. 이 날 - 은   이 날 - 은 주의 지 으신 주의 날 일세
2. 이 날 - 은   이 날 - 은 나의 모 든죄 사함 받은 날
3. 이 날 - 은   이 날 - 은 우리 주 님이 부활 하신 날
4. 이 날 - 은   이 날 - 은 성령 님 께서 임하 시 는 날

기뻐 하고   기뻐 하며 즐거 워 하세 즐거 워 하세

이 날 은 주의 날 일 - 세   기뻐 하고 즐거 워 하 - 세

이 날 - 은   이 날 - 은 주의 날 일 세

 메들리곡   235/ 내 영이 주를   271/ 이 날은 주가 지으신 날   358/ 좋으신 하나님 너무도

이 날은 주가 지으신 날 271

(This is the Day)

Rick Shelton

272 전심으로 주 찬양

(주의 찬송 세계 끝까지)

고형원

전 심으로주 찬 양 주의 이름높 – 이올려드리 세

위 대 하신 하 나 님 온땅 위에높 – 이올려 드리 세

주 의영광은 – 하 늘위에높 고 주의 찬 송은 세계 끝 까

지 – – 주 의영광은 – 모 든나 라위 에 주의

찬 송 은 세 계끝 – 까 지

메들리곡   150/ 예수 이름이 온 땅에   263/ 예수 이름 찬양   301/ 호흡 있는 모든 만물

존귀 오 존귀하신 주

(Worthy is the Lord)

273

Mark Kinzer

존귀 오 존-귀하-신 주 - 감사찬양

과-경배-다 받으실 주 님

존귀 오 존-귀하-신 주 - 감사찬양

과-경배-다 받으실 주 님 - 찬양

할 렐 루-야 보 좌위어 린양께- 우

리 경배하-며 영 광돌리네 -

할 렐 루-야 우 리왕께 영-광-주는

승 리의용--사 또만유의주님 -

E

메들리 곡   214/ 기뻐하며 승리의 노래   268/ 우리 함께 기뻐해   269/ 위대하고 강하신 주님

274 좋으신 하나님 인자와 자비

(You are good)

Israel Houghton

좋으 - 신하나 - 님 인자 - 와 자비 - 영 원 - 히 - -

각 나 - 라 족 속 - 과 백 성 - 방 언

세 상 - 모든 세 - 대 영원 - 토록 주 경 배 - 해 -

할 렐 루 - - 야 할 - 렐 루 - - 야 주 경 배 - 해 -

주 하 나 - 님 - 주 You are - good You are - good

- All the time - All the time - You are - good -

메들리 곡   253/ 손을 높이 들고   268/ 우리 함께 기뻐해   291/ 찬송하라 여호와의 종들아

주께서 높은 보좌에

275

김국인

주 께 서 높 은 보 좌 - 에 - 앉 으 셨 는 데 -

그 옷 자 락 은 성 전 - 에 - 가 득 하 도 다 -

천 사 들 이 모 여 서 - 서 로 창 화 하 여 외 치 니

그 소 리 는 성 전 에 - 가 득 하 도 다 - -

거 룩 거 룩 하 - - 다 만 군 의 여 호 와

그 - 영 광 이 온 땅 - 에 충 만 하 시 - 도 다

메들리 곡   236/ 내 주 같은 분 없네   263/ 예수 이름 찬양   348/ 왕이신 나의 하나님

주께 두 손 모아

주 사랑의종 소 리가 사- 랑 의종 소리 가 이
시 간우리 모 두-를 감 싸 계하여주소 서

Words & Music by 김석균 Copyright © 1984 by CAIOS, All Right Reserved, Used by permission.

250/ 빛이 없어도   265/ 우리에게 향하신   370/ 지극히 높은 주님의

E

좋으신 하나님
(God is good)

277

Graham Kendrick

1. 좋 으 신 하 나 님   좋 으 신 하 나 님
2. 우 리 의 기 도 를   응 답 해 주 시 는
3. 한 없 는 축 복 을   우 리 게 주 시 는

참 좋 으 신 나 의 하 나 님

Copyright © 1985 Thankyou Music.
Administered by CopyCare Asia(service@copycare.asia), All rights reserved, Used by permission.
Authorised Korean translation approved by CopyCare Asia

245/ 두 손 들고   256/ 예수 가장 귀한 그 이름   348/ 왕이신 나의 하나님

278

주는 평화
(He is our peace)

Kandela Groves

주 는 평 화 막힌 담을모두허 셨 네

주 는 평 화 우리의평 화 화

염 려 다 맡 기 라 주가돌보시 니

주 는 평 화 우리의평 화 화 -

메들리 곡   245/ 두 손 들고   256/ 예수 가장 귀한 그 이름   263/ 예수 이름 찬양

주님 계신 곳에 나가리

(주의 위엄 이곳에 / Awesome in this place)

Dave Billington

280

주님께 감사드리라

(For the Lord is good)

Billy Funk

주님-께감사-드 리라- 주 께찬-양 하 라

기쁨 - 으로주-께 나와- 주의 이름 - 을-찬양하 -라

나 팔불-며주찬-양 하 라- 북소리- 로찬 양- 하 라

모든-만물소-리 높여-찬양 마음 다하-여- 주를 찬양-해- 선하

신 주 - 님 - (선하 신 주 - 님 -) 선 하 신 주 - 님 - (선하

신 주 - 님 -) 선 하 신 주 - 님 - 그의 자 비 - 는 영 - - 원

하 - - 리 - 선 하 신 주 - 님 - (선 하

신 주 - 님 -) 선 하 신 주 - 님 - (선하 신 주 - 님 -) 선 하

주님께 감사드리라

신주-님- 그의 자비-는영--원 하--리-　　　선하

신 주-님- 그의 자 비-는영--원 하--리--

Fine

창조-주하나-님 찬 양-　　예수-를높이 세

주께-와무릎-을꿇고- 두손을들-고-　주를 찬양-해- 선하

D.S.

E

281 주님 날 위해 버림 받으심

(주 나의 왕 / You are my king)

Billy James Foote

주님 날위-해- 버 림받으-심으-로 　 나 용서받고

용납- 됐네- 　 죽으시고-부활- 하 신주로-인하- 여 성

령 내안- 에게-시네- 　 오 놀라운- 주 - 의 사랑--

왜날위-해- 죽으-셨나 - 　 주님사랑- 께 - 달 았네--

기 쁨으로- 영광- 돌려 - 　 - 온맘- 다 - 해-

경 배하리 - 　 주 나-의 - 왕 　 주 나-의

- 왕 예수님 나-의 - 왕 예수 님 나-의 - 왕

주님 내 아버지
(Father, O my father)

하 스데반

주님- 내아 버지- -사 랑하며 -감 사하리 온

맘다 해 -주 섬기리 나 를 -받으소 서

주님- 내아 버지--주께 가오니 -임 하소서 온

맘다 해 -주 섬기리 내 -생명다 해

E

메들리 곡   149/ 예수 그 이름   245/ 두 손 들고 찬양합니다   336/ 아버지 사랑합니다

283 주님 어찌 날 생각하시는지

(나는 주의 친구 / Friend of God)

Michael Gungor & Israel Houghton

주님 어-찌 날 -생 각 -하시는 -지-

들-으 시는 -지- 내-기 도 -

-주 님 진 -실 로 -날 생 -각 하시 -네-

날 -사 랑 하 -네- 놀라워 -라-

-놀라워 -라-

놀라워 -라- -놀라워 -라-

-놀 라워 -라- -나는주의 -친 -구

-나는 주의 -친 -구- 주님 날친 -구-로

E

284 주님 앞에 간구했었던

(내 한 가지 소원 / One Thing Have I Desired)

Stuart Scott

주님앞에- 간 구 했었던- 한 가지- 그- 것--을 구

하 리 니- 내 일생 - 주 전 에- 거 하게- 하소 서 주의

아 름 다-움 늘 바 라보-면서- 내가 주님전에-서 주

찬양하 - 리라 - 주의 아 름 다-움 늘 바 라보- 면서- 내가

주 님 전 에 - 서 주 찬 양 하 - 리 라 -

메들리 곡   224/ 나 주 앞에 서서   245/ 두 손 들고   291/ 찬송하라 여호와의 종들아

주님의 손길

미가엘 1987

E

1. 주님의 손길 생명 빛되네 눈먼 자 광명찾았 네
2. 주님의 말씀 능력이되네 믿는 자 치료받았 네
3. 주님의 보혈 속죄가되네 갇힌 자 해방되었 네

놀라운 손길 날위로하네 빛으로 인도 해
놀라운 말씀 날치료하네 빛으로 인도 해
놀라운 보혈 날구원하네 빛으로 인도 해

놀라운 은혜 나에게 주사 새생명받았 네

놀라운 손길 나찬양하네 영원토록찬양 해

오 주 그놀라운주손 길 오 주 은혜로운주손 길
오 주 그놀라운주말 씀 오 주 은혜로운주말 씀
오 주 그놀라운주보 혈 오 주 은혜로운주보 혈

놀라운 은혜 나에게 주사 새생명받았 네

놀라운 손길 나찬양하네 영원토록찬양 해

227/ 내가 어둠 속에서   255/ 어두워진 세상 길을   373/ 참참참 피 흘리신

메들리곡

286

주를 찬양해

(신령과 진정으로)

심종호

주를찬 - 양해 나의맘 - 다해

찬양가 - 운데 임하시는주 -

우리맘 - 다해 주를높 - 일때-

기쁨내 - 안에 흘러넘치네 - - - -

- 주를찬 흘러넘치네 - - - - - - 감사의

- 노 - - 래주 - 께 내게새 - 일행 - - 하시 - 네 - 주님의

- 은 혜 - 크신사 - 랑 찬 - 양하 - 네 - 주님을

- 경 - - 배할 - 때 주를더 - 욱알 - - 기원 - 해 - 거룩하

주를 찬양해

E

287 주를 향한 나의 사랑을

(Just let me say)

Geoff Bullock

1. 주를 향 한 나의 사 랑을 주께 고 백하 게 하소 서
2. 부드러 운 주의 속 삭임 나의 이 름을 부르 시네
3. 온맘으 로 주를 바 라며 나의 사 랑고 백하 리라

아 름다 운 주의그 늘아 래 살며 주를 보게 하소 서
주의능 력 주의영 광을 보이사 성령 을 부으 소 서
나를향 한 주님의 그크 신 사랑 간절 히 알기 원 해

주님 의 말씀 선포될 때에 땅과 하 늘 진동 하리 니
메마 른 곳 거룩해 지 도록 내가 주를 찾게 하소 서
주의 은 혜로 용서하 시고 나를 자 녀 삼아 주셨 네

나 의사 랑 고백 하 리 라 나의 구 주 나의 친 구
내 모든 것 주께드 리 라 나의 구 주 나의 친 구
나 의사 랑 고백 하 리 라 나의 구 주 나의 친 구

메들리 곡   215/ 나를 지으신 주님   219/ 나의 마음을   294/ 하나님은 너를 지키시는 자

주 앞에 엎드려

(I will bow to You)

Pete Episcopo

주 앞에엎 – 드려   경배합 – 니 다 –   오 직 – 주께 –

주 경배합 – 니 다   다른신 – 아닌 –   오직 – 주께 –   나의모

– 든 – 우상 – 들 –   나의 – 보좌 –   모두 – 다내 – 려 – 놓고 –

주 앞에엎 – 드 려   경배합 – 니 다 –   오직 – 주께 –

289 주 예수 오셔서

(물가로 나오라 / For Those Tears I Died)

Marsha J. Stevens

1. 주 예수 오 셔서 – 내 슬 픔 아 셨 네
2. 내 주 님 의 사 랑 – 다 알 수 없 지 만
3. 내 마 음 과 영 혼 – 다 주 께 드 리 네

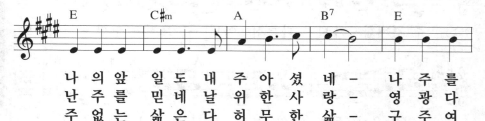

나 의 앞 일 도 내 주 아 셨 네 – 나 주 를
난 주 를 믿 네 날 위 한 사 랑 – 영 광 다
주 없 는 삶 은 다 허 무 한 삶 – 구 주 여

버 리 고 떠 나 갔 었 네 주 님 약 속 대 로 – 날
버 리 고 나 를 위 하 여 주 십 자 가 지 사 – 자
은 혜 의 문 을 여 소 서 주 의 크 신 사 랑 – 나

붙 드 셨 – 네 – 주 말 씀 하 네 –
유 주 셨 – 네 – 주 말 씀 하 네 –
찬 양 하 – 리 – 주 말 씀 하 네 –

물 가 로 나 오 – – 라 – 내 곁 에 서 –

주 예수 오셔서

라 네목마른 것을 내가 채우리

라 - 어둠에헤맬때

흘리던네눈물 - 그 - 눈물을 -

위 해 내가 죽었노라 -

290 주의 보좌로 나아 갈때에

(예수 피를 힘입어)

양재훈

주 의 보 좌 로 나아갈때에 어 떻 게나아가야 할 까
주 의 보 좌 로 나아갈때에 나 여전 히부족 하 나

나 를 구원한 주 의십자가 그 것을믿으며 가네 -
나 를 품으신 주 의그사랑 그 것을믿으며 가네 -

자 격없는내 힘이아 닌 오직예수 님 의보혈 로

로 - 십 자가의보혈 - 완 전 하 신 사

랑 힘입어 나 아 갑 니 - 다 십 자 가 의보혈

- 완 전 하 신 사 랑 힘입어 예 배 합 니 다

 메들리 곡   215/ 나를 지으신 주님   219/ 나의 마음을   221/ 나의 부르심

찬송하라 여호와의 종들아

(Come bless the Lord)

291

* 찬 송 하라 -(찬 송 하라 -) 여 호 와 의 종 들 아(여 호 와 의 종 들

아) 주 님 집 에 -(주 님 집 에 -) 서 있 는 자 들 아 (서 있 는 자 들

아) 성 소 향 해(성 소 향 해) 손 을 들 고 서 -(손 을 들 고 서

-) 찬 송 하 라 -(찬 송 하 - 라) 찬 송 하 라 -(찬 송 - 하 라)

*| 기뻐, 감사, 기도

253/ 손을 높이 들고   269/ 위대하고 강하신 주님   299/ 해 뜨는 데 부터

292 축복합니다 주님의 이름으로

이형구 & 곽상엽

축복합니다 – 주님의 이 름으로 –

축복합니다 – 주님의 사 랑–으로 – 이곳에

모인주의거 룩한 자녀에게 –주님의 기쁨과 주님의

사랑–이–충만 하게 충만 하게 넘치기를 –

(축복합니다) God bless you God bless you

축복합니다 – 주님의 사 랑–으로 –

크신 주께 영광돌리세

(Great is the Lord)

293

Robert Ewing

294 하나님은 너를 지키시는 자

정성실

하나 님은너를지키 시는자녀의 우편 에그늘 되-시니-

낮의 해와 밤의달 - 도 너를 해치 못하리 -

하나 님은너를지키 시는자녀의 환난을면케 하-시니-

그가 너 를 지키시리 라 너의 출입을지키시리 라

눈을 들 어 산을 보아라 너의 도 움 어디 서오나

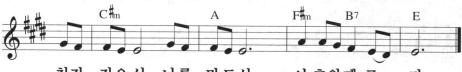

천지 지으신 너를 만드신 여 호와께 로- 다

메들리 곡 215/ 나를 지으신 주님 226/ 날마다 숨쉬는 순간마다 236/ 내 주 같은 분 없네

하나님을 아버지라 부르는   295

(좋은 일이 있으리라)

오관석 & 한태근

1. 하나님을 아버지-라 부-르는-자 는 -
2. 예수님을 구-주-라 부-르는-자 는 -
3. 성령님의 인-도-를 구-하는-자 는 -

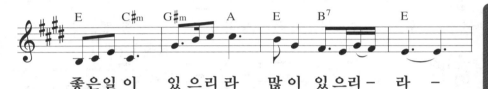

좋은일 이 있 으리 라 많이 있으리- 라 -

우리 서 로 뜨-럽게 사랑 하-며 는 - - -

좋은일 이 있 으리 라 크게 있으리- 라 -

메들리곡   262/ 예수님이 좋은 걸   283/ 주님 어찌 날 생각   361/ 주께서 왕위에 오르신다

296 할렐루야 할렐루야

(전능의 주 다스리네 / The Lord almighty reigns)

Terry Butler

크 신 자 - 비 로 구 - 원 하 - 셨 네 - - 할 렐 - 할 렐

루 - - - - 야 - - 주 다 스 리 - 시 - 네 - -

E

 메들리 곡

132/ 주 다스리네   195/ 주 이름 온 세상에   367/ 주 예수 기뻐 찬양해

평화 하나님의 평강이   297

김창석

평 화 하 나 님 의 평 강 이   당 신 의 삶 에   넘 쳐 나 기 를
기 쁨 하 나 님 의 기 쁨 이   당 신 의 삶 에   넘 쳐 나 기 를
소 망 하 나 님 의 소 망 이   당 싱 의 삶 에   넘 쳐 나 기 를

평 화 하 나 님 의 평 강 이   당 신 의 삶 에 가 득 하 기 를 축 복 합 니 다
기 쁨 하 나 님 의 기 쁨 이   당 신 의 삶 에 가 득 하 기 를 축 복 합 니 다
소 망 하 나 님 의 소 망 이   당 싱 의 삶 에 가 득 하 기 를 축 복 합 니 다

 메들리 곡

136/ 사랑의 주님이   205/ 평안을 너에게   241/ 당신은 하나님의 언약안에

298 할렐루야 할렐루야

(우리 모두 함께)

할 렐 루 야 할 렐 루 야

할 렐루야 – 할 렐루야 – 할 렐루야 – 할 렐루야 –

할 렐루야 – 할 렐루야 – 할 렐루야 – 할 렐루야 –

우리모두함 께 기쁜찬양하세 세상모든사람들의 귓가 에 –

우리모두함께 기쁜찬양하 세 세상모든사람들이 듣도 록 –

햇 – 빛같은 기 쁨 빗 – 줄기같 이 – – –
예 – 수사랑 노 래 주 – 의말씀 나누 세 –

금 – 광같은 기 쁨
크 – 신능력 외 쳐 우 리 모두함께 기쁜찬양하 세

E

할 렐 루 야 -   할 렐 루 야 -   할 렐 루 야 -   할 렐 루 야 -

할 렐 루 야 -   할 렐 루 야 -   할 렐 루 야 -   할 렐 루 야 -

예 수 님 때 문 에   형 제 를 사 랑 합 니   다

예 수 님 때 문 에   자 매 를 사 랑 합 니   다

예 수   예 수   예 수   예 수

예 수   예 수   예 수 님 때 문   에

할 렐 루 야 -   할 렐 루 야 -   할 렐 루 야 -   할 렐 루 야 -

할 렐 루 야 -   할 렐 루 야 -   할 렐 루 야 -   할 렐 루 야 -

할   렐   루   야

299

해 뜨는 데부터
(From the rising of the sun)

Paul S. Deming

해 뜨는 데 부 터 - 해 지는 데 까 지 - -

주 이 름 찬양받으 리 해 뜨 는 데

랄 랄 라 할 렐 - 루 야 여호와의모든종들 아

주 이 름 찬양 해 이제부터 영 원 - 까 지

주 이 름 찬 송 할 지 어 다

메들리 곡   253/ 손을 높이 들고   269/ 위대하고 강하신 주님   273/ 존귀 오 존귀하신 주

험한 세상길 나 홀로 가도

(두렵지 않아)

김보훈

험 한 세상길 나홀 로가도 외 롭-지 않으-오
모 진시련이 내게닥쳐도 놀 라-지 않으-오
주 를위하여 고난당해도 낙 심-치 않으-오

비 바람속을 나홀 로가도 내 맘-에 두려 움없 어
불 같은마귀 대적 해와도 내 맘-에 두려 움없 어
주 이름으로 죽음 당해도 내 맘-에 두려 움없 어

구 름기둥과 불기둥으 로 인 도하시는 주 가계시오 니
하 늘불말과 불수레로 써 세 상끝까지 나 를지키시 니
사 자굴속과 불풀무에 서 함 께하시는 주 가계시오 니

주 를뒤따라 나가 는길에 두 렵 지 않 아
말 씀외치며 증거 하는길 두 렵 지 않 아
부 르심받아 나서 는이몸 두 렵 지 않 아

33/ 비 바람이 갈길을   208/ 험하고 어두운 길   209/ 험한 세상 나그네 길

301 호흡있는 모든 만물

(Let everything that has breath)

미가엘 1863

Matt Redman

호흡 있 는 모든만물 다나와서 주찬 양하라

호흡 있 는 모든만물 다나와서 주찬 양하라

Last time to Coda

이 -른아침에도 - 늦 -은저녁에도 -

난 -언제나주님찬양 해 - 기 -쁨넘칠때도-

슬 -픔다가와도 - 난 -언제나주님찬양 해 -

끊 임 없 는 주의사랑 주 의권세 존귀 능력

알 게 되면 찬양케 되 리 - 주 찬 양하라-

메들리 곡
253/ 손을 높이 들고 273/ 존귀 오 존귀하신 주 291/ 찬송하라 여호와의 종들아

가시관을 쓰신 예수

(탕자의 눈물)

302

김석균

1. 가시관을 쓰신 예수 날 오라 부르실 때에
2. 어찌할꼬 이 내 죄를 어찌다 용서받을까
3. 넓고 큰 길 가기보다 가시밭길을 택하리

방탕한 길 못버리 - 고 세상 길로만 향했네
두 손 모아 참회하 - 니 흐르는 눈물뿐이라
하늘 영광 사모하 - 며 주님 가신 길 가오리

사랑하 - 는 내 아들아 부르시는 내 아버지
골고다 - 의 보혈의 피 무거운 짐 벗기시어
아버지 - 여 나에게도 십자가 들려 주소서

눈 어두워 보지 못하니 내 죄가 너무 큼이라
천국 백성 되게 하시니 그 사랑 갚을 길 없네
땅 끝까지 증거하리다 주님 사랑 전하리다

 200/ 찬바람 부는 갈보리 산   204/ 탕자처럼   314/ 갈보리 십자가의 주님을

303 나는 길 잃은 나그네였네

John W. Peterson

나는 길 잃은 나그네 였네 - 죄 중에 헤 매이는
나의 영혼이 피곤할 때에 - 날 붙들어 힘주시
내가 이세상 살아갈 동안 - 주 는곁에 함께하

데 - 사 랑의왕 내목자 예수 - 나를 집으로
며 - 날 위로해 주시는 예수 - 나와 언제나
사 - 늘 보호해 주시는 예수 - 나를 안전케

인 도하 네
동 행하 네 - 진- 실- 로선 함- 과그 인 자하심 이 날마
하 시리 라

다 함께하 - 시 리 - 라 진- 실- 로선 함- 과그

인 자하심 이 날마 다 함께하 시 리 라 - 영원토

록 주안 에내가 거 하 리라 영원토 록 주안 에나 안식

나는 길 잃은 나그네였네

하 리 라 진 - 실 - 로 선 함 - 과 그 인 자하심 이 날마

다 함께 하 시 리 라 - 날마 다 함께 하 시 리 라 -

E

304 넘지 못 할 산이 있거든

최용덕

넘지못– 할산이있거든 – 주님께맡기세 요
참지못– 할분노있거든 – 주님께맡기세 요

넘지못– 할파도있거든 – 주님께맡기세 요
참지못– 할슬픔있거든 – 주님께맡기세 요

우리가야할길은 – 멀고도– 험하여 –
우리살아갈길은 – 눈물의– 골짜기 –

허덕이며 가야하는우리 인생인데
내힘으론 참지못해– 늘 흐느끼네

이럴때우린누굴 의지하나요– 주님밖에없어요 –

나는그길 갈수없지만 주님이대신가 요

세상에는 눈물뿐이고

305

(주님과 못 바꾸네)

유제헌 & J.M.Harris

1. 세상 에 는 눈물뿐이 고　　고통만닥쳐 와 - 도
2. 한숨 쉬 는 불행이변 해　　기쁜찬송부 르 - 니
3. 금은 보 화 다준다해 도　　예수님만못 하 - 며
4. 속지 마 라 세상허영 에　　마음뺏기지 마 - 라

내심 령 은 예수님 으로　　기쁜찬송부르　네
괴로 움 을 주던환 경이　　천국으로변했　네
명예 지 위 훌륭한 대도　　주님만은못하　다
세상 것 은 일장의 춘몽　　물거품과같도　다

나는 예수님 으로 써　　참 만족 을 누 - 리　네

세상 영광 다 준대 도　　주님과못바꾸　네

메들리 곡　　148/ 예수보다 더 좋은 친구　　255/ 어두워진 세상 길을　　285/ 주님의 손길

306 세상 일에 실패 했어도

(내가 너를 도우리라)

김석균

세상 일에 실패했어 도 너는 절 망하지말아 라 내가
환난 핍 박끊임없어 도 너는 낙 망하지말아 라 내가

너를도 우리 라 다시 일 어서게하리 라 질병
너를도 우리 라 다시 일 어서게하리 라 참지

으 로고통당해 도 너는 두 려워 말 라 내가
못 할슬픔있어 도 기도 하 며담 대하 라 내가

너를도우리 라 다시 일 어서게하리 라 나를 버린자들도 내가
너를도우리 라 다시 일 어서게하리 라 감사 눈물흘리며 믿음

사랑하거늘 하물며 너희를그냥 둘까보 냐 나는
으로간구하는 너희의 기도를내가 외면하 랴

너와함께하는 너의 하나님 됨이니 의로운 오른손으로 붙들리

라 내가 너 를굳세게하리 라 너를 크 게사용하리 라

너로하여금 나를 증거하도록 내가너를도 우리 라

예수 안에 소망있네

307

(In Christ Alone)

Keith Getty & Stuart Townend

예수 안에 소망있네 내빛과 힘 나의 노
완전하신 하나님이 우리와 같이되셨
죽임당한 세상의빛 어둠속에 누이셨
주예수의 능력으로 내속에 두려움 없

새 환난중에 도우시는 주나의 견고한 반
네 주사랑과 그공의로 세상을 구원하셨
네 영광스런 그의날에 무덤에서 부활했
네 나의사는 모든순간 주께서 다스리 시

석 크신사랑 크신평화 두렴에서 날건지
네 십자가에 주달리사 그진노를 거두셨
네 승리하신 우리주님 원수들을 물리쳤
네 어느것도 주손에서 날빼앗지 못하리

네 내위로자 내모든것 주사랑 안에서 리 라
네 내모든죄 담당하신 주은혜 안에살리 라
네 나주의것 주나의것 주보혈 안에살리 라
라 주오실날 기다리며 주능력 안에서리 라

메들리 곡   14/ 나 지치고   184/ 주 달려 죽은 십자가   216/ 나를 향한 주님의 사랑

308 영원한 왕 예수
(Jesus King Eternal)

Scott Brenner

- 죄 의진 - 끊었네 - 예 수나 - 의 - 구 - 원 - 자 - 주의피

- 세 - 상 - 죄 - 사 - 하시고 - - 사 랑과 - 자 비가

- 죄 - 와 - 심 - 판 - 을 - 이 - 겼 - 네 - 오 주님

E

메들리 곡

309 참 사랑 우리 맘에

참-사 랑 우리맘 에 흘 러흘러 넘 치
기 를 진실하 신 사랑의 예수님 께
기 -도드 립니 다 - 다 - 참사
랑 보여주신 주님 찬 -양드립니 다 -
주 님의 사랑을전 하 리 언 제나어 디 서
나 - 감 -사드 립니 다 -

메들리곡   226/ 날마다   297/ 평화 하나님의 평강이   375/ 하나님의 사랑 주님의 눈물

낮에나 밤에나

(주님 고대가)

310

손양원

E

1. 낮 - 에 나 밤 - 에 나 눈 물 머 금 고
2. 고 적 하 고 쓸 - 쓸 한 빈 들 판 에 서
3. 먼 - 하 늘 이 - 상 한 구 름 만 떠 도
4. 내 - 주 님 자 - 비 한 손 을 붙 잡 고
5. 신 부 되 는 교 - 회 가 흰 옷 을 입 고
6. 천 - 년 을 하 루 같 이 기 다 린 주 님

내 - 주 님 오 시 기 만 고 대 합 니 다
희 - 미 한 등 - 불 만 밝 히 어 놓 고
행 - 여 나 내 - 주 님 오 시 는 가 해
면 - 류 관 벗 - 어 들 고 찬 송 부 르 면
기 름 준 비 다 해 놓 고 기 다 리 오 니
내 - 영 혼 당 하 는 것 볼 수 없 어 서

가 - 실 때 다 시 오 마 하 신 예 수 님
오 실 줄 만 고 대 하 고 기 다 리 오 니
머 리 들 고 멀 리 멀 리 바 라 보 는
주 님 계 신 그 - 곳 에 가 고 싶 어
도 적 같 이 오 시 마 고 하 신 예 수
이 시 간 도 기 다 리 고 계 신 내 주

1.2.3.4.5. 오 - 주 여 언 - 제 나 오 시 렵 니 까
6. 오 - 주 여 이 시 간 에 오 시 옵 소 서

메들리 곡 39/ 세상 사람 날 부러워   380/ 알았네 나는 알았네   697/ 우리에게 한 제단이

311 더러운 이 그릇을

(이 그릇을 주님 쓰시려고)

김주양

미가엘 2020

1. 더러운 이그릇-을 주 님쓰-시려 고
2. 더럽고 추한그릇이 깨 끗함을입어 서
3. 나 무엇 주님드려야 기 뻐하-시리 까

내 이름 불러주시니 이 어인은-혜인 가
성 전의 기물이되니 이 어인은-혜인 가
나 무엇 주께드려서 이 은혜갚-으리 오

되지못하 고 된 줄알다가 쓰-러진이몸 은
세상을따 라 방 황하다가 실-패한이몸 은
넘쳐나도 록 축 복하시고 사랑하신주 님 께

빈 손들고 십자가앞에 무릎꿇었사오-니
두 손들고 주님우러러 못자국을만지오-니
순 종하며 주님것으로 살아가겠사오-니

오 내주님 이 마음에 좌정하여주소-서
오 내주님 나 죽도록 충성하게하소-서
주 님다시 오 시는날 내이름도부르소 서

메들리 곡

105/ 고요히 주님 앞에 와   210/ 오늘도 하룻 길   310/ 낮에나 밤에나

불이야 성령의 불

312

최원순

1. 불 – 이 야 성 령의불　주님이주신성 령의 불
2. 불 – 이 야 사 랑의불　주님이주신사 랑의 불
3. 불 – 이 야 복 음의불　주님이주신복 음의 불
4. 불 – 이 야 신 유의불　주님이주신신 유의 불

E

불 – 이 야 성 령의불　나 에게도허락하셨 네
불 – 이 야 사 랑의불　나 에게도허락하셨 네
불 – 이 야 복 음의불　나 에게도허락하셨 네
불 – 이 야 신 유의불　나 에게도허락하셨 네

이 제나 도-　회 개하 고-　성 령 의불꽃 – 되 어
이 제나 도-　거 듭나 서-　사 랑 의불꽃 – 되 어
이 제나 도-　주 를믿 고-　복 음 의불꽃 – 되 어
이 제나 도-　주 를위 해-　신 유 의불꽃 – 되 어

이 세 상 – 의 어 디든 지-　성 령의불붙 – 이리 라
이 세 상 – 의 어 디든 지-　내 몸같 이사 – 랑하 리
이 세 상 – 의 어 디든 지-　복 음의불전 – 하리 라
이 세 상 – 의 모 든병 을-　주 와함 께태 – 우리 라

메들리곡　95/ 성령의 비가　285/ 주님의 손길　373/ 참참참 피 흘리신

313 갈릴리 오신 주님

홍정식

갈 - 릴리 오신주 님 이곳에 오셔서

풍 랑이 는 마음들 을 잔 잔하 게 하 - 소 서
염 려하 는 마음들 을 편 안하 게 하 - 소 서
연 - 약 한 마음들 을 담 대하 게 하 - 소 서

예 - 수 님 예수 님 이곳에 오셔서

주 님 의 능력으 로 잔 잔하 게 하 - 소 서
주 님 의 능력으 로 평 안하 게 하 - 소 서
주 님 의 능력으 로 담 대하 게 하 - 소 서

메들리 곡
200/ 찬바람 부는 갈보리 산   302/ 가시관을 쓰신 예수   314/ 갈보리 십자가의

갈보리 십자가의 주님을

314

김석완

F

메들리 곡   200/ 찬바람 부는 갈보리 산   329/ 머리에 가시 면류관   340/ 슬픔 걱정 가득차고

315 거룩하신 하나님
(Give Thanks)

Henry Smith

거 룩 하신 하나님- 주 께 감사 드리세- 날
의 맘과 뜻 다해- 주 를 사랑 합니다- 날

위 해 - 이땅에 오신 독 생 자 -예 수 나
위 해 - 이땅에 오신 독 생 자 -예

수 내 가 약할 때 강함주 고 가난

할 때 우리 를 부요케 하 신나의 주 감 -

사 내 사 감사 -

메들리 곡   320/ 나의 모습 나의 소유   327/ 마음이 상한 자를   336/ 아버지 사랑합니다

그때 그 무리들이

(세 개의 못)

316

1. 그 때 그 무리들 이 예수 님 못박았 네
2. 주여 저 들의죄 를 용서 하 여주소 서
3. 비웃 는 저무리 들 주의옷 벗긴후 에
4. 주여 나 의영혼 을 받아 주 시옵소 서

녹 슨 세개 의 그 못으 로 —
주 님 눈물 로 기 도했 네 —
주 님 몸깊 이 찔렀 네 —
그 때 구원 을 이 루셨 네 —

망 치 소 리내맘 을 울리 면 서들렸 네
귀 중 한 그보배 피 나를 위 해흘렸 네
귀 중 한 그보배 피 나를 위 해흘렸 네
마 지 막 피한방 울 나를 위 해흘렸

그 피 로내죄 씻 었 네 —
그 피 로내죄 씻 었 네 —
그 피 로내죄 씻 었 네 —
그 피 로내죄 씻 었 네

메들리곡 256/ 예수 가장 귀한 그 이름   314/ 갈보리 십자가의   372/ 짐이 무거우냐

317 깨어라 성도여

(일사각오)

주기철

나는 시온성을 향해 가겠네   318

Negro Spiritlual

나는 시온 성을 향해 가 겠네 높은 그 성 영광이로 다

내가 그 성 에 도달한그 때 에는 그아 침 에 영광보겠 네
그곳 에 나를구속한구 주 께서 나를 기 다 리고 있도 다
나는 그 성을떠나 지않 으 리라 괴롬 없 는 안식 처로 다

아 름 다 운 -   시 온 산 - 에 - 순 례

자 는 올 라 가 겠 네   아 름 다 운 -   시 온

산 - 에 - 순 례 자 는 올 라 가 겠 네   -

F

319 나 기쁨의 노래하리

(해피송)

Martin Smith

나 기쁨의 노래하리 날 구원하 셨네 -

온 종일 나 춤추리 그 사랑때 문에 - - - 나

- - - 내 마음벅 - 차 네 주 행한일 - 볼 때 -

어둡던 지난날 - 주가 바꿔주 - 셨 네 - 높은곳에 올라가 -

크게외치고 - 싶 네 - 날 향한주 - 님 의그 사랑 모두 에 게 나

기쁨의 노래하리 날 구원하 셨네 -

온 종일 나 춤추리 그 사랑때 문에 - - 나 -

Fine

Bridge

모두 함 - 께 노래해 - - 우리 안에 기쁨 -

나 기쁨의 노래하리

모두함 -께춤추 세 - 주님 주신 기쁨 - 주님

얼굴 볼수 없어도 - 우린느 -낄 수있죠 - 우리안 -의이기쁨 -

- 다 주님주 -신 -것 - 나

F

메들리 곡

320 나의 모습 나의 소유

(I Offer My Life)

Claire Cloninger & Don Moen

나의 모습 - 나의 소유 - 주님앞에 - 모두드 - 립니다 -
어제 일과 - 내일 일도 - 꿈과 희망 - 모두드 - 립니다 -

모든 아픔 - 모든 기쁨 - 내 모든 눈물 - 받아 - 주소서
모든 소망 - 모든 계획 - 내 손과 마음 - 받아 - 주소서

- 나의 생명을드 - 리니 주영광위 - 하여 -

사용하옵소서 내 가사는날동 - 안에 주를찬양 - 하며 -

기쁨의제물 되리 - 나를받아주소 - 서

서 우리 가진 - 이 모든 것들 - 을 다

나의 모습 나의 소유

주께 서 우 - 리 에게 주시 었네 - 몸밖 에드 - 릴 것이

-없으 - 니 내 삶을 받아 - 주소 서   서 -

D.S

F

321 나 이제 주님을 알았으니

(구원의 기쁨)

추정엽

나 이제 주님을 알 았으니 이 소식 전 하려
찬 -양 찬 -양 찬 양하세 우 -리 주 -님

네 - 죄 속에 빠 져있 던 이 -내 영혼 -
을 - 날 위해 돌 아 가 신 우 -리 주님 -

주 님구 원 하셨 네 - 이 세 상 어딜 가도 우 리주님
손 들어찬 양하 세 -

rit. a tempo

동 행하 시네 - 동 행하 시네 - 할 렐루 야

나 이제 주 님을 알 았으니 이 소식 전 하려 네 -
찬 -양 찬 -양 찬 양하세 우 -리 주 -님 을 -

죄 속에 빠 져있 던 이 -내 영혼 - 구 원한 사 -실 을 -
날 위해 돌 아가 신 우 -리주님 - 손 들어 찬 양하 세 -

메들리 곡 262/ 예수님이 좋은 걸   343/ 영광의 길 너 걷기 전에   322/ 나 주님의 기쁨

나 주님의 기쁨되기 원하네 322
(To be pleasing You)

Teresa Muller

나주님－의기쁨되－기 원하네－　내 마음을－새롭게하－소－
겸 손히－내마음드－립 니－다－　나의모－든것받으－소－

서 － －　　새부대－가되－게하－여－ 주－사－　　주
서 － －　　나의맘－깨끗－케씻－어－ 주－사－　　주

님 의빛－ 비추게하－소－ 서 － －　　내가 원 － －하는－
의 길로－ 행하게하－소－ 서 － －

한 － －가지－　주님 의－ 기쁨이 되는것 －　　내가

원 － －하는－　한가－지 － － －　주님의－기－쁨이되는것 － － －

F

메들리 곡　　320/ 나의 모습 나의 소유　　433/ 모든 영광을 하나님께　　646/ 주님과 같이

323 나 주의 믿음 갖고
(I just keep trusting the Lord)

John W. Peterson

나 주의 믿음갖고 - - 홀로걸어 도 -
내 주는 선한목자 - - 나를인도 해 -

나 주의 믿음갖고 - - 노래부르 네 -
사 망의 골짜기로 - - 다닐지라 도 -

폭 풍구름 몰아치고 - - 하늘덮어 도 -
주 님께서 나의길을 - - 인도하시 니 -

나 주의 믿음 갖고 - - 실망치않 네 -
나 주를 따라 가리 - - 언제까지 나 -

주 는내 친 구 - 진실한 친 구 -
주 는내 목 자 - 선하신 목 자 -

세 상끝 까 지 - 주의지하 리 -
어 디가든 지 - 함께하시 네 -

메들리곡   108/ 나는 믿음으로   333/ 사람을 보며   334/ 성령받으라

내 주의 은혜 강가로

(은혜의 강가로)

오성주

내 주 의은혜강가 로 저 십 자가의강가 로

1. 내 주 의사랑있는 곳 – 내주의강 가 로

2. 내 주 의사랑있는 곳 – 내 주의강 가 로

갈 한나의영혼 을 생수 로 가득채우소 서

피 곤 한내영혼위 에 내 주 의은혜강가 로

저 십 자가의강가 로 내 주 의사랑있는 곳 –

1. 내 주의강 가 로 2. 내 주의강 가 로 –

메들리곡 289/ 주 예수 오셔서   340/ 슬픔 걱정 가득차고   420/ 내 인생 여정 끝내어

325 내 감은 눈 안에

(전부)

최경아 & 유상렬

내 감은 - 눈 안에 이미 들어와 - 계신

예수님 - 나보다 - 앞서 나 - 를 - 찾 아 주시

네 내 뻗은 두손 위로 자비 하심을 - 내어

주시니 - 언제나 - 먼저 나 - 를 - 위 로 - 하시

네 내 노래 - 가 운데 함 께 즐거워

하시는 - 늘 - 나의 - 기 쁨이 되시 네

- 수 많은 - 사 람중에 - 나 를 택해잡

내 감은 눈 안에

으 시고- 눈물 거두어- 빛살 가루 채우시 니

\- 그 분은- 내 자랑 나 의 기 쁨 나

의 노 래- 나의 전 부 되 시- 네 -

F

326

내가 고난 중에도
(은혜의 힘입니다)

김석균

내가 고난-중에도- 찬송 할수있음은- 은혜의-힘 입니다 -
내가 가진것없어도- 행복 할수있음은- 은혜의-힘 입니다 -

내 가 실 패했어도- 감사 할수있음은- 은혜의 - 힘 입니다
낮고 천 한나에게- 주 의 능력있음은- 은혜의 - 힘 입니다 -

나를 대 적 -하는자 - 사랑 할수있음은 - 은혜의 - 힘 입니다 -
값진 옥합을깨뜨려 - 헌신 할수있음은 - 은혜의 - 힘 입니다 -

내게 고통주는자 - 품어 줄수있음은 - 은혜의 - 힘 입니다 -
나의 생명다하여 - 사명 감당한것도 - 은혜의 - 힘 입니다 -

주님의 은 혜가내안에 들어 오면 - 나는 날마다 - 기뻐집니다 -
주님의 은 혜가내안에 들어 오면 - 모든 염 려가 - 사라집니다 -

은 혜위 에은혜가 - 더하여 질 수록 - 오직 주님만 - - 바라봅니다 -
은 혜위 에은혜가 - 더하여 질 수록 - 견디 고이길 - 힘이생깁니다 -

메들리곡   112/ 나를 지으신 이가   307/ 예수 안에 소망 있네   438/ 바다 같은 주의 사랑

마음이 상한 자를

(He binds the broken-hearted)

327

Stacy Swalley

마 음이상－한－자를 고 치시는－주님－
성 령으로－채우－사 주 보게하－소서－

하늘의－아버－지 날 주관하－소서－ － 주
주의임－재속－에 은혜 알게하－소서－ － 주

의 길로－인도－하사 자 유케하－소서－
뜻 대로－살아－가리 세 상끝날－까지－

새 일을행하－사 부흥 케－하－소서－ 의에
나 를빚으시－고 새날 열 어주－소서－

주 리고－ 목이마 르니－ 성령의－기름

－부으－소 서 의에 주 리고－ 목이

마 르니－ 내 잔을－채워－ 주소 서

F

328 따스한 성령님

(부르신 곳에서)

김준영 & 송은정

따스한 성령 –님– 마음으 –로보네 – 내몸
사랑과 진리 –의– 한줄기 –빛보네 – 내몸

을 감싸며 – 주어지는평 –안함– 만족함 –을느끼
을 감싸며 – 주어지는평 –안함– 그사랑 –을느끼

네 부르신곳에 서 – 나는예배하 네 – 어떤상황에 도

– 나는예배 하네 – 부르신곳에 서 – 나는예배하 네

– 어떤상황에도 – 나는 예배 하네 – 내가

걸 어갈 –때길 –이되 –고 살 아갈 –때삶 –이되 –는그

곳 에서 – 예배 –하네 – 내가

따스한 성령님

걸 어 갈 - 때 길 - 이 되 - 고 살 아 갈 - 때 삶 - 이 되 - 는 그

곳 에 서 -   예 배 - 하 네 -   부 르 신 곳 에 서

F

329 머리에 가시 면류관

(누구를 위함인가)

김석균

1. 머리 에 가시 면류 관 - 어찌 해 쓰셨는 가 - 채찍
   과 멸-시 천 대 - 어찌 해 받았는 가 - 고난
2. 골고 다 험-한 길 을 - 어찌 해 가셨는 가 - 십자
   양 보-혈의 피 - 누구 를 위함인 가 - 끝없

에 피 흘리 심 은 누구 를 위함인 가 - 희롱
과 죽음의 길 을 어찌 해 가셨는
가 못 박히 심 은 누구의 죄값인 가 - 어린
는 용 서의 눈 물 그 사 랑 잊었는

가 - 예-수 - 오 예-수 - 나의 죄 를 대 속하

신 주 - 마지 막 피 한 방 울 - 나 위 해 흘리 셨 네 -

메들리 곡   302/ 가시관을 쓰신 예수   316/ 그 때 그 무리들이   389/ 겟세마네 동산에서

모든 만물 다스리시는   330

(주의 능력 보이소서 / Show Your power)

Kevin Prosch

F

331 무덤 이기신 예수

(할렐루야 / Hallelujah)

Scott Brenner

무덤이이-기-신 - 예 - 수 죽으 시고 다 - 시 - 사 - 셨 - - 네
보 좌에 - 앉 - 으 - 신 - 주 영원 토록 다 - 스 - 리 - 시 - - 네

죄 의 저 - 주 - 끊 - 으 - 셨네 예수 승리의 - 주 할 렐루 - 야
예수 사 - 단 - 정 - 복 - - 하고 - 사 망권 - 세 무 너 뜨렸 - 네

예 수 - 만 - - 유 의 - 주

할 렐루 - 야 할 렐루 - 야

할 렐루 - 야 영 - 광 - 의 찬 양 - 주께 -

Fine

주께영광 드리 - 세 주께영광 드리 - 세

D.S.

메들리 곡 367/ 주 예수 기뻐 찬양해 486/ 예수 주 승리하심 찬양해 519/ 주님의 영광

방황하는 나에게

332

1. 방황하는 나에게- 주님오셔서
2. 너의맘이 주님께- 열리었느냐
3. 모든것을 믿음으로- 간구하는가

못박힌손 내밀며- 오라하시네
믿음으로 주말씀을- 받을수있나
말-씀을 의지하여- 응답받으라

주님을- 맞이하는 나의마-음-에
주-여- 나의맘이 갈급하-오-니
주님께- 모든영광 전부드-리-고

성령의 단비가- 내려옵니다
성령의 빗속에- 젖어듭니다
겸손의 자리에- 낮아있으라

F

메들리 곡 252/ 세상 향락에 젖어서 372/ 짐이 무거우냐 424/ 누구든지 목마르거든

333 사람을 보며 세상을 볼땐

(나는 만족하겠네)

최영택

사람을 보며 세상을볼 땐 만족함이 없었 네

나의 하나 님 그 분을 뵐땐 나 는만족하 였 네

저 기빛나는 태양을보라 – 또 저 기서있는 산 을보 아라

천지 지 으신 우리여호 와 나를사랑하 시 니

나의하나 님 한분만으로 나는만족하 겠 네

동남 풍 아 불 어라 서북 풍 아 불 어라

가시밭에백합 화 예수향기 날리니 할렐 루 야아 – 멘

가시밭에백합 화 예수향기날리 니 할 렐루야아 – 멘

메들리곡 334/ 성령 받으라   337/ 성령 충만으로   373/ 참참참 피 흘리신

성령받으라

최원순

1. 성령받으라　성령받으라　예수내게말씀하셔서 - -
2. 평안있으라　평안있으라　예수내게말씀하셔서 - -
3. 구원받으라　구원받으라　예수내게말씀하셔서 - -
4. 축복받으라　축복받으라　예수내게말씀하셔서 - -

성령받으라　성령받으라　예수내게말씀하셔　서
평안있으라　평안있으라　예수내게말씀하셔　서
구원받으라　구원받으라　예수내게말씀하셔　서
축복받으라　축복받으라　예수내게말씀하셔　서

할렐루야　성령받았네　나는 성 - 령받았네
할렐루야　평안해졌네　나는 평 - 안해졌네
할렐루야　구원받았네　나는 구 - 원받았네
할렐루야　축복받았네　나는 축 - 복받았네

할렐루야　성령받았네　나는 성 - 령받았네
할렐루야　평안해졌네　나는 평 - 안해졌네
할렐루야　구원받았네　나는 구 - 원받았네
할렐루야　축복받았네　나는 축 - 복받았네

메들리 곡　333/ 사람을 보며　337/ 성령 충만으로　373/ 참참참 피 흘리신

삶의 작은 일에도
(소원)

335

322/ 나 주님의 기쁨   343/ 영광의 길 너 걷기 전에   364/ 주님의 사랑이

삶의 작은 일에도

삶의한- 절이-라도 - 그 분을닮-기원- 하네 - 사랑- 그

1. 높은 길 - 로 가 - 기 원 - 하 네 - 그
2. 좁은 길 - 로 가 - 기 원 - 하 네 - 그
3. 깊은 길 - 로 가 - 기 원 - 하 네 -

아버지 사랑합니다

336

(Father, I Love You)

Scott Brenner

아 버 지 - 사 랑 합 니 다 - 아 버 지 - 경 배 합 니 다 -
예 수 님 - 사 랑 합 니 다 - 예 수 님 - 경 배 합 니 다 -
성 령 님 - 사 랑 합 니 다 - 성 령 님 - 경 배 합 니 다 -

아 버 지 - 채 워 주 소 서 - 당 신 의 - 사 랑 - 으 로 -
예 수 님 - 채 워 주 소 서 - 당 신 의 - 사 랑 - 으 로 -
성 령 님 - 채 워 주 소 서 - 당 신 의 - 능 력 - 으 로 -

256/ 예수 가장 귀한   257/ 예수 사랑 나의 사랑   287/ 주를 향한 나의 사랑을

337 성령충만으로

1. 성령충만으로 　성령충만으로 　뜨겁게 뜨겁게
2. 말씀충만으로 　말씀충만으로 　새롭게 새롭게
3. 은사충만으로 　은사충만으로 　강하게 강하게
4. 할렐루야 아멘 　할렐루야 아멘 　우리 ○○교회

성령충만으로 　성령충만으로 　뜨겁게 뜨겁게
말씀충만으로 　말씀충만으로 　새롭게 새롭게
은사충만으로 　은사충만으로 　강하게 강하게
할렐루야 아멘 　할렐루야 아멘 　우리 ○○교회

성령충만으로 권능받아 　땅끝까지 전파하리라
말씀충만으로 거듭나서 　주뜻대로 살아가리라
은사충만으로 체험얻어 　죄악세상 이겨나가리
성령충만으로 뜨거웁게 　말씀충만으로 새롭게

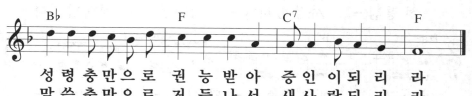

성령충만으로 권능받아 　증인이 되리라
말씀충만으로 거듭나서 　새사람 되리라
은사충만으로 체험얻어 　이세상 이기리
성령충만으로 뜨거웁게 　주의일 하리라

메들리곡　333/ 사람을 보며　　334/ 성령 받으라　　373/ 참참참 피 흘리신

세상을 구원하기 위해

(밀알)

338

천관웅

339

세상 흔들리고
(오직 믿음으로)

고형원

세상 흔들리고 - 사 람들은변하 - 여 도 나는주를섬 - 기리
믿음 흔들리고 - 사 람들주를떠 - 나 도 나는주를섬 - 기리

주 님의사랑은 - 영원히변하지 - 않네 나는주를 신뢰 해
주 님의나라는 - 영원히쇠하지 - 않네 나는주를 신뢰 해

오 직믿음으로 - 믿음으로 내가 살리 라

오 직믿음으로 - 믿음으로 내가 살리 라 - -

오 직 의인은 - 믿음으로 말미암아 살리 라

오 직 의인은 - 믿음으로 말미암아 살리 라 - -

메들리 곡   320/ 나의 모습 나의 소유   322/ 나 주님의 기쁨 되기   359/ 죄악된 세상을

슬픔 걱정 가득 차고

340

(갈보리 / Burdens Are Lifted At Calvary)

John M Moore

슬 픔 걱 정　가 득 차 고　내 맘 괴 로 와　도
너 의 근 심　모 든 염 려　주 께 맡 기 어　라
너 의 눈 물　상 한 심 령　주 가 돌 보 신　다

갈 보 리 십 자 가　위 에 서　죄 짐 이 풀 렸　네

놀 라 운 사 랑 의　갈 보 리　갈 보 리 갈 보 리

놀 라 운 사 랑 의　갈 보 리　영 원 한 갈 보　리

F

341 아름답다 예수여

(주님 한 분 만으로)

이성봉 & W.H.Doane

아버지여 구하오니
(One Voice)

Robert Gay

아 버지여 구 하 오니 - 이제 이 땅고쳐주- 소
함 께주를 찬 양 하며 - 이제 우 리마음합- 치

서 우리 맘 엮으사 - 주의 영광나 - 타 - 내소서 -
세 주예 수 그이름 - 온땅 위에높 - 이 - 들리라 -

만유의 - 주님 온 세상알도록 - 목소리
만유의 - 주님 온 세상보도록

합 쳐 - 주께 영광돌 - 리며 - 주님의 통 치 - 선포

하게하 - 소서 - 목소리 합 쳐 주 님을찬 - 양하 - 며 이제

하나가 되게 하소 서 - 목소리 님을찬 - 양하며 -

- 이제 하나 가 되게하소 서

F

343 영광의 길 너 걷기전에

윤종하

1. 영광의 길 - 너걷기 전에 갈보리 길 - 너 걸으라 -
2. 방황하 는 - 영혼을 위해 십자가 의 - 길 이 있 네 -
3. 고 난의 길 - 앞서가 신주 가시관 에머 리찔 렸네 -

네 모든 것 - 주께맡 긴후 하늘 문을 바 라보 라
죄 에빠진 - 영혼을 위해 주님 께서 피 흘렸 네
그 십자 가 - 날마다 보네 내모 든죄 다 씻겼 네

하늘 가는 다 른길 없 네 오 직 예수 - 오 직한 길
못박 힌두손 날 개펼 치 사 나 로 그그늘에 쉬 게하 며
하늘 가는 다 른길 없 네 다 만 한분 - 나의 예 수

갈보 리길 걸 어가 신 주 그 길 따라 너걸 으라 -
부드 러운 사 랑의 음 성 날 오라 - 부르 시 네 -
부활 의주 말 씀하 시 네 갈 보 리길 너걸 으라 -

메들리 곡 314/ 갈보리 십자가의 340/ 슬픔 걱정 가득차고 389/ 겟세마네 동산에서

예수 이름으로

344

Maori Origin

1. 예 수 이름으로   예수이름으 로   승 리 를 얻 었   네
2. 예 수님을따라   예수님을따 라   어 디 든 가 리   라
3. 예 수이름으로   예수이름으 로   마 귀 는 쫓 긴   다

예 수 이름으로   예 수 이름으 로   승 리 를 얻 었   네
예 수님을따라   예 수님을따 라   어 디 든 가 리   라
예 수 이름으로   예 수 이름으 로   마 귀 는 쫓 긴   다

예 수 이름으로 나 아 갈 때   우 리 앞 에 누 가 서 리 요
예 수 님을따라 나 아 갈 때   밝 은 태 양 빛 이 비 치 고
예 수 이름으로 나 아 갈 때   누 가 나 를 괴 롭 히 리 요

예 수 이름으로 나 아 갈 때   승 리 를 얻 었   네
예 수 님을따라 살 아 갈 때   밝 은 내 일 있   네
예 수 이름으로 기 도 할 때   악 마 는 쫓 긴   다

F

337/ 성령충만으로   373/ 참참참 피 흘리신   459/ 승리는 내 것일세

345

오늘 피었다 지는
(들풀에 깃든 사랑)

노진규

오 늘피었다지 는 들풀 도 -입히는 하 나님

진 흙같은 이몸 을 정금 같 -게하시 네

푸 른하늘을나 는 새들 도 -먹이는 하 나님

하 물며-우리 랴 염 -려 -필요없 네 우리

마 음속 깊-은 그 곳에 영 혼을내리신 주 죽음

이 기 신 영원한 생 명을 약 속하 시었 네

메들리 곡 315/ 거룩하신 하나님 336/ 아버지 사랑합니다 375/ 하나님의 사랑 주님의 눈물

온 맘 다해 주 사랑하라 346

(You shall love the Lord)

Jimmy Owens

온 맘 다 해주 - 사랑 - 하 - 라 -

생 명 다 해주 - 사랑 - 하 - 라 -

뜻 을 다 하여 - 사 랑 - 하 라 - - 온 맘 다

해 생명 다 해 주 사 랑 해 -

- 주 사 랑 해 - - 요 존 귀 하신 - 주 님

- 주 사 랑 해 - 요 큰 일 행 하 - 셨 네

- 주 사 랑 해 - - 요 더 욱 사 랑 해

- 온 맘 다 해 생 명 다 해 주 사 랑 해 -

F

347

완전하신 나의 주

(예배합니다 / I Worship You)

Rose Lee

완전-하신 나의 주 의의 -길로날 -인
도 하소 -서 - 행 하신 -모든 일 주
님의 영광 - 다경 배합 -니 다 - 예배합 -니 다
- 찬 양합 -니 다 - 주님만 -날 다스 리소 서
- 예 배합 - 니 다 - 찬 양합 - 니 다
- 주 님홀 -로 높임 받으소 서 -

메들리 곡   346/ 온 맘 다해   362/ 주님과 함께하는   363/ 주님만 주님만

왕이신 나의 하나님

(Psalms 145)

348

Stephen Hah

왕 이 신 - 나 의 하 나 님 -

내 가 - 주 를 높 이 고 -

영 원 히 - 주 의 이 름 을 -

송 축 하 리 이 다 -

F

349 왕이신 하나님 높임을

(He is exalted)

Twila Paris

미_가웰 704

왕이신 하나님 높임을 받으소— 서 찬양

하 리 라 영원히 높임을 받 으실 그 이름

찬 양 하 리 라 —

그 리 스 도 진 리 로 다 스 리 네 —

기 뻐 하 라 — 온 땅 이 여 찬 양 하 라 —

거 — 룩 하 — 신 그 이 름 높 이 리 라 —

메들리 곡   347/ 완전하신 나의 주   348/ 왕이신 나의 하나님   362/ 주님과 함께하는

요한의 아들 시몬아

350

권희석

요한의아들시 몬아 -　네 가 다른 사람들보 다

나를더 사랑 하 느냐 -　하고주님이물으셨 네

네　그 때 나는주께 대답 했네 내가 주 를 사랑 하 는 지
다

주님 께서 - 아십니 다 - 주님 께서내마음아시 리

요한 의 아 들시 몬 아　네 가 다 른 사람들보 다
내게 오 는많은양 떼　네게 맡 겨 둘 - 테니 -

나를더 사랑 하 느냐 -　하고주님 이물으셨　네
사랑하 는내 친 구여 -　많은 양떼 를부탁한

(2nd time to 𝄉)

351 우리는 주의 백성이오니

(We Are Your People)

David Fellingham

우리는 주 의 백성이-오니 -

주의그 큰 이름 선포합-니다 -

이곳어두운 세 상에 빛으로부르셨 네

주의얼굴 구할때 역사하소 서

- 교 회 를 세 우 시

고 - 이 땅 고 쳐 주 소 서

- 주 님 나 라 임 - 하

시 고 주 뜻 이 뤄 지 이 다

 메들리곡

364/ 주님의 사랑이   499/ 이 땅 위에 오신   500/ 이 세상 가장 아름다운

우리들의 무기는 육체가

352

우리 들의 무기는 육체가 아니요 그러나 강하오

참으로 강하오 우리 들의 무기는 육체가 아니요 그러나

강하오 성령안에 서 견고 한 진을 파하는 강 력 이요

F

강한 힘이요 참으로 강하오 견고 한 진을 파하는 강

력 이요 강한 힘 이요 성 령 안에 서

353 우리 함께 일어나

(오소서 성령이여 / Spirit come)

Jamie Burgess

우리-함께 - 일어나 - 부흥위해 - 기도

하 네분열-의담 - 다허물고 - 성령일-어나도록

- 우리-함께 - 성령이여임하 소-서 우리
이땅
다시

에게임하 소-서 주를떠난우리 에게오소
위에임하 소-서 주를떠난우리 에게오소
한번부으 소-서 주를떠난우리 에게오소

서 - 성령이- 여 주가다시세운나-라 주만
서 - 성령이- 여
서 - 성령이- 여

우리 함께 일어나

위 해 사 는 나 - 라 부 흥 의 불 타 는 나 라 오 소

서 성 령 - 님 우 리 - 함 께 님 오 소 서 성 령 -

님 오 소 서 성 령 - 님 오 소 서 성 령 -

님 오 소 서 성 령 - 님 오 소 서 성 령 -

님 오 소 서 성 령 - 님 성 령 님

354 우린 쉬지 않으리

(We Will Give Ourselves No Rest)

Steve Cantellow &
Matt Redman

이 땅에 오직 주 밖에 없네　355

정종원

이 땅에 - 오직- 주밖에 - 없네-그무엇도 - 나를- 채울수

- 없네- 주님의 - 평안- 내안에 - 있네- 그 누구도

- 빼 앗 을수없 네 - 이땅에 -

세상은변-해가 - 고
폭풍이몰-려와 - 도
이세상어-디에 - 서
우리가바-래왔 - 고

소망은힘 - 을잃- 어도- 변 함없이-붙드-시는-그 구원의-손 길 -
두려움물 - 러가 - - 네- 우 릴위해-싸우-시는-그
평안을찾을 수있 - - 나-목 숨까지- 내어-주신- 그 깊은 사- 랑을 -
꿈꾸어왔 - 던 미-래가- 그 한없는- 사랑-안에 - 서

손 을의지해 - 열 리고있네 - 이땅에 -오직-주밖에

- 없네- 그 무엇도 - 나를- 채울수 - 없네- 주님의

- 평안- 내안 에 - 있네- 그누구도 - 빼 앗을수없네 -

메들리 곡

356 잃어버린 나의 눈물을

(회복시키소서)

유은성

잃어버-린나의눈-물을 찾게하-소-서 꺼 져만가- 는열정을- 다

시 태우- 소서- 주님과- 의첫 사랑-을회 복시키- 소-서 주

빌앞에-서무릎으로 부르 짖게하- 소서 - 찬양할- 때내-영이-춤

추 게하- 소-서 내 삶 으로-주의영광을- 드러 내 게하-소서

예배할-때내-영이-기 쁘게 하소서-- 내 온몸이-주의향기로- 가

득하게하소서- 회복시- 키 소 -서- 상한 나의마- 음을- 주님

앞에정결하-게-일어 설수있- 도록- 회복시- 키소-서-지친

나의모-습을- 주님 앞에정결하-게-나아 갈수있-도록 -

저 하늘에는 눈물이 없네   357
(눈물 없는 곳)

Joyce Lee

1. 저 하늘에는   눈물이 없네   거기는 슬픔도 없 네
2. 저 하늘에는   눈물이 없네   거기는 기쁨만 있 네
3. 저 하늘에는   눈물이 없네   거기는 즐거움 있 네

저 하늘에는   눈물이 없네   거기는 승-리만 있 네
저 하늘에는   눈물이 없네   거기는 찬-송만 있 네
저 하늘에는   눈물이 없네   거기는 사-랑만 있 네

고통은 모두다   사라져 버리고   영광만 가득차 겠 네
세상의 근심은   사라져 버리고   영광만 가득차 겠 네
인간의 욕심은   사라져 버리고   영광만 가득차 겠 네

우리의 주님과   나 함께 있을 때   영원한 기-쁨 있겠 네

F

305/ 세상에는 눈물 뿐이고   323/ 나 주의 믿음 갖고   379/ 사막에 샘이 넘쳐

메들리 곡

358 좋으신 하나님 너무나 내게

(God You're So Good)

Terry Clark

메들리 곡   108/ 나는 믿음으로   323/ 나 주의 믿음 갖고   462/ 아름다운 이야기가 있네

죄악된 세상을 방황하다가 359

(불 속에라도 들어가서)

최수동 & 김민식

1. 죄 악된 세상을 방황하다가 천국
2. 탕 자를 살려 준 주 님말씀에 죄인
3. 골 고다언덕길 오 르신예수 추수

과 지옥도 나 - 는 몰랐네 고집
의 두다 리 묻 - 어 두었네 아들
할 일꾼을 찾 - 아 부르네 거친

대 로 영죽을 험 한세상 이 왜그
이 여 일어나 내 손을 잡 고 남은
바 다 험한산 피 가맺혀 도 십자

리 - 더러운 지 이 제야 아 네
몸 - 모든 영혼 바 치라 하 네
가 - 내가지고 끝 내이기 리

불속에라도 들어 가서 - 불속에라도 들어 가서 -

세상에 널리 전하리 주 의사랑 을

360 주께서 내 길 예비하시네

미가엘 982
조일상

1. 주 께 서 내 길 예 비 하 시 네 —
2. 나 이 제 주 를 따 라 가 려 네네 —
3. 나 이 제 겸 손 하 게 살 려 네네 —
4. 나 이 제 기 도 하 며 살 려 네네 —
5. 나 이 제 승 리 하 며 살 려 네 —

주 께 서 내 길 예 비 하 시 네 —
나 이 제 주 를 따 라 가 려 네네 —
나 이 제 겸 손 하 게 살 려 네네 —
나 이 제 기 도 하 며 살 려 네네 —
나 이 제 승 리 하 며 살 려 네 —

이 제 하 루 하 루 를 주 를 위 해 살 리 라
세 상 죄 길 버 리 고 생 명 길 을 찾 았 네네
세 상 죄 길 버 리 고 생 명 길 을 찾 았 네네
세 상 죄 길 버 리 고 생 명 길 을 찾 았 네네
세 상 죄 길 버 리 고 생 명 길 을 찾 았 네

주 께 서 내 길 예 비 하 시 네 —
나 이 제 주 를 따 라 가 려 네네 —
나 이 제 겸 손 하 게 살 려 네네 —
나 이 제 기 도 하 며 살 려 네네 —
나 이 제 승 리 하 며 살 려 네 —

주께서 왕 위에 오르신다

(주께서 왕이시라)

361

류형선

1. 주께서 왕위에 오르신다　무서워 숨는자 그 누구냐
2. 정의의오른팔 쳐드신다　두려워 떠는자 그 누구냐

우리의 마음은 춤을춘다　주 께서왕이시라 —
산천아 초목아 노래하라　주 께서왕이시라 —

할렐루야 — —　할렐루야 — —

얼 씨구나좋 다 지화자—좋 네 주 께서왕 이 시 라 —

F

메들리 곡　262/ 예수님이 좋은 걸　295/ 하나님을 아버지라　380/ 알았네 나는 알았네

362 주님과 함께 하는

(온 맘 다해 / With all my heart)

Babbie Mason

주 님 과함께하는 이 고요한－시－간 주 님의보좌앞에 내
나 염 려하잖아도 내 쓸것아－시－니 나 오직주의얼굴 구

마음을－쏟네－ 모든 것아 시는주님 께 감출것없네 내
하게하－소－서 다 이해 할수 없을때라 도 감사하며 날

optional

맘 과정성다해 주 바라나－이－ (다) 다 온맘다
마 다순종하며 주 따르오－리－

해 사랑합 니다－ 온맘다 해 주알기 원 하네 내모든

삶 당신것 이니－ 주만섬 기 －리 온 맘 다 해

메들리 곡

346/ 온 맘 다해 주 사랑하라   347/ 완전하신 나의 주   514/ 주님께 감사해

주님만 주님만 사랑하리

(주님만 사랑하리 / It is You)

363

Pete Sanchez Jr.

주님 만 주님 만 주님 만 사랑 하 리 나의

왕 나 의 주님 주 님을 더욱 알 기 원해

나 주님 께 오직 주 께 경 배 하 네

거룩 거룩 존 귀 존귀 하신 주

사 랑 합 니 다 -

F

메들리곡   336/ 아버지 사랑합니다   346/ 온 맘 다해 주 사랑하라   366/ 주를 찬양하며

364 주님의 사랑이 이곳에

(주님 사랑 온누리에)

채한성

주 님의사랑이 - 이 곳에 가득하기를 - 기도합- 니 다
님의은총이 - 이 곳에 가득하기를 - 기도합- 니 다

주 님의 평화가- 우 리들가운데 -에 있기를원합니 다 주 다
주 님의 기쁨이- 우 리들가운데 -에 있기를원합니

때 로는지치고 - 때 로는곤해도 - 주만을바라보면 서 -

세 상의고통이 - 내게닥쳐와도- 주만을사랑하리라 - -

주 님의축복 이 - 이 곳에넘쳐나기를- 원 합 - 니 다

주 님의사랑이 - 이 곳에 가득하기를 - 기도합- 니 다

 메들리 곡 34/ 사랑하는 나의 아버지 374/ 하나님은 너를 만드신 분 365/ 주님의 영광이

주님의 영광이 임하여서

365

김진호

주 님 의 *영 광 이 　－ 임 하 － 여 서

나 － 의 　영 혼 이 　－ 힘 을 얻 － 었 네

오 나 의 　영 혼 아 　－ 빛 을 발 － 하 라

오 나 의 　영 혼 아 　－ 빛 을 발 하 　라

* 2. 성령이　3. 능력이　4. 사랑이
5. 기쁨이　6. 권능이　7. 은총이

F

366 주를 찬양하며

(I just want to praise You)

Arthur Tannous

주 예수 기뻐 찬양해

(Celebrate Jesus)

Gary Oliver

368 주의 말씀 앞에 선

김한규 & 강명식

주의 말 씀앞 - 에 선 -   당신 은 참된 - 예 배 - 자   그토
주의 부 르심 - 따라 -   당신 의 삶을 - 드 릴 - 때   세상

록 찾으 - 시 던 -   하 - 나 님의 - 기 쁨 -   이 -
은 당신 안 에 서 -   주의 영 광보 - 리 라 -   이 -

세상을 - 향한 - 거룩한 생 명빛 - 되어 -   이 - 세상을 - 위한 - 구원의
세상을 - 이길 - 주님의 군 - 사 - 되어 -   이 - 세상을 - 섬길 - 주님의

소 - 망 - 되어 -   영원 한 하나님의 나라 -   함께세 워 - 가 리
손과발 - 되어 -

주 임재하시는 곳에

(I love to be in Your presence)

369

Paul Baloche & ED Kerr

주 임재하 -시는곳 -에 - 우리 함 -께 - 찬양하

--리 일 어 나기-쁨으로 - 소리 높 - 여찬 --양해

3rd Time To Coda

- 주 - 내영혼 노래하 -며 춤추게 하시네 -

기쁨의 이유되시는 - 주님 - - - - 주 - 두손을

D.S.

——— 들고서 ——— 소리 높 - 여찬 --양해 -

F

370

지극히 높은 주님의
(여호와의 유월절)

조영준

지극히높은 주 님의 　 나지성소로 들 어갑－니 다

－ 세상의신을 벗 고서 　 주보좌앞에 엎 드 리 리

내주를향한 사 랑과 　 그신뢰가사 그 러져－갈 때

－ 하늘로부터 이 곳에장 막 이덮 이 네 － 　 이곳을덮으

소서 　 이곳을비추 소 서 　 내안에무 너 졌 던모 든소

－망 다회복하리 － 니 　 이곳을지나 소 서 　 이곳을만지

소서 　 내안에죽어 가 는모든예 － 배 다살아나리 －라

지금껏 내가 한 일이
(눈물의 참회록)

김석균

1. 지금 껏 내가 한일 이 주를 위 한일이었는 지
2. 한평 생 주를위하 여 변함 없 이살 - 겠다 던
3. 오늘 도 복음을들 고 쉼 - 없 이다 - 녔지 만

지나 간 세월 돌 이켜 주님 앞 에아 - 룁니 다
베드 로 같은 믿 음이 내게 도 - 있었습니 다
성령 의 불같 은 인도 믿음 없 이전 했습 니 다

이한 몸 주를 - 위하 여 목숨 버 린다 - 했으 나
그러 나 지금내맘 속 엔 허영 과 교만 - 만있 고
육신 의 곤고함더 하 여 복음 의 사 명약 했으 니

주의영광 - 뒤로하 고 나의 자 랑앞세웠으 니
주님지신 - 십자가 는 짐이 된 다벗었습니 다
아버지여 - 연약한 종 어찌 해 야하 - 오리 까

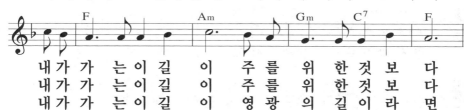

내가 가 는이길 이 주를 위 한것보 다
내가 가 는이길 이 주를 위 한것보 다
내가 가 는이길 이 영광 의 길이라 면

예수 이 름만파 - 는 가롯 유 다와 같습니 다
율법 만 앞세우 - 는 바리 새 인과 같습니 다
바울 과 같은믿 음을 내게 도 허락 - 하소 서

372 짐이 무거우냐

(예수께 가면 / Reach Out to Jesus)

Ralph Carmichael

참참참 피 흘리신

(성령의 불길)

373

김용기

F

참 참 참　　피 - 흘리신　　예 수 의사 랑안에　　서
참 참 참　　들 - 려오는　　구 원 의큰종소리　　에

주 님 의　　십 자 가따라　　생 명 을바 치겠느 냐
복 음 을　　전 파하 려면　　희 생 을각 오하느 냐

복 음 의　　불 길오 른다　　다 같 이일 어나거 라
구 원 은　　성 도들 의것　　진 리 로거 두리로 다

영 광 의　　주 님의 나라　　다 같 이참 예하여 라
우 리 는　　천 국에 가서　　영 생 의꽃 이되리 라

성 령의 성령의불 길　　성 령 불이야　　성 령의 성령의불 길

성 령 불 이 야　　온 천 하　　세 계만 방에

퍼 치 자성령의불 길　　퍼 치 자성령의 불 길

374 하나님은 너를 만드신 분

(그의 생각*요엘에게)

조준모

하나님의 사랑 주님의 눈물 375

최지호

하 나님의 - 사랑 주님의 - 눈물 온세상위하 - 여
이 천년전 - 하늘 보좌버 - 리고 이땅에오신 - 주

잃어버린영혼찾아 오신주님 - 지금도우리를 - 사랑
하나님어린양되사 생명주며 - 이를

증거하라 - 하시 - 네 나는믿네 거저받은

귀한사랑 - 그누가대신하리 - 요 나의생

명 다할때까 - 지 - 그사랑을전 - 하리라

F

메들리 곡   336/ 아버지 사랑합니다   351/ 우리는 주의 백성   364/ 주님의 사랑이

왕되신주 - 오주 - 님내 - 가나 - 아갑 - 니 다 -

오주 - 님내 - 가나 - 아갑 - 니 다 -

112/ 나를 지으신 이가   322/ 나 주님의 기쁨 되기   347/ 완전하신 나의 주

F

형제의 모습 속에 보이는   377

미가엘
1233

박정관

형제의 모습 속에 보이는   하나님 형상 아름다워 - 라
우리의 모임 중에 임하신   하나님 영광 아름다워 - 라

존 귀한 주의 자녀 됐 으니 사랑 하며 섬 기 리
존 귀한 왕이 여기 계 시니 사랑 하며 섬 기 리

136/ 사랑의 주님이   241/ 당신은 하나님의 언약안에   336/ 아버지 사랑합니다

378 반드시 내가 너를

미가엘 1288

박이순

반드시내가너를 축복하리 라　반 드시내가너를 들어쓰리라

천 지는변 해도 나의 약속은　영 원히변치않으 리　두려
세 상의소 망이 사라 졌어도　온 전히나를믿으 라　두려

워 말 라 강하고담 대 하 라　낙 심 하 며　실망치말라
워 말 라 강하고담 대 하 라　인 내 하 며　부르짖으라

낙 심 하 며　실망치말라 실 망 치 말 라 －
인 내 하 며　부르짖으라 부 르 짖 으 라 －

네 소원이루는날 속 히오리니　내 게 영광돌리 리
영 광의그 －날이 속 히오리니　내 게 찬 양하리 라

네 소원이루는날 속 히오리니　내 게 영광돌리 리
영 광의그 －날이 속 히오리니　내 게 찬 양하리 라

메들리 곡　334/ 성령 받으라　337/ 성령 충만으로　373/ 참참참 피 흘리신

사막에 샘이 넘쳐 흐르리라 379

히브리민요

사막에 샘이넘쳐　흐 - 르리라 사막에 꽃이 피어　향내 내리 라
사막에 숲이우거　지 - 리 - 라 사막에 예쁜 새들　노래 하리 라

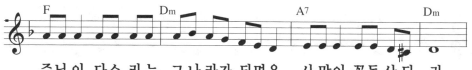

주님이 다스 리는 그 나 라가 되면은　사 막이 꽃동 산 되　리
주님이 다스 리는 그 나 라가 되면은　사 막이 낙원 되 리　라

사 자 들 이　어린양과 뛰놀고　어린이 들　함께 뒹구는
독 사 굴 에　어린이가 손넣고　장난 쳐 도　물지않 - 는

참 사 랑 과　기쁨의그나라가　이 제 속히오리　라
참 사 랑 과　기쁨의그나라가　이 제 속히오리　라

F

메들리곡　378/ 반드시 내가 너를　382/ 저 성벽을 향해　559/ 여호와 이레 채우시네

380 알았네 나는 알았네
(That's for me)

Geir Knutson & Kurt Kaiser

1. 알았네 나는 알았네 이젠더 피하지않으리
2. 알았네 나는 알았네 잿빛생활에지쳤음을
3. 알았네 나는 알았네 이젠더 피하지않으리

나의 모든것 주께 맡겼네 기쁜 날 이었도 다
세상 쾌락을 찾아 봤으나 고통 뿐 이었다 네
그가 내게와 나를 구했네 기쁜

삶 은의미 없고 안 식 없었 네

이 젠 너무나 달라 나에 게 새삶임했 네 —

날 이 었 도 다 —

이것을 너희에게

(담대하라)

문찬호

이것 을 너희에게 이름은 너희로 내안에 서 평안
을 너희에게 이름은 너희로 내안에 서 사랑

을 영원토 록 누리 게 하려 함이 라 이것

라 세상에 서 너희 가 환난 을 당하 나 담대하

라 세상 을 이기 었 노라하시 니 라 이것

을 너희에게 이름은 너희로 내안에 서 축복

을 영원토 록 누리 게 하려 함이 라

F

메들리 곡 99/ 하나님 우리와 함께 하시오니 378/ 반드시 내가 너를 380/ 알았네 나는 알았네

382 저 성벽을 향해

(Blow the trumpet in Zion)

1045

Craig Terndrup

저 성벽을향해 전진하라 주님이우 리

대장되신다 저 대장되신다 주 가 명령하 네 강

한 군 사 들 아 주 가 명령하 네 강

한 군 사 들 아 나 팔 소 리 시 온 성 에

크 게 울 려 거 룩 한 성 에 나 팔 소 리 시 온 성 에

울 — 려 라 라

 메들리 곡
383/ 주께서 전진해온다 384/ 주님과 담대히 나아가 560/ 온 땅이여 주를 찬양

주께서 전진해 온다

(For the Lord is marching on)

383

Bonnie Low

주께서 전진해 온다 그의 강한 승리의 군대—

그의 영광찬란 하게 비치— 네

찬양 하세 승리의 노래 주찬 양 승리의 찬양

누가 당 할손 가 주님의 군— 대

우리 대장되신 구주 예수 나 주님의뒤따 르면 누가

당 할손 가 주님의군 대 우리 대

F

384 주님과 담대히 나아가
(The victory song)

Dale Garratt

주님 과 -담대히 나아가 원수 를 -완전히 밟아이 겨승리

를 -외치며 찬양하세 - 그리스도 나의 왕 승

리 -를주신 하나님 백 성 -구원했 네 말

씀 -으로무찌 르니 - 온세 상 일어나 보리주님

왕 그리스도 나의 왕 그리스도 나의 왕

메들리 곡   382/ 저 성벽을 향해   383/ 주께서 전진해온다   561/ 우리가 주님의 음성을

감사해 시험이 닥쳐올 때에　385

(감사해 / Thank You Lord)

Dan Burgess

감-사 해 - 시험이닥 쳐 올 때에

주께서인 도 하 시니 - 두려움 없 네

또감사-해 - 고통이찾 아 올 때에

주께서지 켜 주 시니 - 승리하리 라

나의모 든 생 활속 에 서 주님이 함 께하 시

네 주님의 성령 나 를인 도하시 리

시험이 나 를찾 아 올 때주님 지 켜주 시

리 주님의 성령 나 를 인 -도하시 리

G

갈급한 내 맘

배 드-려요 - 　주사랑 해-요- 　영원히찬

-양 해-예-수- 신령과진-정으-로 경-배드-려요

1. C G D Em C　2. C²　Am⁷　G/B　C

예 수이름 - 높 이올려-드리 - 세

D　Am⁷　G/B　C　D.S.al Coda　G

한목 소리로 - - 소리높여 - 모두외치 - 세-

G

387

거룩한 주님의 성전에

(새 노래로)

김준영 & 박찬민

거룩 한　　주님의성 - 전에모 - 인 백 - 성 - 들 -　　와서경
보 좌 에　　앉으신어 - 린 양께 - 찬 송 - 하 - 라 -　　모든민

- 배 - 해 -　　주님 께 -　　영 광 돌 - 리 리 - 라 -
- 족 - 이 -　　그 분 께 -　　영 광 돌 - 리 리 - 라 -

주님 의　　일들을놀 - 랍고길 - 은 참 - 되도다 -　　모든자
수금 과　　비파로공 - 교이주 - 를 높 - 이어라 -　　소리높

- 녀 - 들 -　　기 뻐즐 - 거워하 - 네 -
- 여 - 서 -

새　　노래로찬 - 양 -

찬 양 해　　한 - 목 - 소 리 로 -　　새노래로

거룩한 주님의 성전에

388 거룩 거룩 거룩하신 주
(Holy, holy, holy is the Lord)

1. 거 - 룩   거 - 룩   거 룩하신 주
2. 존 - 귀   존 - 귀   존 귀하신 주
3. 예 - 수   예 - 수   예 수나의 주
4. 영 - 광   영 - 광   영 광의주 님

전 능하신 하   나 님 - -   - 어제

도 계셨 고 오늘 도 - 계시 며   이제곧

오 - 실   거 룩 하 신 주   -

메들리 곡   391/ 경배하리 주 하나님   410/ 내가 주인 삼은   412/ 내 눈 주의 영광을

겟세마네 동산에서

389

조용기 & 김주영

G

1. 겟 세 마 네 동 산 에 서 서 기 도 하 실 – 때
2. 빌 라 도 의 뜰 에 서 서 가 시 관 쓸 – 때
3. 빌 라 도 의 군 인 들 이 때 린 채 찍 – 에
4. 골 고 다 의 십 자 가 에 달 리 신 주 – 님

주 님 의 땀 방 울 은 – 피 로 변 했 네네
주 님 의 온 얼 굴 은 – 피 로 젖 었 네네
찢 어 져 피 로 물 든 – 주 님 등 어 리
손 과 발 옆 구 리 에 – 입 은 상 처 로

하 온 인 님 을 거 역 – 한 나 를 위 하 여고
온 인 류 의 저 질 주 병 – 를 속 하 시 려 고니
온 인 류 의 질 병 – 을 속 하 셨 으 니
온 몸 의 물 과 피 – 를 다 흘 리 셔 서

순 종 의 속 죄 피 – 를 흘 러 주 셨 네
저 주 의 가 시 채 – 로 관 을 쓰 셨 네네
치 료 의 강 물 에 – 서 넘 쳐 흐 르 네
멸 망 의 죽 음 에 – 서 날 건 지 셨 네

아 아 아 아 주 의 사 랑 깊 고 크 셔 – 라

내 – 영 혼 에 파 도 처 럼 메 아 리 쳐 온 – 다

390 경배하리 내 온 맘 다해

(You're Worthy of My Praise)

David Ruis

경배하리 내 온 맘 다해

님 의 길 을 – – 나 따 라 – 가 – – 리 – –
의 지 하 리 – – 주 만 의 지 – 하 – – 리 – –

주 님 의 길 을 – 따 라 가 – 리 –
주 의 지 하 리 – 의 지 하 – 리 –

주 님 만 – 을 경 배 – 하 – 리 주 님 만 – 을

찬 양 – 하 – 리 – 찬 양 받 – 기 합 당 – 하 – 신

존 귀 하 – 신 주 만 높 – 이 – – 리 –

391 경배하리 주 하나님

(I Worship You Almighty God)

Sondra Corbett

736

경 배 하 리 주 하 나 님 　 전 능 하 신

주 　 경 배 하 리 평 화 의 - 왕

- 주 를 사 랑 합 니 다 찬 양 하 세

- 누 가 주 와 같 으 리 - 경

배 하 리 주 하 나 - 님 　 전 능 하 신 주

메들리곡　398/ 나는 주를 작게 보았네　400/ 나 약해 있을 때에도　402/ 나의 가는 길

그리 아니하실지라도

392

안성진

그 리 - 아니 하실 지라 도 　 감 사 해
그 리 - 아니 하실 지라 도 　 사 랑 해

요 　 주님 뜻을 　 믿기 때문 이죠 -
요 　 합 력 해서 　 선을 이루어요 -

언 제나 　 나를향 - 한 　 신실 한 사랑 -

우리를향한 　 그크신 사 랑 -

우 리가 　 함께 높이며 　 주를 찬 양 해 -

할렐 루 야 　 하 나 님께 영광 -

G

393 기도하자 우리 마음 합하여

Maori Tune

1. 기 도 하 자 우 리 마 음 합 하 여 — —
2. 찬 송 하 자 우 리 모 두 주 님 께 — —
3. 걸 어 가 자 하 늘 영 광 저 문 을 — —
4. 바 라 보 자 주 님 계 신 천 국 을 — —

기 도 하 자 우 리 마 음 합 하 여 — —
찬 송 하 자 우 리 모 두 주 님 께 — —
걸 어 가 자 하 늘 영 광 저 문 을 — —
바 라 보 자 주 님 계 신 천 국 을 — —

할 렐 루 야 아 — 멘 — 할 렐 루 야 아 — 멘 —

기 도 하 자 우 리 마 음 합 하 여 — —
찬 송 하 자 우 리 모 두 주 님 께 — —
걸 어 가 자 하 늘 영 광 저 문 을 — —
바 라 보 자 주 님 계 신 천 국 을 — —

메들리 곡   392/ 그리 아니하실지라도   394/ 기도할 수 있는데   411/ 내게 강 같은 평화

기도할 수 있는데

394

고광삼

기도 할 수 있는 데 왜 - 걱 정하 십니 까
할 수 있는 데 왜 - 실 망하 십니 까

기도 하 면서 왜 염 려 하십니 까 기도 까
기도 하 면서 왜 방 황 하십니

주님 앞에 무릎 꿇고 간 구해 보세 요

마 음을 정결 하게 뜻을 다 하 여

기도 할 수 있는 데 왜 - 걱 정하 십니 까

기도 하 면서 왜 염 려 하십니 까

395

기뻐하며 왕께
(Shout for joy and sing)

David Fellingham

기 뻐 하 며 왕 께 노 래 부 르리 - 소리

높 여 할 렐 루 야 부 르리 - 주님

앞 에 나 와 찬 양 드 리며 - 우리

주 님 과 함 - 께 기 뻐 하 리라 - 나의 창조

- 자 나 의 구 원 - 자 - 가 장 귀한

나 의 예 수 님 - 찬 양 합 니 - 다 - 나 의 치료

- 자 - 나 의 선 한 목 자 되 - 신 주 - 예 수

나 의 주 찬 양 하 리 -

나 기뻐하리

(I Will Rejoice)

396

Brent Chambers

나 기뻐하리 – 나 기뻐하리 –

나 기뻐하리 –나 주 안–에 –서 –기 뻐 하–리 –라 –

–기 뻐 하 –리 –라 – 1. 원　　수가 나를 –무 너 뜨
2. 환　　경에 지 배 –를 받 지

– 리 려 고 – 내　마 음 에 속 –삭 –였 –
–않 –고 – 내　팔 의 힘 과 –목 –소 –

네　내 영 이 깨 어 –넘 어　지 지 않 고 나 의
리　느 끼 는 감 정 –과 상　관 없 이 –내 마

믿 음 의 고 –백 이　원 수 를 –묶 네 –
음 기 뻐 하 – 기 로　결 심 을 –했 네 –

397 나는 주님을 찬양하리라

(I Will Celebrate)

Rita Baloche

나는 주를 작게 보았네 398

(광대하신 주님 / Be Magnified)

Lynn DeShazo

G

399 나는 주만 높이리
(Only A God Like You)

Tommy Walker

나는 주만 높-이 리 - 결코 내 맘 변-치 않 - 네 - 세상

모 든 권-세 모 - 든 영-광 십 - 자가 앞에 다 버 - 리 고 - 나의

충 성과-내 헌 - 신 - 내모든 소 망오-직 예 - 수 - 나무

에 달려-죽으 - 신그-분께 -

오직우 리주--께 - 내믿음 - 소망찬양 받기 - 합당한분 또

오직 만왕 - 의왕께 - 엎드려 - 경배하며 모 - 두드리리

-두드리리 나 를지으시-고 아버-지되시-며 나를구원하 -사하늘

나는 주만 높이리

-의 상 주 -실 오 직 우 리 주 -님 께 -나 찬 양 하 리 -   -

오 직 우 리 주 -께   오 직 우 리 주 - 께   오 직 우 리 주 - 께 -

G

400 나 약해있을 때에도

(주님 만이)

조효성

나 약해있을때 에 도 주 님은함께계 시 고
시험당할때 에 도 주 님이지켜주 시 고

나 소망잃을때 에 도 주 님은내게오 시 네 나
실망당할때 에 도

님이위로하 시 네 주 님 만- 이

내 힘이시 며 오 주 님 만- 이

날 도우시 네 오 나의주- 님 내 아버 지

여 오 나의주- 님 내 사랑이 여

나의 사랑 나의 생명

(나의 예수님)

401

최대성

나의사랑 나의생 명 나의예 수 님 -

영원토 록 정성다해 사 랑 합니 다 -

나의 힘 되신 여호와여 내가사 - 랑 합니 다

영원토 록 정성다해 사 랑 합니 다 -

영 원 토 - 록 정성다 - 해 사 - 랑 합니 다 -

메들리곡

389/ 겟세마네 동산에서 391/ 경배하리 주 하나님 398/ 나는 주를 작게 보았네

402 나의 가는 길

(주님 내 길을 / God will make a way)

Don Moen

나의 가는 길

막 에강 – 만 드 – 신 것 – 보라 –

하늘과땅 – 변 해 – 도 주 의 말씀영 – 원 히 – 내

삶 속에 – 새 일 을행 – 하 리 – –

G

메들리 곡 400/ 나 약해 있을 때에도 410/ 내가 주인 삼은 412/ 내 눈 주의 영광을

403 나의 슬픔을
(Mourning into Dancing)

Tommy Walker

나 의 슬픔 -을 주 가 기쁨-으로 변 화시-키시 네

잠 잠 할수 없-네 기 뻐 춤추며 찬양 해

상 처 뿐 인 내-영-혼 - 위 로 해주-셨-네 -

고 통 중 에 있-을-때 - 주님 평 안주-셨-네 -

주 사랑 어둠이-김-을 - 나는-느 끼 네 - -

주 의빛 비 쳐주-시-니 - 내마음 기뻐- 주 찬양하 네

때론 주님 - 분노 하실지라-도 -

주 의 은 혜 와 사-랑 - 나 의 평생에 내 게 임하네

날 사랑하신 주님의

404

박철순

날사랑하 신 – 주님 의그 큰사 랑 으로–

내안에계 신 – 예수 님의그사 랑 으로–

당신을 사 랑합니 다 - - - - - -

당신을 축 복합니 다 –

나의힘으 로 – 당신을 사랑할–수없 –네–

나의가진모 –든것–으로 당신을축복할 –수없–지만

– 주님이주 –신– 크고도 놀라우신– 그사랑으로

당신을 사 랑합니 다 – 축복합니 다 –

405 나의 왕께 찬양해

(Victory Chant)

Joseph Vogels

나의 왕께 찬양해

주님은 ─유다의사자　　　전 능하 ─신 주찬 양

주님은 ─유다의사자　　　놀 라우 ─신주찬양

G

406 낮엔 해처럼 밤엔 달처럼

최용덕

낮 엔해처럼 밤 엔달처럼 그렇 게 살 순없을까 -
예 수님처럼 바 -울처럼 그렇 게 살 순없을까 -

욕 심도없이 어둔세상비추 어 온전 히 남을 위 해살듯이 -
남 을위하여 당신들의온몸을 온전 히 버리 셨 던것처럼 -

나 의일생에 꿈 이있다 면 이땅에 빛과 소 금되 어 -
주 의사랑은 베 푸는사 랑 값없이 그저 주 는사 랑 -

가 난한영혼 지 친영혼을 주님 께 인도 하 고픈 데 -
그 러나나 는 주 는것보다 받는 것 더욱 좋 아하 니 -

나 의욕심 이 나의못 난자아 가 언제 나 - 커다란짐되 어 -
나 의입술 은 주님닮 은듯하 나 내맘 은 - 아직도추하 여 -

나 를짓눌 러맘을 곤고케하 니예수 여 나를 도 와주소 서 -
받 을사랑 만계수 하고있으 니예수 여 나를 도 와주소 서 -

Words & Music by 최용덕 Copyright ⓒ by CAIOS, All Right Reserved, Used by permission.

내가 주를 위하여
(주의 영광 위하여)

이희수

1. 내가 주 를위하 - 여 주의 영 광위 - 하 - 여
2. 나는 주 님때문 - 에 주의 사 랑인 - 하 - 여
3. 주께 모 두드리 - 리 주의 사 업위 - 하 - 여

내가 주 를위하 - 여 주의 영 광위하 - 여
나는 주 님때문 - 에 주의 사 랑인하 - 여
주께 모 두드리 - 리 주의 사 업위하 - 여

이몸 주 께드리 - 리 나의 일 생다 - 가도 록
오직 주 만따르 - 리 나의 생 명다 - 하도 록
내것 모 두드리 - 리 당신 내 게주신것이 니

내가 주 를위 - 하 - 여 주의 영 광위 하 - 여
나는 주 님때 - 문 - 에 주의 사 랑인 하 - 여
주께 모 두드 - 리 - 리 주의 사 업위 하 - 여

G

389/ 겟세마네 동산에서   400/ 나 약해 있을 때에도   402/ 나의 가는 길

408 내가 먼저 손 내밀지 못하고

(오늘 나는)

최용덕

내가먼저손내밀지 못 하고 -　　내가먼저용서하지 못- 하고 -
내가먼저섬겨주지 못 하고 -　　내가먼저이해하지 못- 하고 -

내가 먼저웃음주지 못 하고 - 이렇 게 머뭇거리고있 네
내가 먼저높여주지 못 하고 - 이렇 게 고집부리고있 네

그가 먼저손내밀기 원 했고 -　　그가먼저용서 하길 원- 했고 -
그가 먼저섬겨주길 원 했고 -　　그가먼저이해하길 원- 했고 -

그가 먼저웃음주길 원 했네 - 나 는 어찌된사람인 가
그가 먼저높여주길 원 했네 - 나 는 어찌된사람인 가

오 - 간교한 나의입술이여-　　오 - 옹졸한 나의마음이여-
오 - 추악한 나의욕심이여-　　오 - 서글픈 나의자존심이여

왜나의입은- 사랑을말하면서- 왜나의맘은- 화해를말하면서-

내가 먼저 손 내밀지 못하고

왜 내가먼저 - 져줄수없 는가 - 왜 내가먼저 - 손해볼수없 는가 -

오 - 늘 나 는 오 늘 나 - 는

주 님 앞 에 서 - 몸 둘 바 모 르 - 고 이 렇 게 흐 느 끼 며 서 있 네

어찌 할 수 없는 이 맘을 - 주 님 께 - 맡 긴 채 로

G

409 내가 무엇을 자랑하고

(하나님의 열심)

오택주

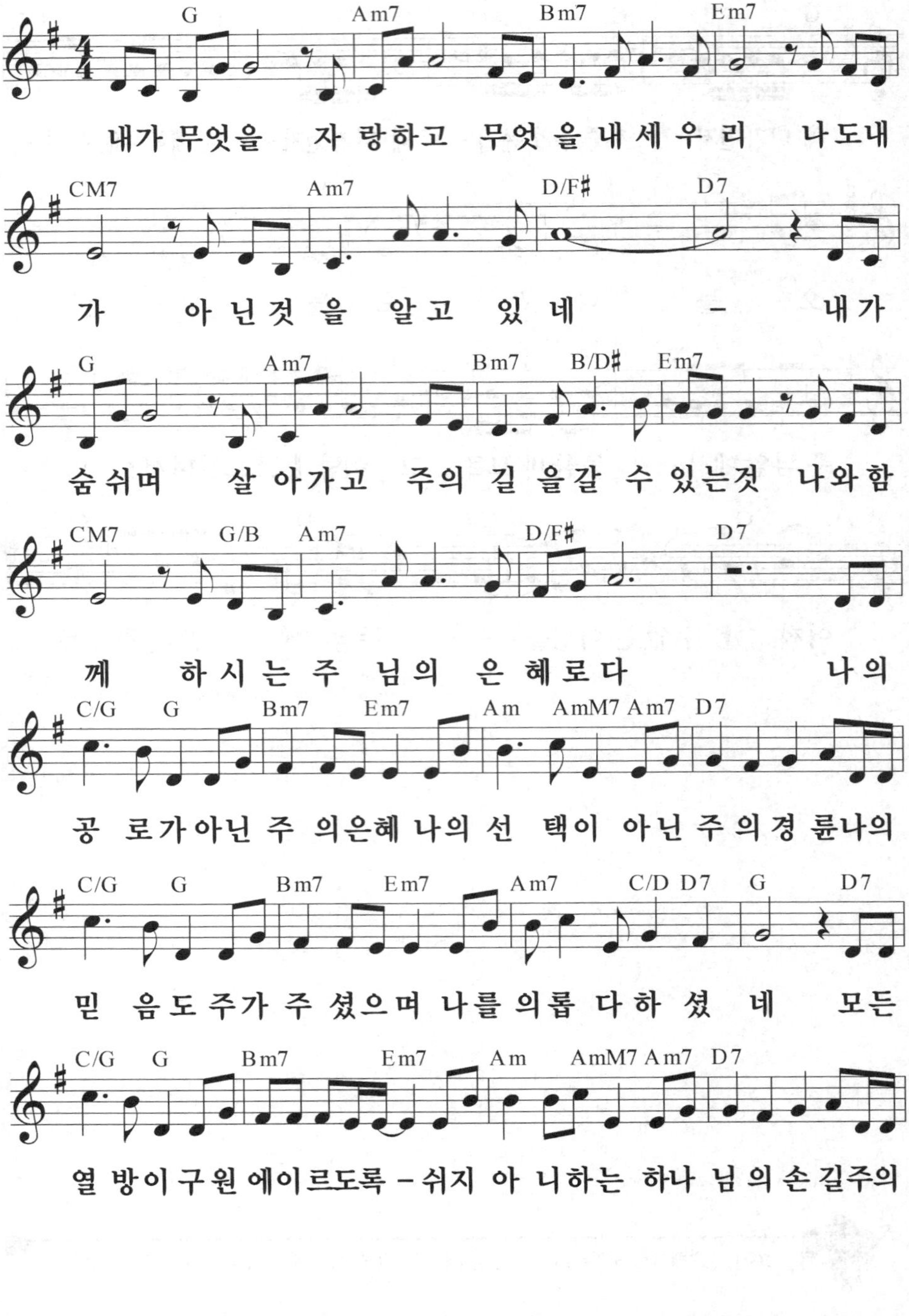

G Am7 Bm7 Em7
내가 무엇을 자 랑하고 무엇 을 내 세 우 리 나도내
CM7 Am7 D/F# D7
가 아 닌 것 을 알 고 있 네 – 내가
G Am7 Bm7 B/D# Em7
숨 쉬 며 살 아 가 고 주 의 길 을 갈 수 있 는 것 나 와 함
CM7 G/B Am7 D/F# D7
께 하 시 는 주 님 의 은 혜 로 다 나 의
C/G G Bm7 Em7 Am AmM7 Am7 D7
공 로 가 아 닌 주 의 은 혜 나 의 선 택 이 아 닌 주 의 경 륜 나 의
C/G G Bm7 Em7 Am7 C/D D7 G D7
믿 음 도 주 가 주 셨 으 며 나 를 의 롭 다 하 셨 네 모 든
C/G G Bm7 Em7 Am AmM7 Am7 D7
열 방 이 구 원 에 이 르 도 록 – 쉬 지 아 니 하 는 하 나 님 의 손 길 주 의

내가 무엇을 자랑하고

영 광을 위해 일 하시는- 여호 와의 열심 을찬 양 해

모든 만물은- 주를 찬양 하여라   기뻐하- 고즐거워- 하

라   모든 영광과 존귀   지혜와감 사찬 송 을 -영원

세세토록 돌릴지 어 다   -   모든 열 방이 구원

에이 르도록 – 쉬지 아 니하 는 하나 님 의손 길주의

영 광을 위해 일 하시는- 여호 와의 열 심을찬 양 해

G

메들리 곡   406/ 낮엔 해처럼   407/ 내가 주를 위하여   408/ 내가 먼저 손 내밀지 못하고

410 내가 주인 삼은

전승연

내가 주인삼은 - 모든 것 내려 놓고 - 내

주되신주앞에 나가 - 내가사랑했던 - 모든것

내려놓고 - 주님만사 랑해 -

내가 - 주사랑 거친풍랑에도 - 깊은

바다처럼 - 나를잠잠케해 - 주사랑 내영

혼의반석 - 그사랑위에 - 서리 -

메들리 곡 391/ 경배하리 주 하나님   398/ 나는 주를 작게   400/ 나 약해 있을 때에도

내게 강 같은 평화

(Peace Like A River)

411

Tranditional

1. 내게 강 - 같 은 평화 내 게 강 - 같 은 평화
2. 내게 바 다 같 은 사랑 내 게 바 다 같 은 사랑
3. 내게 샘 - 솟 는 기쁨 내 게 샘 - 솟 는 기쁨

내 게 강 - 같 은 평 화 넘 치 네 　 －
내 게 바 다 같 은 사 랑 넘 치 네 　 －
내 게 샘 - 솟 는 기 쁨 넘 치 네 　 －

내 게 강 - 같 은 평 화 내 게 강 - 같 은 평 화
내 게 바 다 같 은 사 랑 내 게 바 다 같 은 사 랑
내 게 샘 - 솟 는 기 쁨 내 게 샘 - 솟 는 기 쁨

내 게 강 - 같 은 평 화 넘-치 네 　 －
내 게 바 다 같 은 사 랑 넘-치 네 　 －
내 게 샘 - 솟 는 기 쁨 넘-치 네 　 －

G

메들리곡　393/ 기도하자 우리 마음　　395/ 기뻐하며 왕께　　424/ 누구든지 목마르거든

412 내 눈 주의 영광을 보네

(모든 열방 주 볼 때까지)

고형원

섬기게 하소서 - 모든 나라 일어나 - 찬송부르며 -

영광의 주님을 - 보게하 - 소 서 주의

D.S

사모합니다

(Father I Adore You)

413

Terrye Coelho

1. 사 모 합 - 니 다 몸 과 마 음 을
2. 사 모 합 - 니 다 뜻 과 정 성 을
3. 사 모 합 - 니 다 신 령 과 진 정

다 해 우 리 하 나 님
다 해 우 리 예 수 님
으 로 우 리 성 령 님

414 내 모든 삶의 행동 주 안에

(Every Move I Make)

David Ruis

내 모든 삶의 행동 주 안에   주님 안-에 있네 나의 숨 쉬는 순간들 도

내 모든 삶의 걸음 주 안 에 -내 길 도- 주 안에 나의 숨 쉬는 순간들 도

랄 라라라-라라   랄 라라라-라라   자 비 와 은 혜 의 물 결

어 디 서 나 주 -   얼굴-보네 -주 사랑 날 붙 드 네

오 놀 라 운 주 -님 의 사 랑   -

내 사랑하는 그 이름

(복된 예수)

A.H. Acley

1. 내 사랑하 는 그이름　　예 수 복된 예 수
2. 내 맘 에계 신 그이름　　예 수 복된 예 수
3. 주 예비하 신 하늘집　　예 수 복된 에 수

내 귀에음 악 같도다　　예 수 복된 예 수
내 눈에눈 물 씻기는　　예 수 복된 예 수
내 구 원하 신 그이름　　예 수 복된 예 수

아 귀하 다 그의이 름 갈보리 산 의어린 양

귀 한생 명 버리셨 네　　예 수 복된예 수

G

메들리 곡　388/ 거룩 거룩 거룩하신 주　389/ 겟세마네 동산에서　416/ 내 손을 주께 높이

416 내 손을 주께 높이 듭니다

(찬송의 옷을 주셨네)

박미래 & 이정승

내 손을주께높이 듭 니 다 내 찬양받으실주 님
라라라라라라 라 라라라라 라라라라라라라 라

내 맘을주께활 짝 엽 니 다 내 찬양받으실 주 님
라 라라라라라라 라 라라라라 라라라라라라 라

슬 픔 대신희락 을 재 대 신 화 관 을

근 심 대신찬송 을 찬 송 의옷을주셨네 라

내 영혼의 구세주

(Saviour Of My Soul)

417

Kathryn Kublman

내영 혼 의 구 세 주 - - - - 내
나의 생 명 되 신 주 - - - - 내

예 수 내 구 - - - 주 내영혼 의 구 세
예 수 내 구 - - - 주 나의 생 명 되 신

주 - - - - 그는 나 의 구 세 주 -
주 - - - - 그는 나 의 구 세 주 -

예 수 예 수 예 수

예 수 - 내영 혼 의 구 세 주 - - -
예 수 - 내영 혼 의 구 세 주 - - -

- 그 는 나 의 구 세 주 -

메들리 곡   388/ 거룩 거룩 거룩하신 주   426/ 다 표현 못해도   427/ 당신은 영광의 왕

418 내 앞에 주어진
(날 향한 계획)

김준영 & 임선호

내앞에 - 주어진 - 매 일의삶을 - 살다가 - 보면
매순간 - 나에게 - 요 구하시는 - 작은믿 - 음들

그곳에 - 날 향한계획 - 섭 리가 - 있다네 -

지금여 - 기 - 계 시며 - 말씀해 - 주시는 - 하 나님 -

내삶에 - 역사 하 시는 - 신 실한 - 나의하

D.C. al Coda

- 나 님을 - 찬 양해 -

변함이없는 - 영 원한그사 - - 랑

어두운내삶 - 의 빛으로 -

메들리 곡   386/ 갈급한 내 맘   390/ 경배하리 내 온 맘 다해   403/ 나의 슬픔을

지금여 - 기 - 계 시며 - 말씀해 - 주시는 - 하나님 -

내삶에 - 역사하 시는 - 신실한 - 나의하 - 나님을 - 찬양해 -

모든 지각에 뛰어나신 419

(아무것도 염려치 말고)

방영섭

모든 지 각에 - 뛰 - 어나신 - 하나님 의평강 이

예 수안에서 - 너의마음과 - 너의생각을 지키 리 아무

것 도 너는 염려치말고 - 오 직 기도와 간구 로 하나

님 께 너의구할것 - 을 - 감 사 함으로아뢰라 -

420 내 인생 여정 끝내어

(예수인도하셨네 / Jesus led me all the way)

John W. Peterson

1. 내 인생여정끝내어 강 건 너언덕이를 때
2. 저 가시밭인생길을 나 허 덕이며갈때에
3. 내 밟은발걸음마다 주 예 수보살피시사

하 늘 문향해말하리 예 수인도하셨네
시 험 과환란많으나 예 수인도하셨네
승 리 의개가부르며 주 를찬송하리라

매 일 발걸음마 다 예 수 인도하셨네 나의

무 거운죄짐을모두 벗고하는말 예 수 인도하셨네

메들리곡   389/ 겟세마네 동산에서   407/ 내가 주를 위하여   442/ 보혈을 지나

너는 무엇을 보았길래

421

(믿음의 눈으로 보라)

주숙일

1. 너는 무엇을보았 길래　　그렇게도놀 라 느 - 냐
2. 너는 무엇을보았 길래　　그렇게도즐 거 워하냐

너는 무슨소리 들었 길래　　근심속에빠 졌 느 - 냐
너는 무슨소리 들었 길래　　발걸음이가 벼 우 - 냐

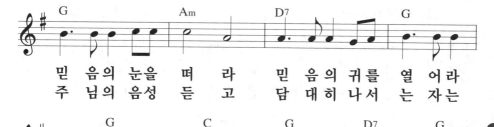

믿 음의 눈을 떠 라　　믿 음의 귀를 열 어라
주 님의 음성 듣 고　　담 대히 나서 는 자는

세상 모 든풍파 를 믿음 의 눈으 로 보 라
주의 권 능의팔 로 언제 나 지 - 켜 주 리

G

메들리곡 　391/ 경배하리 주 하나님　394/ 기도할 수 있는데　398/ 나는 주를 작게 보았네

422 너 주님의 가시관 써 보라

(주님을 찬양하라)

송명희 & 김석균

네 마음에 근심있느냐
(눈을 주님께 돌려)

423

Helen H. Lemmel

네 마음에 근심있 느 냐 어 둠길 로
저 죽음을 이기신 예 수 우 리들 도
주 말씀은 변치않 도 다 그 언약 을

행 하 느 냐 – 우 리 주 예 수 바 라 봄
따 릅 니 다 – 죄 의 권 세 를 물 리 치
의 심 하 랴 – 세 상 끝 날 이 이 를 지

으 로 밝은 – 빛 찾아오 리 –
려 고 주님 – 을 따릅니 다 –
라 도 그 구원은 성취되 리 –

눈 을 주 님께 돌 려 그 놀라운

얼 굴 보 라 – 주님 은 혜 영광 의

빛 앞에 세상 근 심은 사 라 지 네 –

424 누구든지 목마르거든
(내게로 와서 마셔라)

권재환

1. 누구 든 지 목마르거든 내 게로와 서 마 셔라
2. 누구 든 지 예수믿으면 구 원을얻으 리 로다
3. 누구 든 지 예수믿으면 영 생을얻으 리 로다
4. 누구 든 지 예수믿으면 기 쁨을얻으 리 로다

누구 든 지 목마르거든 내 게로와 서 마 셔라
누구 든 지 예수믿으면 구 원을얻으 리 로다
누구 든 지 예수믿으면 영 생을얻으 리 로다
누구 든 지 예수믿으면 기 쁨을얻으 리 로다

나 를믿 는 자는 - 성 경에이 름 과 같이

그 배 에서 생 수의강이 흘 러나 리 라

메들리 곡 393/ 기도하자 우리 마음 합하여 411/ 내게 강 같은 평화 431/ 마지막 날에

다 와서 찬양해

(Come On And Celebrate)

Patricia Morgan & Dave Bankhead

425

다 와서 찬양해- 사랑 을주 신주 찬양해-

사랑 의우 리주 - 님 - 생명주셨 네 -

소 리쳐 찬양해- 기쁨 을주시는 우리왕-

찬양 의제사 드 리며 - 주님께경 배 해

다 와서 찬양해- 찬 양해- 찬 양해- 주 님

1. 찬 양해- 주 님 우리 왕 -

2. 찬 양해- 주 님 우리 왕 -

387/ 거룩한 주님의 성전에   392/ 그리 아니하실지라도   395/ 기뻐하며 왕께

426

다 표현 못해도
(그 사랑 얼마나)

설경욱

다　표현 못해도- 나 표현하리라- 다 고백 못해도- 나-

고백 하리라- 다 알수 없어도- 나 알아 가리라- 다

닮 지 못 해도- 나- 닮아 가리라 - 다

닮아가리라 - 그사 랑얼마나- 아름 다운지- 그사

랑 얼마나 - 날 부요케 하는지- 그사랑 얼마나 - 크고

놀라운지를- 그사 랑 얼마나- 나를 감격하게하는 지

당신은 영광의 왕

(Hosanna to the Son of David)

427

Mavis Ford

당 신은영 광 의-왕　　당 신은평 강의 왕

당 신은하 늘 과 땅의주　　당 신은정 의의아 들

천 사가무 릎 꿇-고　　예 배하고 찬 양 하 네

영 원한생 명 말-씀　　당 신은예 수 그리스도 주

호 산나다윗의- 자 손-께　호 산나불러왕 중의 왕

높은하늘엔　　영 광-을 -　　예 수주메 시 야- 네

G

428 당신이 지쳐서

(누군가 널 위해 기도하네 / Someone Is Praying For You)

Lanny Wolfe

당신이 지쳐서 기도 할수 없 고 눈물
당신이 외로이 홀로 남 았 을때 당신

이 빗물 처럼 – 흘러내릴 때 주님은 아시
은 누구에게 – 위로를얻 나 주님은 아시

네 당신 의 약함 을 사랑으로 돌 봐주 시
네 당신 의 마음 을 그대홀 로 있 지 못 함

네 – 누군 가널위하 여 – 누군가
을 – 조용 히그대위 해 – 누군가

기 도하네 – 네가홀로 외로워서 – 마음

이 무너질 때 누군가 널 위 해 기 도 하 네 –

 메들리곡

394/ 기도할 수 있는데   420/ 내 인생 여정 끝내어   442/ 보혈을 지나

때로는 너의 앞에

(축복송)

429

송정미

G

430 마음속에 어려움이 있을 때

(그럼에도 불구하고)

조영준

마음속에어려움이 있을 때　마음속에 어려움이 있을 때

마음속에어려움이 있을때 주님 내게먼저오 – 사 내 맘을만지고

주님앞 에나아올 수 없을때　주님앞에나아올수 없을 때

주님앞 에나아올수 없을때 주님 날 먼저안 으시네　그

럼 에도불구하 – 고　날 사랑하 – 시는 – 내 하나님 – 의사랑은 – 나의

모든걸덮고 그 럼 에도불구하 – 고　날 안아주 – 시는 – 내

하나님 – 을부를때 – 아버 지라부르죠그　지라부 르죠

메들리 곡　401/ 나의 사랑 나의 생명　406/ 낮엔 해처럼　407/ 내가 주를 위하여

마지막 날에

이천

마 지 – 막 – 날 – – 에 – 내 – 가 –

나의 – 영 – 으 로 모 – 든 – 백 성

에 게 – 부 – 어 – 주 리 라 – –

자녀들 은 예 언할 – 것이요 청년들은 환 – 상 – 을보고

아비들 은 꿈 을꾸 – – 리라 주의영이임하 – 면 – – 면 –

성 령 – 이 여 – 임 – 하 소 서 –

성 령 – 이 여 – 우리에 게 임하소서 –

G

432 모든 민족에게

(모든 영혼 깨어 일어날 때 / Great awakening)

Ray Goudie, Dave Bankhead & Steve Bassett

모 든민 족 에게 - - 주 성 령부어주소서 - - -
모 든열 방 에게 - - 주 성 령부어주소서 - - -

하 나님 의 백성 - - 주 의말씀주시고 -
영 광중 에 오사 - - 주 경 외하게하시고 -

꿈 과환 상 주사 - 주의 비밀알리소서 - - -
크 신능 력으로 - 땅과 하늘흔드소서 - - -

우 리민 사 오니 - 하 늘이주의날선포 - 케 하소서 -
주 를기 다 리니 - 만 물이주의날을보 - 게 하소서 -

그 날 엔주 - 의영이 임하 여 - 큰부흥이 - 땅 위에일

- 어나리 라 모든영혼 - 깨어일 어날 때 - 주

예 수를 - 부르는 자 는 - 구 원되 리 - - -

모든 영광을 하나님께

(heavenly Father I appreciate You)

433

Anonymous

1. 모든 영광을 - 하나님 께 - 모든
2. 예수님 - 찬양 받으소 서 - 예수
3. 위로의 - 성령님이시여 - 위로

영광을 - 하나님 께 - 온
님 - 찬양받으소 서 - 죄
의 - 성령님이시여 - 우

맘과 - 뜻 다 - 해 주 사 모 합 니 다 모든
사 했 네 우 리 위 해 성 령 - 주 셨 네 예수
리 안 에 계 셔 - 서 늘 인 도 하 셨 네 위로

영광을 - 하나님 께 -
님 - 찬양받으소 서 -
의 - 성령님이시여 -

406/ 낮엔 해처럼   407/ 내가 주를 위하여   416/ 내 손을 주께 높이

434 목마른 사슴이 시냇물 찾 듯

(목자의 심정)

최훈차

1. 목 - 마른 사 - 슴이 시 냇물찾 듯
2. 험 산준령 헤 매이는 어 린양찾 아
3. 양 - 아흔 아 홉마리 그 보다더 욱
4. 목 - 자는 어 린양의 그 소리알 고
5. 어 린목자 내 주예수 이 몸부르 사

나 의주님 이 죄인을 찾 으셨도 다
나 의주님 산 가시에 찔 리셨도 다
길 - 잃은 한 마리양 사 랑했도 다
참 - 다운 목 자음성 양 이알도 다
푸 른초장 물 가으로 인 도합소 서

양 을위해 생 명바친 목 자 - 의수 고

그 사랑을 잠 시라도 잊 지말지 라

389/ 겟세마네 동산에서   401/ 나의 사랑 나의 생명   442/ 보혈을 지나

무릎꿇고 엎드리니

(깨끗한 손 주옵소서 / Give us clean hands)

Charlie Hall

무릎꿇고 엎드리니 우릴겸 손케하소 서
악한데서 눈을돌려

모든우상 버리오니 깨끗한 -손 - 주옵소 -서 - 주님만

-높여드 -리기원 -해정결한 -맘 -주옵소 -서 - 주님만

높여드 - 리기원 - 해우리세 대로 - 주의얼굴찾게 - 하옵소서

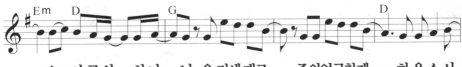

-오- 야곱의 -하나 -님 우리세대로 - 주의얼굴찾게 - 하옵소서

- 오 - 야곱의 -하나 -님 -

G

436 문들아 머리 들어라

믿음의 형제들이여
(Shout to the North)

Martin Smith

믿음 의 형제들이 여 일어 나 주찬 양
진리 의 자매들이 여 일어 나 빛발 하
그리 스 도의교회 여 일어 나 다스 리

하라 위대 하 신영광의 왕 너의 힘 이되 시
여라 치유 의 능력-되 신 사랑 의 왕전 하
라 - 전능 하 신만왕의 왕 영광 을 선포 하

리라 - -
여라 - -
라 - - -

Shout！ to the North and the South

Sing！ to the East and the West 예 수 구 원 의주

하 늘과땅의 주 오 - - 하 늘과땅의 주 - - -

G

 메들리 곡

400/ 나 약해 있을 때에도   403/ 나의 슬픔을   456/ 세상 향한 발걸음들

438 바다 같은 주의 사랑

(Here Is Love)

Matt Redman(Arr.) &
PD Robert S. Lowry / William Rees

바다 같 은주의 사랑 내맘 속 에넘치네 생명
박 힌언덕 위에 생명의 문열렸네 깊고

의 주우릴 위해 보혈흘 려주셨 네
넓 은은혜 의샘 강과같 이흐르

바다 네 영원하 신주의 사랑 어찌

우 리잊으 리 생명주 신주님 만을 영원히 찬양하

리   주못

고 하나 님 의자비 하심 이땅위 에넘치네 평강
하 신주의 사랑 어찌우 리잊으리 생명

바다 같은 주의 사랑

의　왕주님 예수　세상 죄　구속했 네　영원　히 찬양하
주　신주님 만을　영원

리　　　　　　　　　　　　　더 높은 사랑

더 높은 사랑　　더 깊은 사랑　진실한 사랑　더 높은 사랑

더 넓은 사랑　　주 같은 사랑 없 - 네 -　없 - 네 - 바다

같　은 주의 사랑 -　　　　　　　　　　바다

같　은 주의 사랑 -　　　　　　　바다

메들리 곡
388/ 거룩 거룩 거룩하신 주　426/ 다 표현 못해도　464/ 아버지 사랑 내가 노래해

439 보라 너희는 두려워 말고

이연수

보라 너희는 두려워말고- 보 라 너희를 인도한 나를 -

보 라 너희는 지치지말고- 보 라 너희를 구원한 나를 -

너 희를 치던 적은 어디 있느냐- 너희 를 억누르던- 원수는

어디 있느냐 - 보 라 하나님 구원을 - 보 라 하나님

능력을 - 너희를 위 해 서 싸 우 시 는 - 주의

1. 손 을 보 라 보
2. 손 을 보 라

보라 새 일을

440

이길로

보라 새 일을 – 행하시 리니 –

이 제 – 곧 나 – 타 내리 라 – –

주 를 위 하여 – 지 으신 백성 –

주 의 – 찬 송 – 부르게되 – 리 – –

광 야의 물솟 – 아 나 리라 – –

사 막에 꽃피 – 어 나리 – –

이 전일들을 – 너희는기억지말며 –

옛 적일들을 – 생각지도말 – 라 – –

441

보라 하나님은

미가엘 734

성명희

보 라 하나님- 은 - 나 의 구 원 이 시 라 - 내

가 의 뢰 하 고 - 두 려 - 움 없 으 리 니 - 주

여 호 와 는 - 나 의 힘 이 시 며 - 나 의

노 래 시 며 - - 나- 의 구 원 이 라 -

그 러 므 로 - 너 희 가 기 쁨 으- 로 - 구

원 의 샘 에 서 - 물 을-- 길 으 리 라 - 구

원 의 샘 에 서 - 물 을 길 으 리 라 -

메들리 곡   420/ 내 인생 여정 끝내어   442/ 보혈을 지나   446/ 빈들에 마른 풀 같이

보혈을 지나

442

김도훈 & 송정훈

보 혈을지ー나 ー 하 나님품으로ー 보 혈을지ー나 ー

아버 ー지품으로ー 보 혈을지ー나 ー 하 나님품으로ー

한걸 음씩 나ー 가네 ー 네 존 귀 한 주 보

혈 이ー 내영 을 새롭게ー하시 ー네 ー 존귀 한 주 보

혈 이ー 내영 을 새롭게ー하네 ー

443 보소서 주님 나의 마음을

(주님 마음 내게 주소서)

Ana Paula Valadao

보 - - 소서 - 주님 - - 나의마음을 - - 선 - 한것하

- 나 없 습 니 다 - 그 러 나 내 - 모든 - 것 - 주

께 드 립 니 - 다 - 사 랑 으로 - 안 으시고 - 날새롭 - 게

하 소 서 - 보 - - 소서 하 소 서 - 주님마 음내 - 게주 - 소서

- 내 아 - 버 지 - 주님마 - 음내 - 게주 - 소서 - 나를향하신 - 주님

의 뜻이 - 이 루어지 - 도록 - 주님마 - 음내 - 게주 - 소서

- 내 게 사랑 - 을가 - 르치 - 소서 - 당신

의 마음 - 으로 - 용서하 게 하 - 소서 -

보소서 주님 나의 마음을

주 의 성 - 령 내 - 게 채 - 우 사 주 의 길 - 가 게 - 하 소 - 서

- 주 님 당 신 마 음 주 소 서 - 주 소 서 -

주 님 마 - 음 내 - 게 주 - 소 서 - 내 아 - 버 지 -

주 님 마 - 음 내 - 게 주 - 소 서 - 나 를 향 하 신 - 주 님 의 뜻 이 - 이

루 어 지 - 도 록 - 주 님 마 - 음 내 - 게 주 - 소 서 -

G

444 부어주소서 주님의 성령

미가엘 2014

고형원

부어주소서 - 주님의 성령 - - 하나님의 영

- 충 - 만 케 - 주여 우리게 - 기름 부으사 -

- 가 난 한 자에게복 - 음 전 - 케 하 소서 - -

부어주소서 - 주님의 성령 - - 마음 상한 자

- 고 - 치 며 - 포 로 된 자 를 - 자 유 케 하 며 -

- 흑암 에 간힌영혼 - 구 원 - 케 하 소서 - - 우 리들 일어

- 나 - 은혜의 해 전파하도 - 록 - - 우 리들 주님

-의 - 신원의 날 선포하도 -록- - 성 령

의 바람-불어와 - 우릴 채 우- 소서 - 주의 - 영광

- 위해 - - 하 늘 의 불꽃-내 려 와 - 타 오

르게 하- 소서 - 주의 - 영광 - 위해 - -

G

445 부흥 있으리라
(There's gonna be a revival)

Renee Morris

빈들에 마른 풀 같이

446

(하늘문 여소서)

빈 들에 마른 풀 같 이 　시 들 은 나의 영 혼
철 따라 우 로를 내 려 　초 목 이 무성 하 니

주 님의 허 락 한 성 령 　간 절 히 기 다 리 네
갈 급 한 내 심 령 위 에 　성 령 을 부 으 소 서

가 물 어 메 마 른 땅 에 　단 비 를 내 리 시 듯

성 령 의 단 비 를 부 어 　새 생 명 주 옵 소 서

하 늘 문 － 여 소 서 － 주 의 뜻 － 이 루

게 성 령 님 － 오 소 서 － 이 땅 에 － 영 원 히

G

447 사랑의 노래 드리네

(Arms of love)

Craig Musseau

401/ 나의 사랑 나의 생명   427/ 당신은 영광의 왕   461/ 십자가 그 사랑

사랑합니다 나의 예수님   448

김성수 & 박재윤

사랑합니 다 나의예수 님 사랑합니 다 아주많이 -요-

사랑합니 다 나의예수 님 사랑합니 다 그것뿐예 -요-

사 랑한다 아들 아   내 가너를 잘 아 노라
사 랑한다 내딸 아   내 가너를 잘 아 노라

사 랑한다 아들 아   네 게축복 더 하 리라
사 랑한다 내딸 아   네 게축복 더 하 리라

G

449 살아계신 하나님

최덕신

살아계신 하나 - 님 -   역사하는 하나 - 님 -

우리 찬양 가운 - 데 -   거하시는 하나 - 님 -

손을 들어 찬 양   손뼉 치며 찬 양 목소 -

리 높여 찬 - 양 - 주를 찬 양 하 라

할 렐 루 - 야 할 렐 루 - 야 -

할 - 렐 루 - 야 - 주를 찬 양 하 라

메들리 곡   391/ 경배하리 주 하나님   401/ 나의 사랑 나의 생명   402/ 나의 가는 길

생명 주께 있네

(My life is in You Lord)

Daniel Gardner

451 생수의 강이 내게서 흐르네

생수의강이내게서 흐 르 네 저는자걷고 눈먼자 보 겠 네

옥문열고간 힌자 푸시 는 생수의강이내게 흘러 넘 치 네

우물물 아 - 솟아나 라 - - 솟아나

라 - 넘 치 - 도 록 - 솟 아 나 라

- 넘 쳐 나 게 - - 솟 아 나 서 - 날 푸 소 서

메들리 곡   403/ 나의 슬픔을   414/ 내 모든 삶의 행동   444/ 부어 주소서 주님의 성령

선한데는 지혜롭고

(로마서 16:19 / Romans 16:19)

Dale Garratt/Ramon Pink & Graham Burt

452

Romans sixteen Nineteen says Romans sixteen Nineteen says 선

한데는 – 지 혜롭고 – 악 한데는 – 미 련하라 – 선

한데는 – 지 혜롭고 – 악 한데는– 미 련하라 – 평강

의 주님 속 히 사단을 너희 발 아래에 상하게 – 하리 평강

의 주님 속 히 사단을 너희 발 아래에 상하게 – 하 리

G

메들리 곡 390/ 경배하리 내 온 맘 다해 397/ 나는 주님을 찬양하리라 399/ 나는 주만 높이리

453 성령님이 임하시면
(성령의 불타는 교회 / Church on Fire)

Russell Fragar

성령 님이 임하시 면 능력 이 나타나 - 모 - 든 것 이 일 어 날 수

있게 되죠 - 참 - 선한 것이 선한 것이 여기 일어 나 - 네 -

어두움 - 을 - 물 리치는 빛이 있네 - 능 - 력 힘 입어 난 두

렵지 않네 - 참 - 선한 것이 선한 것이 여기 일어 나 - 네 -

성령의 불 타 는교 - 회 - 성령의 불꽃 임 - 하 네 - 온 마음

다 하 여 - 서 주 이름 높이 세 - 우 리 의 마 - 음 불 - 타 네

그 빛 을 전 - 하 기 - 위 해 - 사 랑 의 불꽃 - 전 하 - 세 -

주를 위한 - 성령의 불 - 타 는교 - 회 - - 회 -

세상 모든 민족이

(물이 바다 덮음 같이)

454

고형원

G

세상 모든민족이- 구원 을얻기까지- 쉬 지않으시는- 하

나님- 주의 심장가지고- 우리 이제일어나- 주 따르게 하소

서 세상 모든육체가- 주의 영광보도록- 우 릴부르시는-하

나님- 주의 손과발되어- 세상 을치유하며- 주 섬기게하소

서 물이바다덮음같이 - 여호 와의 영광을 - 인정하는것 이

온세상가득하리라 - 물이 바다덮음 같이 물이바다덮음같이 물이

바 다덮음같이 - 보리 라 그날 에 주의 영 광가득한-세

상 우리 는 -들 게되 리 온세 상가 득한승리의-함 성

메들리 곡   412/ 내 눈 주의 영광을   427/ 당신은 영광의 왕   449/ 살아계신 하나님

세상의 유혹 시험이

(주를 찬양)

최덕신

세　상의유혹시험이－내게 몰려올때－에 나　의힘으론그것들－모두
거　짓과속임수로－－가득 찬세상에－서 어　디로갈지몰라－－머뭇
주　위를둘러보면－－아－ 무도없는－듯 믿　음의눈을들면－－보이

이길 수없네－ 거 대한폭풍가운데－위축 된나의영－혼 어
거리 고있네－ 공 중의권세잡 은자－지금 도우리들－을 실
는분 계시네－ 지 금도내안에서－－역사 하고계시－는 사

찌할바를 몰라 － 헤매 이 고 있을때 　－
패 와절망 으로 － 넘어 뜨 리 려하네 　－ 　주를
망과어둠 의권 세물리 치 신 예수님

찬　양 손 을들고찬－양 전 쟁은 나에게 속－

한것 아 니 니 － 주를 찬　양 손 을들고찬－양 전

쟁은 하나님께 － 속 한 － 것 이 니

메들리 곡　　418/ 내 앞에 주어진　　419/ 모든 지각에 뛰어나신　　458/ 수 많은 무리들

세상 향한 발걸음들

456

(주의 횃불 들고 / Let the flame burn brighter)

Graham Kendrick

457 손에 있는 부귀보다
(금 보다도 귀하다)

김석균

1. 손에 있는부귀보 다 주를 더 사랑 하는 가
2. 큰물 결 이뛰놀아 도 주를 더 찬양 하는 가
3. 언제 다 시주오 실 지 아는 이 가있는 - 가

이슬 같 은목숨 보 다 주를 더 사랑 하는 가
큰환 난 이닥쳐 와 도 주를 더 찬양 하는 가가
신랑으 로오실 주 님 맞을 준 비되었는 가

사랑 의 빛잃어 가 면 주님 만 날수없- - 어
깊은 잠 에빠진 영 혼 주님 만 날수없- - 어
기름 없 는등불 들 면 주님 만 날수없- - 어

헛된 영 화바라 보 면 사랑 할 수도 없- - 어
근심 걱 정많은 자 는 찬양 할 수도 없- - 어
재림 나 팔소리 나 면 예비 할 수도 없- - 어

잠시 머 물이세 상 은헛된 것 - 들뿐이 니

주를 사 랑하는 마 음 금보 다 도귀 하 다
주를 찬 양하는 마 음 금보 다 도귀 하 다
주를 맞 을준비 함 이 금보 다 도귀 하 다

수 많은 무리들 줄지어

458

(예수 이름 높이세)

최덕신

수 많은무리들 - - 줄지어 - 그 분을보기위-해따르네 -
나 의-계획이-실패하고 - 나 의-소망이-끊어질때 -

평 범한목수이신그 분 앞에- 모든 무릎이-꿇어경배-하- 네
삶 의주관자되신그 분 앞에- 나의 무릎을-꿇어경배-하- 네

모 든 문제들-하나하나 - 죽 음 까지도-힘을잃고 -
나 의삶 을그분-께맡길때 - 비 로소나의마-음평안해 -

생 명의근원되신예 수이름앞-에모든 권세들-굴복-하- 네 -
구 원의반석되신예 수의이름-을소리 높여--찬송-하- 네 -

예수 이름 높-이세 능 력의그 -이 름 예수 이름높-이 세 구

원의그 -이 름 예수 이름 을부 -르 는 자 예수 이름 을믿 -는 자

- 예수 이름앞에-나오는- 자 복이있-도 다-- -

G

459 승리는 내 것일세
(There is victory for me)

Harry Dixon Loes

미가엘
1040

승리 는 내것일 세 승리 는 내것일 세

구세 주 의 보혈 로 써 승리 는 내것일 세

내 것 일 세 승 리 만 은

구세 주 의 보혈 로 써 항 상 이 기 네

*|믿음, 소망, 사랑, 구원, 응답, 축복

메들리 곡
393/ 기도하자 우리 마음   424/ 누구든지 목마르거든   425/ 다 와서 찬양해

승리하였네

(We have overcome)

Daniel Gardner

460

승 리 하 였네 – 어 린 양의보혈로 – 우린

보 혈의 – 능 력으로 서 – 리라 –

승 리하 였네 – 어 린 양 의보혈로 – 주

내 게 승리 주 – 리라 – –

G

392/ 그리 아니하실지라도   396/ 나 기뻐하리   450/ 생명 주께 있네

461 십자가 그 사랑
(The love of the cross)

Stephen Hah

십자가 그 사 랑　멀리떠 - 나 서　무너진 나의
지나간 일들 을　기억하지 않 고　이전에 행한

삶 속에　잊혀진주은 혜　돌같은 내마 음　어루만 - 지
모 든일　생각지않으 리　사막에 강물 과　길을 내시는

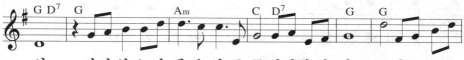

사　다시 일으켜 세 우신 주를 사랑합니 다　주 나를 보호
주　내안에 새일 행 하실 주만 바라보리 라　주 너를 보호

하 시고　날　붙드시 리　나는 보 - 배롭고 존 귀한
하 시고　널　붙드시 리　너는 보 - 배롭고 존 귀한

주님의자 녀 라　주 나를 보호 하 시고　날　붙드시
주님의자 녀 라　주 너를 보호 하 시고　널　붙드시

리　나는보 - 배롭고 존 귀한　주 - 의자녀 라
리　너는보 - 배롭고 존 귀한　주 - 의자녀 라

메들리 곡　400/ 나 약해 있을 때에도　402/ 나의 가는 길　410/ 내가 주인 삼은

아름다운 이야기가 있네 462

(주님의 사랑 놀랍네)

John W. Peterson

1. 아름 다 운이야기가   있   네   구세 주의사랑이야   기
2. 넓고 넓 은우주속에   있   는   많고 많은사람들중   에
3. 사람 들 은이해할수   없   네   주를 보낸하나님사   랑

영광 스런천국떠난 사   랑   나와같은 죄인구하 려
구원 받고보호받은 이   몸   주의사 랑 받고산다 네
이사 랑이나를살게 하   네   갈보리 의구 속의사 랑

주님의그사랑 은정말 놀 랍 네   놀 랍 네   놀 랍 네

오 주님의그사랑 은정 말 놀 랍 네   나를위한그 사   랑

메들리 곡   395/ 기뻐하며 왕께   431/ 마지막 날에   450/ 생명 주께 있네

463 아버지 기다립니다

주영광

아 버 지 기 - 다 립 - 니 다 - 나 에 게 귀

- 기 울 - 이 사 - 나 의 깊 은 - 부 르 - 짖 음 - 오 주 여 들

- 어 주 - 소 서 - 아 버 지 안 - 아 주 - 소 서 - 아 버 지 품

Fine

- 어 주 - 소 서 - 아 버 지 나 - 를 친 - 히 만 - 나 주 - 소 서 -

주 의 품 - 에 어 - 린 양 - 어 리 고 - 약 한 - 나 를

- 주 의 넓 - 은 두 - 팔 로 -

D.S.

나 를 안 - 아 주 - 소 서 - - 아 버 지 기

메들리곡   410/ 내가 주인 삼은   416/ 내 손을 주께 높이   418/ 내 앞에 주어진

아버지 사랑 내가 노래해 464

(그 사랑)

박희정

아버지 사랑내가노래 해　　아버지은혜내가 노래 해
상한갈 대꺽지않으시 는　　꺼져가는등불끄 지않 는

그사 랑　변함없으 신　거짓없으 신 성실하신그 –사

랑　　　랑　　사 랑　　 – 그사

랑　 –날 위해 죽으신 –날 –위 해 다 시사 신 – 예수그리스 도 –

다 시 오실 그사랑 – 죽음 도　–생 명도 천사도– 하 늘의어떤

권세도 – 끊을수없 는 –　영원 한 – 그사랑 – 예　수

 메들리곡　391/ 경배하리 주 하나님　398/ 나는 주를 작게　419/ 모든 지각에 뛰어나신

465 아버지 주 나의 기업되시네

(My delight)

Andy Park

아 버 지　　　주 나 의 기 업 되 시 - 네 -
예 - 수　　　내 삶 의 보 배 되 시 - 네 -

주 님 은 내 - 소 망 내 기 - 쁨 -
주 님 은 온 유 하 고 순 결 - 해 -

사 랑 합 니 다　　　사 랑 합 니 다

나 의 기 - 쁨　　주 님 을 -

메들리곡　　410/ 내가 주인 삼은　　426/ 다 표현 못해도　　454/ 세상 모든 민족이

아침에 주의 인자하심을

(시편 92편)

466

이유정

467

약할 때 강함 되시네
(주 나의 모든 것 / You are my all in all)

Dennis Jernigan

약할때 강함되시 네 나의보 배가되 신 주 주나의모 든
십자가 죄사하셨 네 주님의 이름찬 양 해 주나의모 든

것 - - - 주안 에 있는보물 을 나는포 기할수없
것 - - - 쓰러 진나를세우 고 나의빈 잔을채우

네 주나의모 든 것 예 수 어 린양

존 귀 한이 름 - - - - 예 수

어 린 양 존 귀 한이 름

메들리 곡   401/ 나의 사랑 나의 생명   419/ 모든 지각에 뛰어나신   461/ 십자가 그 사랑

어느 좋은 그날 아침에

(난 가리라)

468

어느좋은 그날아침에 난 가리라
내삶끝나 슬픔걷힐때 난 가리라
괴로운짐 벗어버리고 난 가리라

주가예비 하신그곳에 난 가리라
자유찾은 기쁜새처럼 난 가리라
사랑기쁨 넘치는그곳 난 가리라

난 가리라오영광 난 가리라

멀잖아할렐루야그때에 난 가리라

469 어린 양 찬양

(Praise the Lamb)

Bruce Clewett

여기에 모인 우리

470

(이 믿음 더욱 굳세라 / We will keep our faith)

Don Besig & Nancy Price

여기에 – 모인우리 주의 은 총받은자녀 라
주님이 – 뜻하신일 헤아 리 기어렵더라 도
여기에 – 모인우리 사랑 받 는주의자녀 라

주께서 – 이자리에 함께 계 심을 아노 라
언제나 – 주뜻안에 내 가 있 음을 아노 라
주께서 – 뜻하신일 우 릴 통 해펼 치신 다

언제 나 – 주님만 을 찬양 하 며따라가리 니
사랑 의 – 말씀들 이 나를 더 욱새롭게하 니
고통 과 – 슬픔중 에 더욱 주 님의지하오 니

시험 을 – 당할때 도 함께 계 심을믿노 라
때로 는 – 넘어져 도 최후 승 리를믿노 라
외롬 을 – 이겨내 고 주님 더 욱찬양하 리

이믿음 더 욱굳 세 라 주가 지 켜 주신 다

어둔 밤 에도 주의 밝 은 빛 인도 하 여주신 다

G

471 여호와 나의 목자

김영기

1. 여호와 나의목자 내게부족 없네
2. 내영혼 소생하며 자기이름 위해
3. 주님의 지팡이가 안위하네 나를
4. 기름을 머리위에 바르시는 주님

푸르른 초장위에 나의몸 누이시네
의의길 인도하니 골짜기 두렴없네
주께서 원수앞에 상으로 베푸시네
평생에 선하심과 인자함 따르리니

선 한 목-자 오나의 목-자여

생수가 넘치는곳 날인도 하-시네

메들리 곡   406/ 낮엔 해처럼   427/ 당신은 영광의 왕   449/ 살아계신 하나님

여호와의 영광을 인정하는 것이 472

정종원

여호와의영광 - 을인정하는것이세상에가득하리 - 라 -

여호와의영광 - 을인정하는것이세상에가득하리 - 라 -

물이 - 바다를덮음같이 - 가득 - 인정되리라 -

물이 - 바다를덮음같이 - 가득 - 인정되리라 -

G

메들리 곡   425/ 다 와서 찬양해   431/ 마지막 날에   444/ 부어 주소서

473 영광 높이 계신 주께
(Glory, Glory In The Highest)

Danny Daniels

영광 – 높이 계신 주께 영광 – 전 능의 구 주

어린 양께 영 – 광을 – 내 살아 계신 주 – 님께

– 어 린 양께 영광

주 께 – 영 광 – 영 광 –

영광 – 영 광 – – – 영 광 – 영광 어린

– 양 – 주 께 영 – 광 어 – 린 양 – – –

영광을 돌리세

(주님의 영광)

474

고형원

영 광을돌 - 리세 - 우 리하나 - 님께 - 존 귀와위 - 엄과 - 능력

과아름다 움 만 - 방의모든 신은 헛 된우상 - 이니 - 오직

하늘 의하 나님 - 그 영광찬 양해 - 주님의

영 광 모 든나라 위에 - 주님의 영 광 온세계위에 - 하늘

에계신 - 우 리아버지 영 광찬양해 - 우리 주님나라 영원하리라

- 우리 주님 뜻은 이뤄지 리라 -

G

475 영광 주님께
(Glory glory Lord)

Robert D Fitts

당신은능력의 주　　당신은능력의 주　－

메들리 곡
395/ 기뻐하며 왕께　　396/ 나 기뻐하리　　450/ 생명 주께 있네

미가엘
644

오직 성령의 열매는

(성령의 열매)

476

오직 성 령 의열 매 는 사랑 희락 화 평

오직 성 령 의열 매 는 사랑 희락 화 평

인 내 와자 비와양　선　충 성 과온유와절　제

오직 성 령 의열 매 는 사랑 희 락 화 평

G

메들리 곡
388/ 거룩 거룩 거룩하신 주　　416/ 내 손을 주께 높이　　442/ 보혈을 지나

477 영원한 생명의 주님
(Through it All)

Reuben Morgan

영원한생 -명 의주 - -님- 한결 - 같이 - 날보 - 시네 -

주 손 길 -덮 -으 - -사 - 의의 - 길로 -인 도 -하 네주 를

- 바 라 - -네 - 주 를 - 기 다 리 - -네 사

랑의 노 -래 - 드리 - 리라 -신실 하신주 - 님께 - - - 영

원하 - -신 - 주님의 -품에 - 나 를 거하 -도 록 - 하소서 -

Fine

할 렐 - 루 야 - 할 렐 - 루 야 - 할 렐 -

루 야 - 할 렐 - 루 야 - 루 야 - 사

예수 내 영혼의 사랑

(Jesus, Lover of My Soul)

478

Daniel Grul/John Ezzy &
Stephen McPherson

예수 - 내영혼의사랑 - - 예수 - 나는 포기할수없네 -

수령에서 - 날건지 - 시고 - - 주 님의 반석위 - 에날

- 세우셨네 - - - 주님만 사 랑 해 결코 주님 을 - 나

떠나지 - 않으 - 리 내 구 주 나의친구 - 세 상 끝날까 - 지

주만섬 - 기 리 - - 세상끝날까 - 지 주만섬 - 기리 - -

G

479 예수는 왕 예수는 주
(He Is The King)

Tom Ewig, Don Moen & John Stocker

예 수 는왕 - 예 수 는주 - 예 수 는날

- 구 원하 신 주 - - - 예 수 는왕 - 예 수 는주

- 예 수 는날 - 구 원하 신 - 주 왕 께 만세

- 주 께 만세 - 날 구원 하신 주님 께 만

세 - - - 왕 께 만세 - 주 께 만세

- 날 구원 하신 주님 께 만 - 세

Fine

강 하 고 능 하 신 왕 세 상 모

예수는 왕 예수는 주

-든 나라다 -스리시 네　　소 리 높 여

찬 양 해　그 는만 - - 유 의주 - 　그

는 만 왕 의　왕　예 수 는 왕

D.S.

G

480 예수님만을 더욱 사랑

강명식

예수님만 을 – 더욱 사랑 – 날이갈수 록 – 더욱 사랑

– 고난이와 도 – 더욱 사랑 – 내삶의고 백 – 더욱 사랑 –

주님한분 만 – 더욱 사랑 – 그무엇보 다 – 더욱 사랑

– 그누구보 다 – 더욱사랑 – 내영의고 백 – 더욱사랑 –

나사는동 안 – 더욱 사랑 – 숨질때에 도 – 더욱 사랑

– 저천국에 서 – 더욱 사랑 – 신부의고 백 – 더욱 사랑 –

메들리 곡   391/ 경배하리 주 하나님   398/ 나는 주를 작게 보았네   454/ 세상 모든 민족이

예수님이 말씀하시니

1. 예수님이 말씀하시니 물이 변하여 포도주됐네
2. 예수님이 말씀하시니 바디메오가 눈을떴다네
3. 예수님이 말씀하시니 죽은나사로가 살아났다네
4. 예수님이 말씀하시니 거친 바다가 잔잔해졌네

예수님이 말씀하시니 물이 변하여 포도주 됐네
예수님이 말씀하시니 바디메오가 눈을떴다네
예수님이 말씀하시니 죽은나사로가 살아났다네
예수님이 말씀하시니 거친바다가 잔잔해졌네

예수님 - 예수님 - 나에게도말씀 하셔서 -

새롭게 - 새롭게 - 변화시켜주소 서

G

482 예수 안에서

예 수 안 에 서 - 우 리 *화 목 됐 네

예 수 안 에 서 - 우 리 화 목 됐 네 -

하 나 님 의 영 광 함 께 누 릴 소 망 있 네 -

예 수 안 에 서 - 우 리 화 목 됐 네

*| 1. 사랑하네 2. 용서하네 3. 기뻐하네 4. 찬양하네

메들리 곡 396/ 나 기뻐하리 404/ 날 사랑하신 주님의 450/ 생명 주께 있네

예수 안에 있는 나에게

483

구명회 & 박윤호

예수안에있는 나에게― 결코정죄함 없 네 생 명의성령
의 법이― 해 방 하 였 네 해 방 하 였 네
예수 예수 오 직 예 수 ― 예수
예수 오 직 예 수 죄 와 사망에서― 나 를
구원했 네 ― ― 죄와 사망에서― 나 를 구 원했 네
해방 되었 네 해방 되었 네 죄와사망 의 법에 서
해방 되었 네 해방 되었 네 죄와사망 의 법에 서

G

메들리 곡　395/ 기뻐하며 왕께　424/ 누구든지 목마르거든　425/ 다 와서 찬양해

484 예수의 이름으로
(I will stand)

Chris Bowater

오 예수님 내가 옵니다 485

고형원

486 예수 주 승리하심 찬양해

(Jesus we celebrate Your victory)

John Gibson

예 - 수　　　주 승리하-심찬-양해-

예 - 수　　　주 사 랑놀-라와-

예 - 수　　　자 유주-심기-뻐해-

예 - 수생명-을주-셨네 - -

Fine

구 원 의주 - 님 - 자 유 케 하셨네 - - 모
주 님 의성 - 령 - 내 안 에 계시니 - 담 대

든 죄의 - 멍에 - 를 - 주가 깨 뜨리 셨네 -
히 주께 - 나갈 - - - -담 력 을 얻었네 -

예수 주 승리하심 찬양해

우 리 기뻐 -해- 승 리 의 주 님 - 우
주 임 재안 -에서 문 제 는 사 라 져 - 우

리 마 음 주 께 향 하 네 -

G

오 이 기쁨

1. 오 - 이 기쁨 - 주님 - 주신 것 -
2. 앞 뒤 동 산에 - 꽃은 - 피었고 -
3. 높은 하 늘에 - 종 달새우짖고 -
4. 오 - 친 구여 - 즐 겁게노래해 -
5. 손뼉 치 면서 - 즐 겁게찬양해 -

오 - 이 기쁨 - 주님 - 주신 것 -
내 - 맘 속에 - 웃 음꽃피었네 -
내 - 맘 속에 - 기 쁜노래있네 -
오 - 친 구여 - 즐 겁게노래해 -
손뼉 치 면서 - 즐 겁게찬양해 -

오 이 기쁨 - 주님 주신 것 - 주께

영광할렐 루 - 야 - 주 만 찬양 해 -

메들리 곡
393/ 기도하자 우리 마음   395/ 기뻐하며 왕께   396/ 나 기뻐하리

오 주여 나의 마음이

(시편 57편 / My heart is steadfast)

오주여 나 의마 - 음 이 주께로 정 해졌 - 으

니 나 - 는 주 찬 양 하 리라 -

깨어라 나 의영 - 혼 아 비파 와 수 금들 - 어

라 이새 벽 에 내가 - 찬 양 하 리라 -

멜 - 로 디 - 멜 - 로
예 - - 수 - 예 - -

디 - 예 수 님 은
수 - 예 수 님 은

1. 나 의 노래 -
2. 나 의 노래 -

411/ 내게 강 같은 평화   425/ 다 와서 찬양해   450/ 생명 주께 있네

G

489 오직 주님만

(Only You)

Andy Park

오직 - 주 님만 - 나 의맘의 - 갈급 - 함채 - 우네

- 오직 - 주 께만 - 더

가 까이 - 가 기 를원 - 하 네 주님

만 내 갈급함 - 채우 - 네 - 주만

내 게새 생명 - 주네 - 주만 기 쁨내 맘에 - 주시

- 네 - 나의 기 도응 답하 - 시 네

메들리 곡   400/ 나 약해 있을 때에도   402/ 나의 가는 길   416/ 내 손을 주께 높이

온 세계위에
(All Over The World)

490

Terry Butler

온 세 계 위 에 – 온 세 계 위 에 –
온 세 계 위 에 – 온 세 계 위 에 –

주 님 의 성 령 – 이 – 역 사 하 시 네 –
주 님 의 성 령 – 이 – 운 행 하 시 네 –

주 님 의 강 넘 – 치 고 주 임 하 시 네 –
주 님 의 깃 발 – 들 고 주 찬 양 하 네 –

주 님 의 성 령 – 이 – 온 세 계 위 에 –
주 님 의 성 령 – 이 – 온 세 계 위 에 –

열 방 을 만 지 – 고 – 그 – 사 랑 주 네
분 열 은 그 치 – 고 – 하 나 될 수 있 게

주 님 의 성 령 – 이 – 역 사 하 시 네 –
주 님 의 성 령 – 이 – 운 행 하 시 네 –

G

메들리 곡   410/ 내가 주인 삼은   412/ 내 눈 주의 영광을   454/ 세상 모든 민족이

491 왕 되신 주께 감사하세

(Forever)

Chris Tomlin

왕의 왕 주의 주

492

(Lord Of Lords, King Of Kings)

Jessy Dixon, Randy Scruggs &
John W.Thompson

G

493 왜 슬퍼하느냐

(왜)

최택헌

왜 슬퍼하느냐 왜 걱정하느냐 무

얼 두려워하느냐 아무 염려- 말아라

큰 어려움에도 큰 아픔있어도 이

젠 아무걱정하지 마 내 가 널붙들어주 리

내가너와항상 함께 하리-라 내가 너를지키리 라

실망 치말고- 나를 보아 라 나는 너의 하나님 이 라

외로움도 견디어나겠소

494

(우리)

외로움도견디어나 겠 소 — 바 보란 소릴 들어도 좋
우리모두손을내밀 어서 — 넘 어진 형제일 으켜주
옆에있는형제손을 잡고 — 우 리 — 모두노래합시

소 — 나 를비웃는 그비 웃음 들 (을)그
세 — 사 람이살면 한번 사는 것 — 걸
다 — 서 — 로보며 인사 나누 고 — 우

사랑으로받아주 겠 소 — 이 모든 것이힘들다는
음멈추고생각해보 세 — 시 냇물이강으로흘러
— 리모두일어납시 다 — 우 — 리 모두발을구룹

것을 — 당 신은나에게알려줬 소 당 신 의
서 — — 저 바다와하나가되듯 이 우 리 는
시 다 — 이 렇게모든것이맞을 때 우 리 는

G

사 랑은너 무나 많고크오그 래서 난 — 살아가겠 소
하 나요당 신과 나도하나우 리는 하나가되야하 오
하 나요당 신과 나도하나 우 리는 하나가되야하 오

495 우리의 소원은

고형원

우리의- 소원은 주를위해사 는 것 -

이겨레 -하나되 어 주를위해사 는 것

우리의 - 소원 은 주님을섬기 는 것 -

열방을 -치유하 며 주님을섬기 는 것 오

샤론의꽃 -주예수 향기 무궁하게 -피어나 온

열방중에 -주님의나 라 임하는- 그날볼때 -까 지

우리 이 땅에 몸으로

496

송명희 & 김석균

우리 - 이 땅에 몸으로 태-어나
혹은 - 긴 인생 어떤 인 짧은 인생
주님 - 안에서 영원한 생명얻어

무슨 - 일 하다가 무엇을 남-기랴
그러 - 나 누구도 영원히 살수없네
언젠 - 가 또다시 만날수 있-기에

우리의 인생을 누가 대신 살아주나
천국이 없다면 인생이란 허무한 것
우리헤어져도 슬프지않을수-있어

너와 내가남남으로 주 앞에설때 에
너와 내가영혼으로 만날수없다 면
너와 내가영혼으로 또 다시만나 세

우리 - 무엇으로 주님께드리랴
우리 - 이별을 어떻게견디랴
주님 - 우리위해 함께계시리라

메들리 곡 407/ 내가 주를 위하여 449/ 살아계신 하나님 454/ 세상 모든 민족이

497

우리 함께 모여
(We're Together Again)

Gordon Jensen & Wayne Hilton

우리함께모여 – 주의이름찬 양

우리함께모여 – 주를부르세 – – – –

– 위대 한 일행하 셨 네 우리 소 망충만해

– 우리함께모여 – 주의 이름찬 양

은밀한 곳 조용한 곳에　498

(주 알기 원해 / In the secret In The Quite Place)

Andy Park

G

메들리 곡

390/ 경배하리 내 온 맘 다해　453/ 성령님이 임하시면　502/ 일어나라 주의 백성

499 이 땅 위에 오신

(Hail to the King)

Larry Hampton

이 땅 위에 오신

보 리 라　선 포 - 해 - 왕 께 만 세

- 존 귀 와 위 엄 - 을 찬 양 해　왕 의 왕

께 만 세 주 - 예 - 수 하 나 님 -

G

500 이 세상 가장 아름다운

(그가 오신 이유)

김준영 & 임선호

이세상 - 가장아 - 름다운 - 순종의눈 물 -

온세상 - 다시빛 - 나게한 - 생명의눈 물 -

그가이 - 땅에오 - 신이유 죽어야 - 살게 - 되고 -

져야만 - 승리하는 - 놀랍고영 - 원한신 - 비 - 지으신

그대로 회복시킨 우리의창조주 그리스도 - 십자가

의길로- 아버지 뜻이루셨 -네 그가이땅에 오신이 - 유 이제우

리에게 맡겨진 그 소망그사랑 그생명 - 아름답 고 눈부신

십 자가의 -길 우리 가 -이땅 -에살 -아 갈 - 이유 -

인생길 험하고 마음 지쳐

(예수님 품으로)

501

조용기 & 김보훈

1. 인생길 험하고 마음지쳐 살아갈
2. 평생의 모든꿈 허물어져 세상의
3. 어둔밤 지나면 새날오고 겨울이

용기 없어질 때 너홀로 앉아서 낙심치말
친구 다떠날 때 어둠에 앉아서 울지만말
가면 봄이오 듯 이세상 슬픔이 지나고다

고 예수님 품으로 나-오시 오
고 예수님 품으로 나-오시 오
면 광명한 새날이 다-가오 네

예 수님은 나 의생명 믿음소망 사랑되시 니

십 자 가 보 혈 자 비 의 손 길 로

상 처 입은 너 -를 고-치시 리

388/ 거룩 거룩 거룩하신 주   389/ 겟세마네 동산에서   406/ 낮엔 해처럼

G

502 일어나라 주의 백성

미가엘 1698

이천

일어 나라 주 - 의 백 성 - 빛을 발 - 하라 -

주가 너의 영 - 광으로 - 임하 시 리라 -

온 세 상이 어 - 둠 속에 헤 - 매고 - 있지만 -

주가 너와 함 - 께 계셔 회 - 복을 명하리라 -

일어 나라 - 빛을 발 하라 -

만백 성이 - 너의 빛 - 을 보 - 고 - 사방에서 나아 오네

- 일어 나라 - 빛을 발 하라 -

만백 성이 - 자유 함 - 을 얻 - 어 - 기 뻐 하는도 다 -

메들리 곡   387/ 거룩한 주님의 성전에 453/ 성령님이 임하시면 498/ 은밀한 곳 조용한 곳에

일어나라 찬양을 드리라 503

(일어나 찬양 / Arise and sing)

Mel Ray

일 어 나 라 찬 양 을 드리라 우릴 구 원 하신 주 께 일

어 나 라 찬 양 을 드리라 우 릴 구 원 하신 주 께

마음열고 주 님앞 에 기뻐 해 마음열고 주 님앞 에 기뻐 해

마음열고 주 님앞 에 기뻐 해 주님 은 우 리 왕

G

504 저 죽어가는 내 형제에게

(메마른 뼈들에 생기를)

고형원

저 죽어가는 - 내 형제 에게 - 생명을 주소서 흑

암의 권세 - 에 매여 - 내일을 빼앗긴 - 저들에 게 저

소망 없는 - 텅 빈 가 슴에 - 새 날 을 주소 서 고

통의 멍에 - 에 매여 - 신음 하고 있는 - 저 들에 게 - 아버지

여 이 백 성 다 시 살게 하소 서 묶였

던 자 자유케 되 는 영광의 날을주 - 소 서 아버지

여 이 나 라 주 의 것 되게 하 - 소 서 영원

저 죽어가는 내 형제에게

하신 하늘아버 지　다 시 섬 기 게 하 소 서

메　마른뼈들에 - 생 기 를　부 어 주 소 서 - 아 버 지

의 긍휼 -　주 의 군 대 로 - 서 게 하　소 서

성 령 의 바람 - 이 제 불 어　와　-　아 버 지

G

400/ 나 약해 있을 때에도　412/ 내 눈 주의 영광을　449/ 살아계신 하나님

메들리곡

505 저 멀리뵈는 나의 시온성

(순례자의 노래)

저 멀리뵈는 나의 시온 성 오 거룩한곳
아 득한나의갈 길 다 가 고 저 동산에서

아 버 지 집 — 내 사 모하는집 에
편 히 쉴 때 — 내 고 생하는모 든

가 고 자 한 밤 을 새 웠네 —
일 들 을 주 께 서 아 시 리 —

저 망 망 한 바 다 위 에 이 몸 이 상
빈 들 이 나 사 막 에 서 이 몸 이 곤

할 지 라 도 — 오 늘 은 이곳 내 일 은
할 지 라 도 — 오 내 주 예 수 날 사 랑

저 — 곳 주 복 음 전 하 리 —
하 — 사 날 지 켜 주 시 리 —

메들리 곡   394/ 기도할 수 있는데   401/ 나의 사랑 나의 생명   406/ 낮엔 해처럼

정결한 마음 주시옵소서 506
(Create in me a clean heart)

Keith Green

정 결 한마음주시 옵 소서 - 오 - 주 님

정직한영을 새 롭게하소 서 - - 나를

주 님앞에서 - 멀리 하지 마시고 - 주의

성 령을 거두지마옵소 서 - 그

구 원의기 쁨 다시회복시키 시 - 며

변 치않는맘 내 안에주소 서 -

 398/ 나는 주를 작게 보았네   400/ 나 약해 있을 때에도   408/ 내가 먼저 손

507

죄 많은 이 세상은

(이 세상은 내 집 아니네)

죄 많은 이 세상은 내 집 아니 네 내 모든 보화는 저
저 천국에 서 모두 날기 다리 네 내 주예수 피로 죄
저 영광의 땅에 나 길이 살겠 네 손 잡고 승리를 외

하늘에 있네 저 천국 문을 열고 나를 부르 네
씻음 받았 네 나 비록 약하나 주 님 날 지키 리
치는 성도 들 이 기쁜 찬송 하늘 울려 퍼지 네

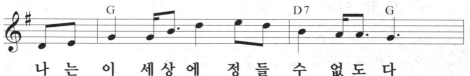

나 는 이 세상에 정 들 수 없도 다

오 주 님 같 은 친 구 없 도 다 저 천국 없으면 난

어떻게 하나 저 천국 문을 열 고 나를 부르 네

나 는 이 세상에 정 들 수 없도 다

메들리 곡   424/ 누구든지 목마르거든   450/ 생명 주께 있네   483/ 예수 안에 있는

죄악에 썩은 내 육신을

(주님의 빛진 자)

김석균

죄악에 썩은 내 – 육신 을 주님이 쓰시려했 네 – –
먹물로 칠한 내 – 육신 을 주님이 희게하셨 네 – –
평생 갚아도 빛진자 되어 주님의 빛진자되 어 – –

죽음의 덫에 걸려있는몸 주님이 쓰시려 했 네
십자가보혈 증거하라고 주님이 살 – 리 셨 네
주님 가신길 택하였건만 눈물만 솟 – 구치 네

속죄하는손 치유하시고 속죄하는발 치유하셨네
기도할때에 음성주시고 찬송할때에 기쁨되시네
생명주신이 주님이시라 능력주신이 주님이시라

새생명 얻은 이몸다바쳐 주님께 영광돌리 리
내작은입이 내작은몸이 주님의 붙들린자 라
말씀전하여 복음전하여 주님의 빚을갚으 리

G

509 주가 지으신 주의 날에

(기쁨의 노래)

박기범, 이지음 & 이지음

주가 지으신 주의 날에

기 뻐 - 기 쁨으로 - 노래 하 네 - 노 래 해 -
기 뻐 - 기 쁨으로 - 춤을 추 네 - 춤 추 네 -

나 를 구 - 원 하 - 신 주 - 생 명 주 셨 네 -
승 리 하 - 신 왕 - 의 왕 -

다 스 리 시 네 - 기 뻐 해

G

510 주 계신곳 나 찾으리
(날 새롭게 하소서)

정장철

주 계 신 곳 - 나 찾 으 리 - -

주 님 앞 에 - 나 가 - 주 뵈 오 리 -

날 새롭게하 - 소 서 - 날 새롭게하 - 소 서 -

날 새 롭 게 하 - 소 서 - 주 님 - 이 시 간 -

내 모 든 것 - 맡 기 리 라 -

나 의 연 약 한 모 습 주 - 님 고 치 리 - 이 시 - 간 -

날 새롭게하 - 소 서 - 날 새롭게하 - 소 서 -

날 새롭게하 - 소 서 - 주 님 - 이 시 간 -

 메들리 곡

399/ 나는 주만 높이리   403/ 나의 슬픔을   418/ 내 앞에 주어진

주 날 구원했으니

(멈출 수 없네)

511

심형진

주 날 구원 했 –으니 – 어 찌 잠 잠 하 –리 –
주 내 죄 사 했 –으니 – 어 찌 잠 잠 하 –리 –

기 쁨 의 – 찬 송 드 –리 리
기 쁨 의 – 경 배 드 –리 리

주 를 향 –한 – 나 의 사 –랑 –

멈 출 수 없 – 네 – 멈 출 수 없 – 네 –

나 – 기 쁨 의 춤 추 리 – – 내

1. 모 든 슬 –픔 바 꾸 셨 네 – –

2. 모 든 삶 –주 안 –에 –있 네

387/ 거룩한 주님의 성전에   431/ 마지막 날에   483/ 예수 안에 있는 나에게

512 주님 가신 길

김영기 & 최형섭

1. 주님 가신 길 십자가의 길 외롭고
2. 머리에는 가시면류관 허리엔
3. 마르는 눈물 타는 목마름 피로 찌든
4. 우리의 생명 주께 드리네 나의 자랑

무거웠던 길 — 골고 다의
굵은 창자 욱 — 손과 발의 목해
십자가 위에 — 하늘 향해
십자가일세 — 나의 생애

거친 언덕 길 지치신 주님의 음성 —
다 찔리신 지치신 주님의 모습 —
호소하시는 버림받은 주님의 영혼 —
주님 가지사 주님 영광 나타내소서 —

오 나의 주님 용서 하소서 — 죄인 위해

고난 받으셨네 — 이 세상에

생명 주시길 그렇게도 원하셨던 길 —

주님께 찬양하는

513

현윤식

주님께 - 찬양하는 우리의 마음
얼마나 아름다운지 -
주님께 - 찬양하는 모든순간
내마음 천국일세 - 찬양
찬 - - - - 양 주님께 찬양드려요 -
두손을 - 높이들고 마음을모아
주님께 찬양드려요 -

G

메들리 곡
393/ 기도하자 우리 마음 합하여   507/ 죄 많은 이 세상은   508/ 죄악에 썩은

514 주님께 감사해

(존귀한 어린양 / Worthy is the Lamb)

Darlene Zschech

주 님께감 사 - - 해 - 생 명주신 그 사 - 랑
사 - - 해 - 날 위해못 박힌 - 손

- 내 부끄러 운 죄 - 를 - 사 하시 고 - 놀
- 주 의보혈 로 나 - 를 - 씻

라 운은 - 혜 - 주 - 네 주 님께감

으 시 - 고 - 주 품 - 에 품으 - 시네 - 존

귀 한 - 어 린양 - - - - 좌 정 - 하 - 신주 - - - -

면 류관 - 쓰신 - 주 - 님 - 날 다 스 리 - 시네 -

하 나 - 님 - 아 들 - - - - 높 여 - 경 - 배 해 - - - - - 십

주님께 감사해

자 가 에 달 - 리 - 신 - 주 - 님 -

존 귀 하 신 - - 주 - - 어린 양 찬

- - 양 - - 어린양 찬 - 양 -

- 존 귀 하 신 - - 주 - 어 린양 찬

Last to Coda

1.D sus4

2.D sus4   D/F♯

D.S. al Coda

- - - 주 - -

G

515 주님 내 길 예비하시니

(여호와 이레)

홍정표

미가엘
772

1. 주님 내 길 예비하시니 나 기뻐합니다
2. 주님 내게 평화주시니 나 기도합니다
3. 주님 내게 승리주시니 나 찬송합니다
4. 주님 나를 치료하시니 참 감사합니다
5. 주님 나를 사랑하셨네 날 구원하셨네

주님 내 길 예비하시니 나 기뻐합니다
주님 내게 평화주시니 나 기도합니다
주님 내게 승리주시니 나 찬송합니다
주님 나를 치료하시니 참 감사합니다
주님 나를 사랑하셨네 날 구원하셨네

여 - 호와 이 레 여 - 호와 이 레
여여 - 호와 샬 롬 여여 - 호와 샬 롬
여여 - 호와 닛 시 여여 - 호와 닛 시
여여 - 호와 라 파 여 - 호와 라 파
할 렐루야 아 멘 할 렐루야 아 멘

주님 내 길 예비하시니 여 - 호와 이 레
주님 내게 평화주시니 여여 - 호와 샬 롬
주님 내게 승리주시니 여여 - 호와 닛 시
주님 나를 치료하시니 여여 - 호와 라 파
주님 나를 사랑하셨네 할 렐루야 아 멘

메들리곡

393/ 기도하자 우리 마음 합하여   483/ 예수 안에 있는   508/ 죄악에 썩은

주님여 이 손을

516

Anonymous

주님 여 이손 을 꼭잡 고 가소 서 -
인생 이 힘들 고 고난 이 겹칠 때 -

약하 고 피곤 한 이몸 을 -
주님 여 날도 와 주소 서 -

폭풍 우 흑암 속 헤치 사 빛으 로 -
외치 는 이소 리 귀기 울 이시 사 -

손잡 고 - 날인 도 - 하소 서 -

G

517 주님은 신실하고
(Sweeter Than The Air)

Scott Brenner & Andre Ashby

주님 - 은 - 신실하고 - 항상거기 - 계 - 시 네

- 주 사랑을 뭐 - 라할까 - 주사랑 - 이내생

명 보다귀 - 하 - 고 - 주사랑 - 이파도 보다 더 강 - 해 - 요

- 세 월이 - 가 고 꽃 이 시 들 어 도 - 주 사 랑 - 영 원 해 - 주님

1. -사랑 - 신 실 해 - 요   2. - 사 랑 - 신 실 해 - 요 - -

메들리 곡 400/ 나 약해 있을 때에도   416/ 내 손을 주께 높이   426/ 다 표현 못해도

주님의 손으로
(Hold me Lord)

518

Danny Daniels

주님의 — 손으로 — 나-를- 붙 드 소 서
주님의 — 사랑으로 — 나-를- 만 지 소 서

주님의- 성령으로 나-를- 채 워 주 소 서 -
내삶을- 드림으로 주님께- 영 광 돌 리 리 -

찬양 할 렐 - - 루- 야 - 찬양 할 렐 - - 루- 야 -

찬양 할 렐 - -루- 야 - 찬양 할 렐루 야

할렐루 야 할렐 루 할렐루 야 할렐 루

G

메들리 곡   400/ 나 약해 있을 때에도   401/ 나의 사랑 나의 생명   464/ 아버지 사랑

519 주님의 영광 나타나셨네
(The Lord has displayed His glory)

David Fellingham

주 님 의 영 광 나 타 나 셨 네 － 권

능 으 로 임 하 셨 네 － 죽

음 에서 날 － 살 리 신 주 성 령 － 놀

라 우 신 주 하 나 님 －

(형제)

할 렐

(자매)

눈 먼 자 는 － 눈 을 뜨 며 －

루 야 주 의 나 라 가 － － － 할 렐

저는 자 는 - 걷게되리 -

루야 임 하 소 - 서 - - - -

나 는 선 포 하 - 리 만 왕 의 왕 예 - 수

주 의 나 라 임 하 시 네 - -

G

520 주님 품에 새 생활하네

(주 안에 새 생활)

J. W. Peterson

주 님 품 에 — 새 생 활 하 네 — 오
주 님 품 에 — 새 생 활 하 네 — 이

영 광 의 빛 큰 은 혜 또 자 유 주 시 도 다 — 죄
전 것 은 다 지 나 고 새 피 조 물 되 었 네 — 주

악 의 생 활 — 다 사 라 지 고 — 참
하 나 님 과 — 화 목 한 새 삶 — 또

밝 은 영 광 이 내 게 빛 나 네 주 안 의 새 생 활
주 는 나 의 참 생 명 되 셨 네 주 안 에 새 생 활

메들리곡   446/ 빈들에 마른 풀 같이   552/ 해 아래 새 것이 없나니

주님 한 분 만으로

박철순

주님 한분만으로- 나는 만족- 해 - 나의 모든것되신- 주님

찬양- 해 - 나의 영원한생명- 되신 예수- 님 - 목

소리높-여찬 양 해 주 님 의크신 사랑찬-양해- 나의

힘 과 능 력-이 되신 -주- 나의 모든삶 - 변화

되었-네- 크신 주의사랑 찬 양 해

G

 메들리 곡 397/ 나는 주님을 찬양하리라 399/ 나는 주만 높이리 403/ 나의 슬픔을

522 주를 높이기 원합니다

(I give You my heart)

Reuben Morgan

주를 높 - 이기 - - - - - 원 합 니 다
내 안 의 - 모든 - - 것 - - 찬 양 하 리

온 마음 - 다 해 - - - 경 배 하 리 -
오 직 주 - 님 만 - - - - 높 이 리

나 의 맘과 영혼 - 다 주께 드 - 려 - - - 주

위 해 살 리 라　나 의 모든 호 - 흡 - 삶 의 모 든 순 - 간 에

- - 주 뜻 이 루 소 서 -

메들리곡　416/ 내 손을 주께 높이　426/ 다 표현 못해도　449/ 살아계신 하나님

주 보좌로부터 물이 흘러 523

(주님의 강이 / The river is here)

Andy Park

1. 주 보좌 - 로 - 부 터 물이 - 흘러 닿는곳 - 마 - 다 새
2. 주 님의 - 강 - 이 충 만케 - 되네 닿는자 - 마 - 다 치
3. 주님 - 의 - 산 에 올라 - 가리 주 계 - 신 - 보좌

로워지네 - - 골짜 - 기 - 를 지나 들판 - 으로
유케되네 - 그 강가 - 에 - 있 는 - 병든 - 자들
찾 - 으려 - 그 강변 - 에 - 우 리 - 달 려 - 가서

생수 - 의강물 - 흘러 넘 - 치네
주 갈 - 급 하며 - 돌 아 오 - 리라 주 님의 강이 - 우릴 즐겁
춤 을 - 추 - 며 주를 찬 양 - 하리

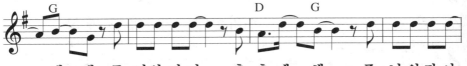

- 게 - 해 주 님의 강이 - 춤 추게 - 해 - 주 님의강이

- 우릴 새롭 - 게 - 해 기쁨 - 으로 충 만 케하네 -

G

메들리 곡   387/ 거룩한 주님의 성전에   405/ 나의 왕께 찬양해   483/ 예수 안에 있는

524 주 보혈 날 정결케 하고

(주의 손에 나의 손을 포개고)

주영광

주보 혈 날정결케하 -고 주보 혈 날자유케하니 주앞

에 나예배하는 이 시 간 나의모 든것을주께드리

네 주의 손 날위해찢기 셨고 주의 발 날위해박히

셨으니 이제 는 내가사는것이 아 니 요 오직주를위해사는것이

라 - 주의손에나의손을 포개고 또

주의 발 에나의발을 포개 어 나 주와함께죽고 또

주와함께살리라-영 원 토록-주위 해살리 - 라 -

- 라 - 주위해살리 - 라 - -

주 보혈로 나 사심은

525

(어찌 날 위함이온지 / And Can It Be That I Should Gain?)

Camp Kirkland, D.Charles Wesley,
Thomas Campbell

주 보혈로 날 사 - 심 - 은 그 뜻 - 이 -
하 늘 보좌 아 버 - 지 - 집 겸 손 히 -
나 는주의 소 유 - 되 - 고 주 는 - 나 -

깊 고 - 크 셔 라 상 하심과 - 죽으 심
떠 나 - 신 그 뜻 주 의사랑 - 사랑 만
의 상 - 전 이 니 그 명령만 - 따르 오

이 어 찌 - 날 위 - 함 이 온 지 놀 라 워
이 그 일 - 을 이 - 루 셨 도 다
리 공 의 - 의 옷 - 입 고 살 리

라 주 - 사 - 랑 - 이 - - 날 위 - - 해 죽 - - 으

신 - - 사 랑 놀 라 워 라 주 사 랑

이 어 찌 날 위 함 - 이 온 지

메들리 곡   407/ 내가 주를 위하여   408/ 내가 먼저 손 내밀지   420/ 내 인생 여정

526 주 신실하심 놀라워

(주님의 은혜 넘치네 / Your Grace is Enough)

Matt Maher & Chris Tomlin

주 신 - 실하 - 심놀 - 라워 -
공 의 - 와사 - 랑놀 - 라워 -

죄 인 - 의마 - 음흔 - 드네 -
약 한 - 자들 - 어쓰 - 시네 -

자 비 - 의물 - 가로 - 인도 - 하시 - 니
구 원 - 의노 - 래로 - 인도 - 하시 - 니

그 무 - 엇도 - 끊지 - 못해 - 　 주여
만 백 - 성함 - 께찬 - 양해 -

기 억 - 하소서 - 주백 성 - 자녀 들 - 신

실 한 - 주님 의 - 약 - 속 - 　 주

주 신실하심 놀라워

님의 은혜 - 내게 넘치네 - 나

를 향한 주 - 은 - - 혜 -

주 님의 은혜 - 이 땅에 부으소서 - 나
나를 덮는 사랑 -

를 향한 주 - 은 - - 혜 - 넘 - 치는 - 주

- 은 - - 혜 -

G

527 주 여호와의 신이
(기름 부으심)

신상우

주 여호와의 신이

528 주 예수의 이름 높이세

(We want to see Jesus lifted high)

Doug Horley

메들리 곡   395/ 기뻐하며 왕께   483/ 예수 안에 있는 나에게   498/ 은밀한 곳 조용한 곳에

주 우리 아버지

(God is our Father)

Alex Simon & Freda Kimmey

주우리 아버지 – 우리는 그분의자 – 녀

예수우 리형제 – 손에 손잡고하나되어 함께걸 – 어가 리

주 께 찬송 해 탬버 린으로

주 께 찬송 해 손뼉 쳐

주 께 찬송 해 춤을 추면서

주 께 찬송 해 –목소리로 랄랄라

라 랄 라라랄라 랄라 라 라랄라라 – 라 랄랄라

라 랄라라랄라 랄랄 랄랄 랄 라라 – 라 랄라 –

메들리 곡

396/ 나 기뻐하리   425/ 다 와서 찬양해   453/ 성령님이 임하시면

G

530 주의 영이 계신 곳에

(자유 / Freedom)

Derrel Evans

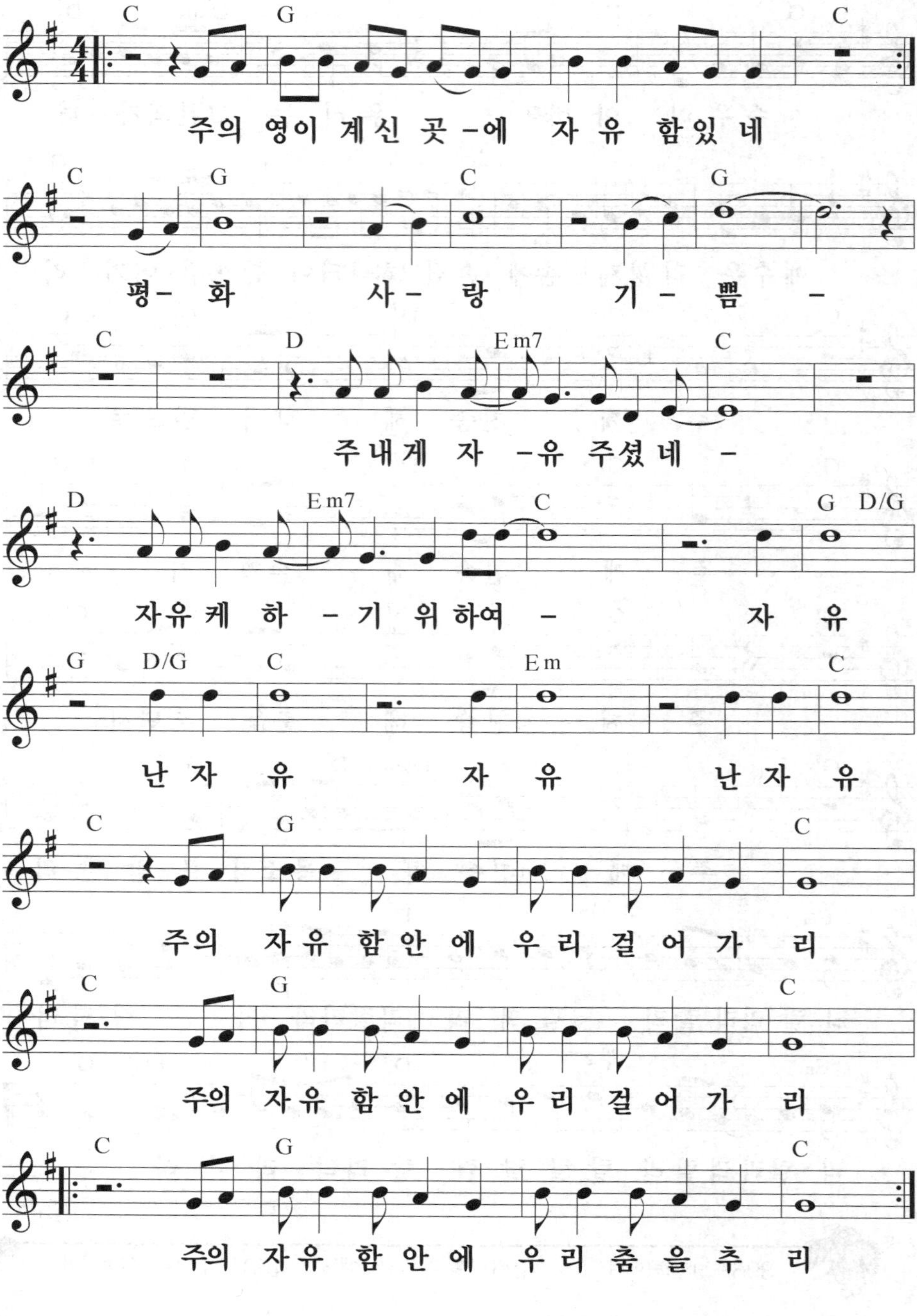

C G C
주의 영이 계신 곳-에 자 유 함있 네
C G C G
평- 화 사- 랑 기 - 쁨 -
C D Em7 C
주내게 자 -유 주셨네 -
D Em7 C G D/G
자유케 하 - 기 위하여 - 자 유
G D/G C Em C
난자 유 자 유 난자 유
C G C
주의 자유 함안 에 우 리 걸 어 가 리
C G C
주의 자유 함안 에 우 리 걸 어 가 리
C G C
주의 자유 함 안 에 우 리 춤 을 추 리

주의 영이 계신 곳에

주의 영이 계신 곳 - 에 자유함 있네

주의 영이 계신 곳 - 에 자유함 있네 주의

주 내게 자 - 유 주셨 네 -

자유케 하 - 기 위 하여 - 자 유

G

531 주의 이름 높이며

(Lord I lift Your name on high)

Rick Founds

주의 이름높 - 이 며   주를 찬양하 - 나

이 - 다   나를구 하러 - 오 신

주를기 뻐하 - 나 이 - 다   하 늘영광 버 리고

- 이 땅 위에 - 십자가 - 를 지시고 - 죄 사 - 했

네 무덤에 - 서 일 어나 - 하늘로 - 올 리셨네

- 주의 이 름 높 - 이 - 리 - -

메들리 곡   386/ 갈급한 내 맘   397/ 나는 주님을 찬양하리라   399/ 나는 주만 높이리

주의 이름 높이세

정찬양

주의이름 높 이 세 나 의 죄속하 셨 네

은 혜또 한 풍 성 히 나 에게주 셨 네

주의이름 높 이 세 나의죄속하 셨 네

내 게 승 리 주 신 예 수 주의이름 높 이 세

| 2. 주의 이름 찬양해   3. 주의 이름 놀라와

G

메들리 곡   411/ 내게 강 같은 평화   424/ 누구든지 목마르거든   483/ 예수 안에 있는

533 주의 이름 송축하리

(The name of the Lord)

Clinton Utterbach

1. 주의 이름 송축하리 - 　주의이름 송 축하리 - - -
2. 거룩하신 주의이름 - 　거룩하신 주의이름 - - -
3. 영광스런 주의이름 - 　영광스런 주의이름 - - -

지존 하신 주의 이름 - 찬 - 양 - -
거룩 하신 주의 이름 - 찬 - 양 - -
영광스런 주의 이름 - 찬 - 양 - -

지존 하신 주의 이름 - 찬 - 양 - - Fine
거룩 하신 주의 이름 - 찬 - 양 - -
영광 스런 주의 이름 - 찬 - 양 - -

주님의 이름 - 은 　　 강한 성

- 루 　　 그 곳 에달려 - 간 - 자

안 전 - 하리 - - 　 주님의 이름

- 은　　　강한성 - 루　　　그곳에달려

- 간 - 자　　안전 - 하리 - -

 메들리곡

392/ 그리 아니하실지라도　431/ 마지막 날에　453/ 성령님이 임하시면

찬송을 부르세요

534

미가엘
1083

G

1. 찬송 을부르 세　요　　　찬송을부르 세　요
2. 기도 를드리 세　요　　　기도를드리 세　요
3. 서로 사랑하 세　요　　　서로사랑하 세　요
4. 말씀 을들으 세　요　　　말씀을들으 세　요

놀라 운일이 생　깁니다　　찬 송부르 세　요
놀라 운일이 생　깁니다　　기 도드리 세　요
놀라 운일이 생　깁니다　　서 로사랑 해　요
놀라 운일이 생　깁니다　　말 씀들으 세　요

메들리곡

392/ 그리 아니하실지라도　395/ 기뻐하며 왕께　425/ 다 와서 찬양해

G

535 주의 인자하신 그 사랑이

박기범 & 이지음

주의 인자하신- 그사랑이- 내 생명보다나으 며 위
함이없는- 주임재가- 내 근심보다가깝 고 주

로하시는- 주손길은- 내 눈물보다귀 하 다 변
님흘리신- 그보혈은- 내 상처보다진 하

다 결국내 주 님과함께 사 는 것 나의영원한소

원 주의아 름다움안에 사 는 것 나의영원한 기 쁨

메들리 곡   416/ 내 손을 주께 높이   449/ 살아계신 하나님   454/ 세상 모든 민족이

주의 인자하심이 생명보다 536

정종원

주의 인자 - 하 심이 생명 보다 - 나으 므로 내 - 입 술은

주 를 찬 양 주의 인자 - 하 심이 생명 보다 - 나으

므 로 내입술은주 찬양 - 찬양 - 이러므 로 내평생

에 주 를 송 축하 며 주의 이 름으로 - 인

하여 내손을 들리 - 라 - -(들 - 리 - 라) 주의 인자 - 하 심이

생 명보다 - 나으 므로 내 - 입술은 주 를 찬 양

주의인자 - 하심이 생명보다 - 나으 므로 내 입술은주 찬양 -

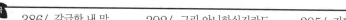

537 죽임 당하신 어린 양

죽 임 당하신 어린 양　　모든 족속 과방언 백성
임 당하신 어린 양　　우리 들을 나라 와 제사

과 나 라 가운데서 - 우리를 피로 사 서　하나
장 삼 아주 셨으니 - 우리는 주와 함 께　이땅

님 께 드리 셨 네　죽 리　죽임당 하신어 - 린
에 서 다스 리

양　능 - 력과부 와지혜 힘 과 존귀와 영광

찬 송 받 으시 - 기 에 합당 하신 어 린 양

410/ 내가 주인 삼은　　418/ 내 앞에 주어진　　432/ 모든 민족에게

지존하신 주님 이름 앞에

(Jesus at Your name)

Chris Bowater

지존 하신 주님 이 름앞에 모두무릎꿇고 다

경배 해 – 거룩 하신 주님 보 좌앞에 엎

드 려 절 – 하 세 예 수 는

그리스도 예 수 는 주 하 나 님 의

영 으 로 – 경 배 드 – 리 리 –

G

398/ 나는 주를 작게 보았네   427/ 당신은 영광의 왕   442/ 보혈을 지나

539 지치고 상한 내 영혼을

(주여 인도하소서)

최인혁

찬양하라 내 영혼아

(Bless the Lord, oh my soul)

540

Margaret Evans

1. 찬 양 하 라   내 영 혼   아   찬 양 하 라   내 영 혼
2. 감 사 하 라   내 영 혼   아   감 사 하 라   내 영 혼
3. 기 뻐 하 라   내 영 혼   아   기 뻐 하 라   내 영 혼

아   내 속 에 있 는 것 들 아 다 찬 양 하 라
아   내 속 에 있 는 것 들 아 다 감 사 하 라
아   네 속 에 있 는 것 들 아 다 기 뻐 하 라

388/ 거룩 거룩 거룩하신 주   400/ 나 약해 있을 때에도   416/ 내 손을 주께 높이

541 찬양 중에 눈을 들어

(호산나 / Hosanna)

Paul Baloche & Brenton Brown

찬양 중에 눈을 들어

구원의주 - 하 나 - 님 - 찬 양 받으

- 실 주 - 님 - 호 산 - - 나 호

산 - - - - - 나 - 내안 에임 - 하 셔 - 서

- 주님의 뜻이 - 루 소 서 -

G

542 창조의 아버지
(Father Of Creation)

David Ruis

1. 창조-의 아버-지　　그 섭리보-이사-
   주의-크 신능-력　　만물이 사모하니-
2. 열방-의 통치-자　　세상이 보-리라-
   우릴-돌 아보-사　　강건케하-소서-

택하신세 대일으 키 - 어　　이 땅을고치 소서-
성 령의기 름부어 주 - 사　　이 시간임하 소서-
신 실한주 의약속 으 - 로　　교 회는승리 하리-
연 약함모 두벗어 지 - 고　　승 리케하옵 소서

- 주영 광 여기-임 하사 -　　열 방향
- 해 그빛 - 비추 소 서　　주의 얼 굴구 - - 할때
- 주의 향기 머무 소 - - 서　　영
광 영광 영광 영- - 광 영 광

메들리 곡　400/ 나 약해 있을 때에도　432/ 모든 민족에게　537/ 죽임 당하신 어린 양

축복하소서 우리에게

543

이천

축복 하 소서 - 우 - 리 에게 -

날마 다 새롭 게 - 태 어나 도 록 록

주는 아 버지 - 우 - 리 - 는주 의 자 녀

주님 두 팔로 - 안 아 주소서 -

G

544 천년이 두 번 지나도

미가엘 1937

전종혁 & 조효성

천년 이두번 –지 나도 – 변하 지 않는건 – 당신

을 향한 – 하 나님의 – 사 랑 이예요 – 천년

이두번 – 지나 도 – 바꿀 수 없는건 – 당신

을 향한 – 하나님의 – 마음이예요 – 당신

의 삶을 – 통해 하나 님영 광받 으시고 – 우리

가 하나 – 될 때 주님나라 이뤄지죠 – 당신을

향 한하 나 님의 – 선 하신계획 – 우리의

천년이 두 번 지나도

섬김과 - 나눔으로 - 아름 답게 열매 맺 어 요   하나 -

님은당 - 신을 - 통해 - 그의마 - 음을 -   그의 사랑과 - 그의

용서를 -   나 타 내 기 원해요 - 천년 이 두번 지 나 도 - 당신

은 하 나 님 의사람 - 이죠 -   천년 이가도 - 영 원 히

G

545 캄캄한 인생길

(달리다굼)

미가엘 963
현윤식

캄캄한 인생길

달 리다 꿈 깨어라 일어나 걸─어라 어

둠 은 물러가 고 새날 이 다가오 네 주님

오 실날 멀잖았 네 어둠속 에 잠자 던 영혼 일어나 라

일 어 나 걸─어 라 달 리다 꿈 일어나 라

G

546 하나님께로 더 가까이

(Nearer to God)

Stephen Hah

하 나 님께 로 더 가까 이 갑니 다

고 통가운 데 계신주 님 — 변함

없 는 주님 의 크 신사 랑 — 영원

히 주 님만 을 섬기 리 —

 메들리 곡   410/ 내가 주인 삼은   416/ 내 손을 주께 높이   426/ 다 표현 못해도

하나님께서는 우리의 만남을 547

(우리 함께 / Together)

Rodger Strader

하 나님께서 는　　　우리의만남 을

계 획해놓셨 네 - -　　우 린하나되 어

어 디든가리 라　　　주 위해서라 면

무엇 이든하 리 - 라　　당신과함 께

우 리 는 하 - 나되어 - 함 - 께

걷네　하늘아 버 지　사 랑안 - 에 서

우 리는 기 - 다 리며 - 기 - 도

하 네　우리의삶 에 사 랑넘치도 - 록　　 - 우리는 -

470/ 여기에 모인 우리　　429/ 때로는 너의 앞에　　543/ 축복하소서 우리에게

548 하나님께서 당신을 통해

김영범

하 나님께서　당신을통해　메마른땅에 샘 물

나게 하 시 기를 가난 한영혼　목마른영혼

당신을통해 주사 랑알기 원 하네 ―

메들리곡　454/ 세상 모든 민족이　470/ 여기에 모인 우리　543/ 축복하소서 우리에게

하늘과 땅 가득한　549
(열방이여 노래하라)

고형원

하늘과 땅가득한 - 찬양의함성 내영혼 - 그날 기다립 - 니다

온우주에 가득한 - 주님의영광 내영혼 - 바라봅 니 - 다

모든 열방 기뻐 주께 달려와 주님께 - 경배 드리는 - 그날

흰옷입은 백성들 - 목소리높여 주님께 - 노래부 르 - 리

영광영 - 광 죽임 당하신 - 하나님 어린양께 -

영광영 - 광 그아들 주신 - 하나님 께 만

국의영광과 - 존 귀를 가지고 - 우리 주앞에 경배 하 세 하

나님의영광 - 그 보좌앞에서 - 열방이여 - 노래하 라 -

550 하늘의 나는 새도

(주 말씀 향하여 / I Will Run To You)

미가엘 1849

Dalene Zschech

메들리 곡   432/ 모든 민족에게   479/ 예수는 왕   537/ 죽임 당하신 어린 양

할렐루야 주가 다스리시네

(Hallelujah, the Lord, our God reigns)

551

Anonymous

할렐 루 야 주가 다스리 네 할렐

루 야 주가 다스리 네 주 는 위대하 시 고

큰일 하 셨 네 할렐 루 야 주 님이 다스리

네 할렐 네 주 네

G

397/ 나는 주님을 찬양하리라   399/ 나는 주만 높이리   405/ 의 왕께 찬양해

552 해 아래 새 것이 없나니

(새롭게 하소서)

이종용

해아래 새것이 - 없나니 이 죄인살리신 주

보라 새 롭게 된이 피조물 주 의 놀라 운권 능

찬 양 하세 우리 주 오 주 여영 광받 으소 서

새 롭게 하소 서 새 롭게 하소 서

새 롭게 하소 서 늘 새 롭게 하소 서

메들리 곡   408/ 내가 먼저 손 내밀지   420/ 내 인생 여정 끝내어   540/ 찬양하라 내 영혼아

호산나

(Hosanna)

553

Carl Tuttle

호 산 ― 나 호 산 ― 나 호 산나높은곳에 서
영 ― 광 영 ― 광 왕의왕께영광 을

호 산 ― 나 호 산 ― 나 호 산나높은곳에 서
영 ― 광 영 ― 광 왕의왕께영광 을

주의 이름 높여 ― 다 찬양 하라 ―
주의 이름 높여 ― 다 찬양 하라 ―

귀하신주 나의 하 나 님 호 산나높이 외 치 세
귀하신주 나의 하 나 님 주 님께영광 돌 리 세

G

메들리곡 411/ 내게 강 같은 평화 424/ 누구든지 목마르거든 556/ 그는 여호와

554 홍해 앞에 선 모세처럼

(Jesus Generation)

천관웅

홍해 앞에 선 모세 처럼 골리앗 앞의 다윗 처럼
기도와 금식 찬양으로 세상과 다른 방법으로

주이름으로 강한 세대 – 산옮길 강한 믿음 갖고
세상을 변화시킬 세대 – 견디기 힘든 시련에도

기도로 하늘문을 여는 믿음으로만 사는 세대
의연히 흔들리질 않는 세상이 감당 못할 세대

– 일으키 – 소서 – – 일으키 – 소서

– – – The call – – from hea – ven –

기도로 세상을 다 정복 – 할 세대 잃 – 어 버린

– 영 혼가 – 슴에 안 – 고 – 오 – – – and shout

- for free - dom- 모 든 사 - 람 주 볼
- 때 까 지 - - - - 주 만 위 - 해 사 는 -
We're the Jesus ge - nera - tion - - tion -
싸 움 이 - 치 열 - 해 도 - 물 러 서 - 진 않 - 으 리
- 승 리 의 - 그 날 - 까 지 - 예 - - - The call

G

555 그가 찔림은 우리의 허물을

노문환

그가 찔 림은 우리의 허 물을 인 함이요
그가 멸 시와 천대를 받음이 웬 말이요

그가 상 함은 우리의 죄 악을 인 함이라
그는 추 함도 사악한 죄 악도 없 음이라

그가 징 계를 받음으 로 우리 가 나음을입었도 다
그가 조 롱을 받음으 로 우리 가 귀함을얻었도 다

우리 는 다 양같아 서 그 릇 행하 여

각 기 제 길로 갔거 늘 각기 제 길로 갔거 늘

여 호 와 께서우리의 죄 악을 그에 게 담당 시켰도 다

그는 여호와 창조의 하나님 556

(창조의 하나님 / He is Jehovah)

Betty Jean Robinson

1. 그는여 호 - 와 창조의 하나님 그는여
2. 지존의 하나님 아브라함의 하나님 여호와
3. 여호와 이 - 레 그는나의 공급자 구원의

호 와 전능의 하나님 길르앗의 향료요 반석의
샬 롬 평강의 하나님 이스라엘의 하나님 영원하
하나 님 구주의 하나님 아들을 보내어 그를증거

하나님
하나님 그는여 호 와 치료의하 - 나 님
하셨네

찬양 - 하 세 할렐 - 루 야 찬양 -

하 세 오 - 할렐 루 야 그는여 호 - 와 전능의

하나님 그는여 호 와 치료의하 - 나 님

 메들리 곡   444/ 부어 주소서 주님의 성령   559/ 여호와 이레   563/ 우리 주의 성령이

557 수 없는 날들이
(참회록)

최용덕

얼마나 아프셨나

558

조용기 & 김성혜

얼마 나 아프셨 나 못박 힌 그손과 발
도 모든땅 도 초목 들 도다울 고
너의 죄 너희의 죄 우리 의 모든죄 를
과 손과발 에 흐르 는 그귀한 피

죄없 이 십자가 에 매달 리 신예수 님 하늘
해조 차 힘을잃 고 온누 리 비치잖
모두 다 사하시 려 십자 가 달리신 주 얼굴
골고 다 언덕위 에 피로 붉 게적 셨

네 아 아 끝없어 라 주의 사 랑언제 나

아 아 영원토 록 구 원의 강 물흐르 네

G

메들리 곡
401/ 나의 사랑 나의 생명   562/ 글로리아   564/ 한걸음 또 한걸음

559 여호와 이레 채우시네

Merla Watson

여호와이레 - 채우시네여 호와이레돌보시네

- 나를 나를 여호 와이레 - 채우시네 여

호와이레돌보시네 - 내 쓸 것을 채워주시 - 네 -

영광안에풍성 하신 주님 - 나를위해천사를

보내주시 네 여 호 와이레돌보시네

- 나를나를여 호 와이레돌보시네 -

411/ 내게 강 같은 평화   424/ 누구든지 목마르거든   563/ 우리 주의 성령이

온 땅이여 주를 찬양

560

(Sing To The Lord)

Miles Kahaloa & Kari Kahaloa

온 땅이여 주를 찬양 – 날마 다 주를 찬양하 세 – – 주

의 기사와 주의 영광 – 온 땅 에 널리 알려 졌 네

Fine

위 대 하신 주 그의 힘 과 – 위 엄을 기

뻐 하 – 라 주의 다 스 리 – 심 – 을 –

D.C.

G

561 우리가 주님의 음성을

(여호수아의 군대 / Joshua's Army)

Scott Brenner

우리가 주님의 음성을

누가 - 주 - 님 - 앞 - 에 - 설 수 있 - 는 - 가 - - 여 -

메들리 곡   556/ 그는 여호와   498/ 은밀한 곳 조용한 곳에   526/ 주 신실하심 놀라워

글로리아

(Gloria)

562

미가엘
763

Stephen Hah

글로 리 - 아   글로 리 - 아

아 바 아 바 아 버 지 - -

아 바 아 바 아 버 지

G

메들리 곡   442/ 보혈을 지나   552/ 해 아래 새 것이 없나니   564/ 한걸음 또 한걸음

563 우리 주의 성령이

(When the spirit of the Lord)

Margaret DP. Evans

1. 우리 주의성령이 내게 임 하 여 주를 찬 양합-니- 다
2. 우리 주의성령이 내게 임 하 여 손뼉 치 며찬양합니 다
3. 우리 주의성령이 내게 임 하 여 소리 높 여찬양합니 다
4. 우리 주의성령이 내게 임 하 여 춤을 추 며찬양합니 다

우리 주의성령이 내게 임 하 여 주를 찬 양합-니- 다
우리 주의성령이 내게 임 하 여 손뼉 치 며찬양합니 다
우리 주의성령이 내게 임 하 여 소리 높 여찬양합니 다
우리 주의성령이 내게 임 하 여 춤을 추 며찬양합니 다

찬양 합 니다 찬양 합 니다 주를 찬 양합 니 다
손뼉 치 면서 손뼉 치 면서 주를 찬 양합 니 다
소리 높 여서 소리 높 여서 주를 찬 양합 니 다
춤을 추 면서 춤을 추 면서 주를 찬 양합 니 다

찬양 합 니다 찬양 합 니다 주를 찬 양합 니 다
손뼉 치 면서 손뼉 치 면서 주를 찬 양합 니 다
소리 높 여서 소리 높 여서 주를 찬 양합 니 다
춤을 추 면서 춤을 추 면서 주를 찬 양합 니 다

444/ 부어 주소서 주님의 성령   556/ 그는 여호와   559/ 여호와 이레

한걸음 또 한걸음
(십자가의 길)

564

김석균

1. 한걸음 - 또한걸음 무거운 발길 옮길 때 저들
2. 한마디 - 또한마디 용서의 기도 드릴 때 저들
3. 한방울 - 또한방울 뜨거운 눈물 흘릴 때 저들

모 두큰 소리 로 소리 치 며뒤 - 따랐 네 지치
모 두조 롱하 며 십자 가 에못 - 박았 네 골고
모 두큰 소리 로 희롱 하 며비 - 웃었 네 옆구

어 - 쓰러질 때 살을 찢 는채 찍 소 리 고난
다 - 언덕위 에 살을 찢 는망 치 소 리 쓰리
리 - 창에찔 려 흘러 내 린저 붉 은 피 죽음

의 - 십자가 를 누굴 위 해지 셨나 요 - 주님
고 - 아픈고 통 누굴 위 해참 았나 요 - 주님
의 - 골고다 를 누굴 위 해가 셨나 요 - 주님

의 무거운걸 음 내가 어 찌알 리 요 주님
의 용서의기 도 내가 어 찌알 리 요 주님
의 뜨거운눈 물 내가 어 찌알 리 요 주님

의 무거운발 길 내가 어 찌알 리 - 요
의 용서의눈 물 내가 어 찌알 리 - 요
의 뜨거운눈 물 내가 어 찌알 리 - 요

G

565 갈릴리 마을 그 숲속에서

(가서 제자 삼으라)

최용덕

갈 — 릴리 마을 그 숲속 에서 — — 주님
미류 나무 우거 진 숲속 에서 — — 주님

그 열한 제자 다시 만나시사 — — 마지 막그들에 게
그 열한 제자 다시 부르시사 — — 마지 막그들에 게

부탁 하시기 를 — 너희 들은 — 가라 저 세상으 로 —
부탁 하시기 를 — 너희 들은 — 가라 저 캠퍼스 로 —

가 서 제 자삼으 라 세 상 많 은사람 들 을

세 상 모 든영혼 이 네게 달렸나 니 —

가 서 제 자삼으 라 나 의 길 을가르 치 라

내 가 너희와 — 항상함 께 하 — 리 라 —

메들리곡   572/ 그 날이 도적 같이   575/ 나의 가장 낮은 마음   586/ 나 자유 얻었네

감사하신 하나님

(에벤에셀 하나님)

홍정식

감사 하신 하나 님 – 에벤에셀하나 님 –

살아 계신하나 님 – 에벤에셀하나 님 –

여기 까지 인도 하 셨네 감사하신 하나 님 –
장래 에도 인도 하 시리 감사하신 하나 님 –

여기 까지 인도 하 셨네 살아 계신하나 님
장래 에도 인도 하 시리 살아 계신하나 님

감 사 하신하나 님 – 에벤에셀하 – 나 님

살아 계신하나 님 에벤 에셀 하나 님

A

568/ 거룩한 성전에 거하시며   569/ 고개 들어   570/ 괴로울 때 주님의 얼굴

강하고 담대하라

시-며- 네모 든 필요를다-아시 네-- 강하
으-로- 네영 혼 언제나자-유하 리--

리 네안 에 계시 는 주 - - 님 -

- 오늘 너를-강하-게-하 리

A

568 거룩한 성전에 거하시며
(We sing alleluia)

미가엘 1323
Walt Harrah

1. 거 룩 한 성전 에거 하 시 며   하 늘 보좌에계신-
2. 오 아 름 다운주의 영 - 광   승 리 의함성들리-
3. 거 룩 한 성전에계 신 - 주   우 리 주님앞에서-

주 주 가 베푸신모든 사 랑   우 리 찬양을주님
네 죽 임 당하신어린 양 께   우 리 큰소리외치
서 이 전 의성도들과 함 께   주 보 좌앞에엎드

께 오 며 찬 양 할 렐 루 야   할 렐 루 야
려

할 렐 루 - 야 찬 양 할 렐 루 야

할 렐 루 야 할 렐 루 - 야 거 야

메들리 곡
566/ 감사하신 하나님 에벤에셀 하나님   632/ 우리 보좌 앞에 모였네

고개들어 주를 맞이해

(Lift up your heads)

569

Steve Fry

고 개 들 어　　　주 를맞 이 해

엎 드 리 어　경 배 하 며　찬 (찬 양주님께영 광) 양

왕 의 위 엄 을　　　신 령 과 진 정 한

찬 양 으 로　영 광 돌 려　만 왕 의 왕 께

A

570 괴로울 때 주님의 얼굴 보라

(In these dark days)

Harry Bollback

괴로울 때 주님 의얼굴 보라 평화의 주님바라보아 라
힘이 없고 네마음연약 할때 능력의 주님바라보아 라

세상에 서 시달린친구들아 위로의 주님바라보아 라
주의이 름 부르는모든자는 힘 주시 고 늘 지켜주시 리

눈을들 어 -주 를보 라 -네모든 염 려주께맡겨 라

슬플때 에 주님의얼굴 보라 사랑의 주님안식주 리 라

메들리 곡

566/ 감사하신 하나님   567/ 강하고 담대하라   574/ 나는 찬양하리라

교회여 일어나라

571

전은주

메들리곡

572 그 날이 도적같이

김민식

그 날이 도적같이 이를 줄 너희는
평강의 하나님이 너희를 거룩하

모르느냐 - 늘 깨어 있으라-
게 하시고 - 온 몸과 영혼이-

잠들지 말아라 - 주님과 동행하라
주오실 그 날에 - 흠 없기 원하노라

- 항상 기뻐하라- 쉬지 말고

기도하라 - 범사에 감사하라 -

이는 예수 안에서 - 너희에게

향 - 하신 - 하나님 뜻이니라 -

나 가진 재물 없으나
(나)

송명희 & 최덕신

573

A

566/ 감사하신 하나님   569/ 고개 들어   574/ 나는 찬양하리라

574

나는 찬양하리라
(I sing praises to Your name O Lord)

Terry MacAlmon

나 는찬양하리 라 주 - 님 그이름찬 양 예 - 수
리 주 - 께 영광의이름 예 - 수

크 신 주 이름 나 찬 양 하 리 라　나는찬양하리 라
크 신 주 이름 나 찬 양 하 리 라　나는영광돌리 리

주 - 님 그이름찬 양 예 - 수 크 신 주 이름
주 - 께 영광의이 름 예 - 수 크 신 주 이름

나 찬 양 하 리 라　나는영광돌 리 라 -

나의 가장 낮은 마음

(낮은 자의 하나님)

575

양영금 & 유상렬

576　나의 구원의 하나님 경배해

설경욱

나의구원의 - 하 나님경배해 - 그능력과 - 지혜 - 크
고놀라워라 - 변함이없는 - 사랑을베푸신 -
영존하시는 - 당신은나의주 - 진리
의 주성령 - 이여 - 내안에 들어와내삶 - 을
인도하소서 - 이땅위에 - 저높 - 은 하 - 늘아래 -
주님만이 내사랑 - 그 영광의부요 함이여 - -
그 진리안에자유 함이여 - 내 오른편에서 -
항 상도우시는 - 주를경배합니다 -

Copyright ⓒ 설경욱, Adm. by KCMCA. All rights reserved. Used by permission.

메들리곡
568/ 거룩한 성전에 거하시며　574/ 나는 찬양하리라　577/ 나의 믿음 주께 있네

나의 믿음 주께 있네

(In christ alone)

Don Koch & Shawn Craig

577

나의 믿음 주께-있 네 십자-가 능력 이내영-광되-었

네 주께서 우리를 - 승리케 하 시니 - 나의

- 능력 - 나의 - 소망 - 주께있 네

A

578 나의 기도하는 것보다

홍정식

나 의 기도하 – 는 것보다 –　　더욱응답하실 하 나 님

나 의 생각하 – 는 것보다 –　　더욱 이루시는 하 나 님

우리가 운데 역 사 하 신　능력대 로 우 리 들 의

간구함을 넘 치 도록 능 히 하 실 주 님 께 모든

영광과 존귀 찬양과 경배를 돌 릴 지 어 다　　모든

영광과 존귀 찬양과 경배를 돌 릴 지 어 다

 메들리 곡　　566/ 감사하신 하나님　　570/ 괴로울 때 주님의　　573/ 나 가진 재물 없으나

나의 모든 기도가

(주께 드리는 나의 시)

김성조

A

580 나의 모든 행실을

1. 나의 모든 행실 을 주여 기 억마시고 바른 길 로 인도
2. 나의 모든 실수 를 주여 용 서하시고 바른 길 로 인도
3. 이땅 위의 모든 것 마지 막 날될때에 주여 나를 받아

하 소 서 - 기쁠 때 나 슬플 때 나와 동 행하시 며
하 소 서 - 주의 크 신 사랑 과 하늘 나 라 영광 을
주 소 서 - 주의 얼 굴 대할 때 귀한 상 급 주시 고

밤 낮 으 로 인도 하 소 서 -
나 도 전 파하게 하 소 서 - 내 모든 형편 을
면 류 관 을 쓰게 하 소 서 -

다 기 억하시고 늘 나 와 동행 하 옵소 서 -

나의 생 명 주앞 에 남김 없 이 드리 니

주여 나 를 지켜 주 소 서 -

569/ 고개 들어   570/ 괴로울 때 주님의   574/ 나는 찬양하리라

나의 반석이신 하나님

(Ascribe Greatness)

581

Mary Kirkbride & Mary Lou King

나의 반석이신 하나님 행하신
모든 것 완전하시니 – 나의
생명되신 하나님 내게행 하신일
찬양합니 다 – 신 실 하 신하나– 님
실수– 가 없으 –신– 좋 으 신 나의 주– – –
– 신 실 하 신 하나– 님 실수 – 가
없으 –신– 좋 으 신 나의 주 –

A

582

나의 백성이
(Heal our land)

Tom Brooks & Robin Brooks

나의 백성-이 다 겸비하여 내게기도하 며 -
무릎 꿇--고 다 겸비하여 주께기도하 리 -

나의 얼굴-을 구하여서 그 악한길떠나 면
주의 얼굴-을 구하여서 그 악한길떠나 리

하늘에 서듣 -고 죄를 사 하 며
주님의 자비 -로 죄를 사 하 며

그 -들 의땅 -을 고 치 리 라
주님의 자비 -로 임 하 소 - 서

아 버 지여 - 고 쳐 주 소서 -

이 나라 주 의 것 되게 하 소 - 서

나의 백성이

주 하 나 님 간절히기 도 하 오 니 －

상 한 이 땅 새 롭 게 하 － 소 － 서 －

A

583 나의 안에 거하라

류수영

나의 안에 거 하라 – 나는 네 하 나 님 이 니 – 모든

환난 가운데 – 너를 지키는 자라 – 두려 워하 지말라 – 내가 널

도와 주리니 – 놀라 지말라 – 네손 잡아주리라 – 내가 너를

지명하 – 여 불렀나 – 니너는 내 것이라 – 내 것이라 – 너의

하 나 님 이라 – 내가 너를 보 배롭 – 고 존귀하 – 게

여 기노라 – 너를 사 랑하 – 는 네 여호 와라 –

나의 영혼이 잠잠히
(오직 주만이)

이유정

나의영혼이 — 잠잠히 하나님만 바람이여 —
나의영혼이 — 간절히 여호와를 갈망하며 —

나의구원이 — 그에게 — 서 — 나 — 는 도 다
나의입술이 — 여호와 — 를 — 찬 — 양하리

나의영혼아 — 잠잠히 하나님만 — 바라라 —
나의영혼이 — 즐거이 여호와를따르리니 —

나의소망이 — 저에게 — 서 — 나 — 는 도 다 오직
나의평생에 — 여호와 — 를 — 송 — 축하리

주만이 — 나의 반 — 석 — 나의 구 — 원 — 이시 니 오직

주만이 — 나의 산 — 성 내가 요동치아니 하 리 리

나의구원나의 영 광 하나님께있으 니 내

힘의 — 반 석과 — 피난처되시 네 — 오직

A

585 나의 힘이 되신 여호와여

최용덕

나의 힘이되신 여 호와 여 내가 주 님을사랑합니 다 주는
나의 생명이신여 호와 여 내가 주 님을찬양합니 다 주는

나의 반-석이 시며- 나의 요새 -시 라 주는 나를 건 지시
나의 사-랑이 시며- 나의 의지 -시 라 주는 나를 이 끄시

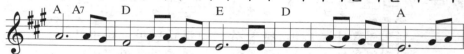

는 나의 주 나의하나 님 나의 피할 바-위시 요 나의
어 주의 길 인도하시 며 나의 생의 목자되시 니 내가

방 패시 라 나의 하 나 님 나의 하 나- 님
따 르리 라 나의 하 나 님 나의 하 나- 님

구 원의뿔- 이시 요 나의 산 성 이 라 나의 하 나 님
생 명의면류관으로 내게 씌 우소 서 나의 하 나 님

나의 하 나- 님 그는 나의 여호 와 나의 구세 주

메들리 곡   569/ 고개 들어   570/ 괴로울 때 주님의   580/ 나의 모든 행실을

나 자유 얻었네

 586

1. 나 자유 얻었네 너 자유 얻었네 우리 자유 얻-었 네 - -
2. 나 구원 받았네 너 구원 받았네 우리 구원 받-았 네 - -
3. 나 성령 받았네 너 성령 받았네 우리 성령 받-았 네 - -
4. 나 기뻐 하겠네 너 기뻐 하겠네 우리 기뻐 하-겠 네 - -
5. 나 은혜 받았네 너 은혜 받았네 우리 은혜 받-았 네 - -
6. 나 믿음 얻었네 너 믿음 얻었네 우리 믿음 얻-었 네 - -
7. 나 감사 하겠네 너 감사 하겠네 우리 감사 하-겠 네 - -

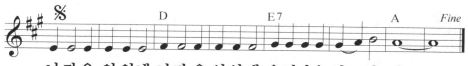

나 자유 얻었네 너 자유 얻었네 우리 자유 얻 -었 네 -
나 구원 받았네 너 구원 받았네 우리 구원 받 -았 네 -
나 성령 받았네 너 성령 받았네 우리 성령 받 -았 네 -
나 기뻐 하겠네 너 기뻐 하겠네 우리 기뻐 하 -겠 네 -
나 은혜 받았네 너 은혜 받았네 우리 은혜 받 -았 네 -
나 믿음 얻었네 너 믿음 얻었네 우리 믿음 얻 -었 네 -
나 감사 하겠네 너 감사 하겠네 우리 감사 하 -겠 네 -

주 말씀 하시길 죄사슬 끊겼네 우리 자유 얻 -었 네 할렐루야

A

587 나 주와 함께 걷기 원해요

(나의 사랑이 / Falling)

Brenton Brown & Paul Baloche

나 - 주와함 - 께걷 기 - 원 - 해 - 요 -
주님 내곁에머 - 물러 - 주 - 세 - 요 -

주 님곁에 - 날품어 - 주 - 세 - 요 -
주 얼굴볼 - 때커지 - 는 - 사 - 랑 -

언 제나주 - 의진리 - 날 - 감동 - 해 -
주 앞에나 - 의모든 - 것 - 버리 - 고 -

내 영혼오 - 직주님 - 만 - 갈 망 하 네 -
내 사랑주 - 님따르 - 기 - 갈 망 하 네 -

나의 - 사 랑이 - 더욱 - 커 - 져 - 가 네

- 주 를 - 향한내 - 사 - 랑 - 더욱 - 깊 어 져 만 가 네

깊 어 져 만 가 네 - - - - - - -

날 구원하신 주 감사

(Thanks for God for my Redeemer)

Arr. Roy Brunner & John A Hultman

588

1. 날구 원 하신주 감 사 모든 것 주심감 사
2. 응답 하 신기도 감 사 거절 하신것 감 사
3. 길가 의 장미꽃 감 사 장미 꽃 가시감 사

지난 추 억인해 감 사 주내 곁 에계시 네
헤쳐 나 온풍랑 감 사 모든 것 채우시 네
따스 한 따스한 가 정 희망 주 신것감 사

향기 론 봄철에 감 사 외론 가 을날감 사
아픔 과 기쁨도 감 사 절망 중 위로감 사
기쁨 과 슬픔도 감 사 하늘 평 안을감 사

사라 진 눈물도 감 사 나의 영 혼평안 해
측량 못 할은혜 감 사 크신 사 랑감사 해
내일 의 희망을 감 사 영원 토 록감사 해

A

메들리 곡 566/ 감사하신 하나님 573/ 나 가진 재물 없으나 583/ 나의 모든 기도가

589

내가 만민중에
(Be Exalted)

Brent Chambers

내가 만 민 중 에 오 - 주 께 감 사 하 - 며 주님

을 찬 양 하 리 열 방 중 에 - 서 - 주 의

인 자 는 커 서 커 서 하 늘 에 미 치 - 고 주의

진 리 는 넓 은 궁 창 에 이 르 나 니 - 하 늘

위 에 주 - 는 높 이 들 리 며 주의

영광은 온 세 계 위 - - 에 - 하늘 영광은 온

세 계 위 - - 에 - 내가 영 광 은 주의

영광 - 은 주의 영광은 온 세 계 위 - - 에 -

메들리 곡   569/ 고개 들어   582/ 나의 백성이   654/ 주님의 그 모든 것이

내 마음 다해

(My Heart Sings Praises)

590

Russell Fragar

591 내 마음에 주를 향한 사랑이

(십자가의 길 순교자의 삶 / The Way Of The Cross The Life Of Martyr)

미가엘 1608

Stephen Hah

내 마음에 주를 향한 사랑이 - 나의 말엔 주가 주신
내 입술에 찬 - 양의 향기가 - 두 손에는 주를 닮은

진리로 - 나의 눈에 주의 눈물 채워 주소 서
섬김이 - 나의 삶에 주의 흔적 남게 하소

서 하나 님의 사랑이 - 영원

이 함께 하리 - 십자 가의 길을 걷는 자에 게 순교

자의 삶을 사는 이에 게 조롱 하는 소리와 - 세상

유혹 속에도 - 주의 순결 한 신부가 되리

라 내 생 명 주님 께 드리 리

내 모든 것 나의 생명까지 592

(주 임재 안에서)

설경욱

내 모 든 것 - - 나 의 생 명 - 까 지

다 주 님 앞 에 - - 드 립 니 다

주 임 재 안 에 서 - 이제 내 영 혼 - 자

유 - 해 - 내가 주의 거룩한 이 름을높이며

예 배 하 리 어 린 - 양 찬 양 하 - 리 - - 내

평 생그하나로 - 충 분해요 - - 어 린 - 양 찬 양

하 - 리 - - 내 가주의임재안에 서

메들리 곡

568/ 거룩한 성전에 거하시며 573/ 나 가진 재물 없으나 654/ 주님의 그 모든 것이

593

너의 하나님 여호와가

(스바냐 3장 17절)

김진호

너의하나 님여 호와 가 너의가운 데 계시 니 -

그 는구원 을 베 푸실전능 자 전 능 자시 - 라 -

그 가너로 인하여 기 쁨 을 이 기지 못하시 며 -

너를잠 잠 - 히 사 랑 하 시 - - 며

즐 거이 부르며 기 뻐 기 뻐 하시리 라 -

 메들리 곡

574/ 나는 찬양하리라   583/ 나의 안에 거하라   592/ 내 모든 것 나의 생명까지

당신의 그 섬김이

(해같이 빛나리)

594

김석균

당신 의 － 그섬김 이　천국 에서 해같이빛나 리
당신 의 － 그순종 이　천국 에서 해같이빛나 리

당신 의 － 그겸손 이　천국 에서해같이빛나 리
당신 의 － 그사랑 이　천국 에서해같이빛나 리

당신 의 － 그믿음 이　천국 에서 해같이빛나 리
당신 의 － 그찬송 이　천국 에서 해같이빛나 리

당신 의 － 그충성 이　천국 에서 해같이빛나 리
당신 의 － 그헌신 이　천국 에서 해같이빛나 리

주님이기억하시면 족하리　예수님사랑으로 가득한모습
주님이기억하시면 족하리　불타는사명으로 가득한모습

천사도흠모하는 아름다 운그모습 － 천국 에서해같이빛나 리
천사도흠모하는 아름다 운그모습 － 천국 에서해같이빛나 리

메들리 곡

570/ 괴로울 때 주님의　580/ 나의 모든 행실을　628/ 예수 우리 왕이여

A

595 당신은 지금 어디로 가나요

(예수 믿으세요)

김석균

당신 은 지금－어디 로 가나요 발 걸 음무 겁 게
은 오늘－누굴 만 났나요 위 로 받았 나 요
를 믿고－새롭 게 되니－ 기 쁨 이넘쳐 요

이세 상 어디 쉴곳 있 나요－머 물 곳있나 요
이세 상 누가 나를 대 신하여목 숨 버렸나 요
어둠 걷 히고 새날 이 되니－행 복 이넘쳐 요

예수 안 에는안식이 있 어요 평 안 이넘쳐 요
고통 의 멍에벗어버 리 세요 예 수이름으 로
이전 에 없던평안을 얻 으니 찬 송 이넘쳐 요

십자 가 보혈 믿는 자－마다 구 원 을받아 요
마음 문 열고 주님 맞으세요 기 쁨 이넘쳐 요
샘솟 는 기쁨 전해 주－어요 예 수이름으 로

예 －수믿으 세요－ 예 －수믿으 세요－

예 －수믿으 세요－ 예수 믿 으세 요 당신
예수

당신은 지금 어디로 가나요

주를 믿 는자그는 행복해요 - 영원 한 생명 얻으 니 하나

요 할 - 렐루야 아멘 - 할 - 렐루야 아멘 -

님 나라 그의 것이 이라 - - 어서 예수믿으세 요 주를 요

할 - 렐루야 아멘 - 아멘 할 렐 루 야 야

메들리 곡

A

596 똑바로 보고 싶어요

851

최원순

똑바로 보고싶어 요 주님 　온전한 눈 짓으 로
똑바로 걷고싶어 요 주님 　온전한 몸 짓으 로

똑바로보고싶어 요 주님 　곁 눈질하긴싫어 요
똑바로걷고싶어 요 주님 　기우뚱하긴싫어 요

하 지만내모습은 온전치않아 　세상이보 는눈 은

마 치날 죄인처럼 멀 리하며 　외면을하 네 요

주님　이낮은 자를통하여 　어 디에쓰 시려 고

이 렇게 초라한 모 습으로 　만들어놓으셨나 요

당신 께 －드릴것 은 사모 하 는－이마음 뿐

똑바로 보고 싶어요

이 생 명 도 - 달라시 면 십자 가 에 - 놓겠으 니

허울 뿐인 육신 속에 - 참빛 을 심게 하시 고

가식 뿐인 세상 속에 - 밀알 로 썩게하소 서

A

597 들어오라 지성소로

(거룩하신 주님께 나오라 / Come into the Holy of Holiness)

John Sellers

들어오라지성소로 – 오 라 – 어린양의보혈로써 –

찬양하며주님앞에 – 나 와 – 보좌앞에경배하세 – –

왕의 왕 주께 – 거룩 한 – 손들 고

경 배 해 – 주 님 께 –

경 배 해 – 주 님 께 –

메들리 곡   569/ 고개 들어   583/ 나의 안에 거하라   591/ 내 마음에 주를 향한 사랑이

많은 사람들

(난 예수가 좋다오)

598

김석균

많은-사람들 - 참된 진리를모른 채 - 주 님곁을
무거운짐진자 - 다- 내게-로오라 - 내 가너를
그대-가만일 - 참된 행복을찾거 든 - 예 수님을

떠 나 갔 지만 - - 내 가만난주-님 은 - 참
쉬 게 하 리라 - - 이 길만이생명의 길 - 참
만 나 보 세요 - - 그 분으로인-하 여 - 참

사랑-이었 고 - 진 리 였 고 소 망 이었 소 - -
복된-길이 라 - 항 상 내 게 들 려 주셨 소 - -
평 안을얻으 면 - 나 와 같 이 고 백 할거 요 - -

난 예 수 가좋 다 오 - - 난- -

예 수 가좋 다 오 - - 주 를 사 랑 한 다 던 -

베 드 로고백처럼 - 난 예 수 를사랑한다오 -

565/ 갈릴리 마을   572/ 그날이 도적 같이   581/ 나의 반석이신 하나님

A

599 머리들라 문들아

Graham Kendrick

머리들 라 문들 아 너희영
죽음에 서 사셨네 모든권

원 –한문들아 머리들 라 영광
세 –이기셨네 죽음에 네 하늘

의 왕들어 가시네– 영광 의왕들어
높 이주임 하시네– 너희문을넓게

가 시네– 영광 의왕들어 가시네– 영광
열 어라– 하늘높이주임 하시네– 너희

의 왕들어 가 시네 –
문 을넓게 열 어라 –

메들리곡   572/ 그 날이 도적 같이   575/ 나의 가장 낮은 마음   586/ 나 자유 얻었네

멀고 험한 이 세상 길

(돌아온 탕자)

600

김석균

1. 멀고 험 한 – 이 세상 길 소망 없 는 나그 네 – 길
2. 무거운 짐 – 등에 지 고 쉴 곳 없 어 애처로운 몸
3. 눈물로 써 – 회개하 고 아버 지 의 품에 안기 어

방황하 고 – 헤매이 며 정처 없 이 살 – 아 왔 네
쓰러지 고 – 넘어져 도 위로 할 자 내 겐 없었 네
죄악으 로 – 더럽힌 몸 십자 가 에 못 – 박았 네

의 지 할 곳 없 는 이 몸 위 로 받 고 살 고 파 서
세 상 에 서 버 림 받 고 귀 한 세 월 방 탕 하 다
구 원 함 을 얻 은 기 쁨 세 상 에 서 제 일 이 라

세 상 유 혹 따 라 가 다 모 든 것 을 다 잃 었 네
아 버 지 를 만 났 을 때 죄 인 임 을 깨 달 았 네
영 광 의 길 허 락 하 신 내 주 예 수 찬 양 하 네

A

메들리 곡   569/ 고개 들어   570/ 괴로울 때 주님의 얼굴 보라   580/ 나의 모든 행실을

601 모든 민족과 방언들 가운데

(Hallelujah to the Lamb)

Debbye Graafsma & Don Moen

모 든민 족과방언들 가 운데 수 많은주 - 백성 모였 -
어 린양피로씻어진우 리들 은 혜로주 - 앞에 서 있 -

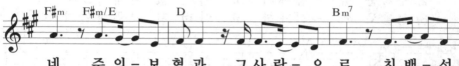

네 주 의 - 보 혈과 그 사랑 - 으 로 친 백 - 성
네 주 이 - 름으로 자녀된 - 우 리 겸 손 - 히

삼 - 으셨네 주를향한 감사와 - 찬 양 - 을 말로다
구 - 하오니 주의능력 우리게 - 베 푸 - 사 주를더

표 현할수없네 - - 다만 - 내 소리높여 - 온 맘을다 해 -
욱 닮게하소서 - - 그때 - 에 모든나라 - 주 영광보며 -

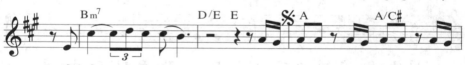

찬 양 - 하리라 - 할렐 루야 할렐 루야 할렐
경 배 - 하리라 - 할렐 루야 할렐 루야 주의 보혈덮으

루야 어린양 할렐 루야 할렐루야 주의 보혈덮으

사 - 모든 족속 모든방언 모든 백성 열방이 모든

영광 모든 존귀 모든 찬양 주께 드 - 리네 -

- 무릎꿇 - 고서 - 다함께 - 고백해

만유의 주님 - 할렐 찬양 주께 드 - 리네 -

A

602 모든 상황 속에서

미가엘 2102

김영민

모든상황속－에 서   주를찬양할－지 라

주는너의큰－상 급   큰도－움이－시 라

주의얼굴구－할 때   주의영을부－으 사

크신사랑안－에 서   주를보게하－소 서

내 영혼이－확정되고확 정되었－사오－니 －민 음의눈들－어－－ 주를

바라봅－－니 다 내 영혼이－확정되고－확 정되었－사오－니 － 민

모든 상황 속에서

음 의 눈들 - 어 - - 주를 바 라봅 - 니 다

주를   찬양할 - 때 주의나 - 라 이미임 - 했네   그의

영원한 - 나라 - 보게하 - 소 서   -   -   내

A

603 모든이들 필요해

(내 주는 구원의 주 / Mighty To Save)

Reuben Morgan & Ben Fielding

모든 이들 필요 - 해 완 전한 주사 - 랑 - 자
내실 - 패와 두려 - 움 주 받아 주소 - 서 -

비 베 푸소 - 서 - 모든 이들 필요 - 해 - 구세 - 주의 온유
채 우소 - - 서 - 내 삶 - 을 주 께드 - 려 - 온전히 주 따르

- 함 - 열 방의 소 망 -
- 리 - 주 께 순 종 해 -

예 수 산 을 옮기 - 시 는 내 주는 능력의 주 - 그는

구 원의 주 - 영 원 한 구 원의 창 조 자 사 망을

이 기 시 고 - 예 수 부 활 했 네 -

Fine

모든이들 필요해

비추소서 주님의빛 – 을 – 찬양 – 해

다시 사신 왕의영광 – 을 – 예수 비추소서 주님의빛

D.S. al Fine

– 을 – 찬양 – 해 다시사신 왕의영광 – 을 –

A

604 모든 능력과 모든 권세

(Above All)

Lenny LeBlanc & Paul Baloche

무화과 나뭇잎이 마르고

(Though The Fig Tree)

605

Tony Hopkins

무화과 나뭇 잎이 - 마르고 - 포도

열 매가 없으며 - - 감람 나무열매

그 치고 논밭에 식 물이 없 어도 - 우리

에 양 떼가 없 으며 외양간 송 아지

없 어도 - - 난 여호와로 즐거워하리

난 여호와로 즐거워하 리 난 구 원의

하 나 님을 인해 기 뻐 하 - 리라 -

A

606 민족의 가슴마다

(그리스도의 계절)

김준곤 시, 박지영 정리 & 이성균

구석 구석 누비-는 나라-되게 하소 서 이땅

구석구-석에-서- 예수를주로고백 하게하-소-서-

하늘의뜻 이 땅에 이뤄주-소-서-주의 나라- 되게 하 소-

서-- 주의 청 년들이- 예 수의 꿈 을꾸고- 인 류

구원의- 환 상을 보게하-소-서- 한 손엔 복 음들고 -한 손엔

사랑 을들고- 온땅 구 석 구 석누비-는 나라 -되게 하소 서

A

607

믿음따라
(I Walk By Faith)

Chris Falson

믿 음 따 라 - 걸 음 마 다 -

말 씀 따 - 라 - 주님만 따르 - 리 - 믿

나 의 가 는 길 - - 믿 음 따 라 갈 - 때

군 대 가 날 에 워 싸 - 도 겁 없 네 -

또 내 입 술 의 기 - 도 믿 음 의 선 포 -

주 님 날 위 하 시 - 면 누 가 날 대 적 하 - 리 믿

님 날 위 하 시 - 면 누 가 날 대 적 하 - 리

믿음따라

믿 음 따 - 라 - 걸 음 마 - 다 -

말 씀 따 - 라 - 주님만 따르 - 리 -   믿

608 보혈 세상의 모든

(예수의 피 밖에 / Nothing But The Blood)

Matt Redman

- 오직주보-혈로 -

D.S.

없 - 네

주 보혈찬양해 - 주 보혈찬양해 -

예수 피밖에- 예수의피밖에 없 - 네 주

없 - 네

609 빛나는 왕의 왕

(위대하신 주 / How Great Is Our God)

Chris Tomlin, Jesse Reeves & Ed Cash

빛 나 는 왕 - 의 왕 - 　　　영 광 의 - 주님
영 원 한 주 - 의 주 - 　　　시 간 의 주 - 관자

- 온 땅 기뻐 - 하 라 - - 온 땅 기뻐 - 하 라 　광 채 - 의 옷 - 입 고
- 알 파 와 오 - 메 가 - - 알 파 와 오 - 메 가 　삼 위 - 의 하 - 나 님

- 　어 두 움 물 - 리 쳐 - - 저 원 수 는 - 떠 네 - - 저 원 수 는 - 떠 네
- 　아 바 성 령 - 예 수 - - 사 자 와 어 - 린 양 - - 사 자 와 어 - 린 양

- 　위 대 - 하 신 주 - 　찬 양 해 - 위 대 　하 신 주

- 　모 두 알 게 되 리 - 라 - 위 대 - 　하 신 주 -

모 든 이 - - 름 위 에 - 　뛰 어 나 신 이 름 - 　다

찬 양 해 - 위 대 - 　하 신 주 -

사망의 그늘에 앉아

(그날)

610

고형원

611

새 힘 얻으리
(Everlasting God)

Ken Riley & Brenton Brown

가사:
새힘 얻으리 주 - 를 바랄 때 주 - 를 바랄 때 우리 주

- 를 바랄 때 - 를 바랄 때 주 님 - 통치 - 하시 - -

네 소망 - 구 원 - 주시 - - - 는 - -

당신 - 은 영 - 원 하 - 신 주 - 내영
약한 - 자 방 - 패 되 - 시 며 - 위로

- 원 하 - 신 주 - 지치 - 지 않 - 으
- 자 되 - 신 주 - 독수 - 리 같 - 은

시 는 주 님 - 시 네 -
힘 주

 메들리 곡   590/ 내 마음 다해   613/ 성령이여 내 영혼에   627/ 예수 열방의 소망

선포하라
(All heaven Declares)

Noel Richards & Tricia Richards

선포하라　　부활하신영광의주
선포하라　　부활하신영광의주

아름다운　　영광의주를보라
하나님과　　화목하게하신주

보좌에앉으신　　그어린양예수
찬송과존귀와　　영광과능력을

다무릎꿇고서　　주경배하리라
영원영원토록　　받아주옵소서

A

613 성령이여 내 영혼에
(Come and fill me up)

Brian Doerksen

성령이여　내영혼 에　넘치도 록　채워주 소서

－　채워 주　소서　－　－

주의사 랑　주의자 비　간절하 게　기다리오니

－　채워 주　소서　－　－

크신 자비　－로－내－죄－를　－　씻으소서　－

순전 하신　－주의사－랑－을　－　－새롭게　－　－

간절 히　원하 네　주임재　하 심을

간절 히　원하 네　주 님의임재 하　－심

성령이여 내 영혼에

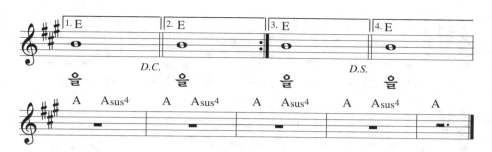

614

세상의 빛으로 오신 주
(Light of the World)

Scott Brenner

세 상의 - 빛 으로 - 오 신 주 - 예 수님 -

정 죄하 - 지 아 니하 - 시고 구 원을 -

주 셨네 - 쓰 러진 - 나를 -

세 우신 - 주님은 - 연 약한 - 나를 -

강 하게 - 하시는 - 분 입 - 니 다 약 - 한 -

나 - 를 - 온 전케 - 하 시는 - 주님은 -

부 족한 - 나 - 를 - 채 우십 - 니 다 -

메들리 곡 592/ 내 모든 것 나의 생명까지 604/ 모든 능력과 모든 권세 606/ 민족의 가슴마다

소망 없는 내 삶에

615

(내 삶 드리리)

박은미

소망없는- 내삶 - - -에-　새생명허- 락하 - -신-
삶의문제- 힘겨 - - -워-　눈물만드- 릴때 - -도-

날향한주-님의은 - -혜-　놀라운주-님의사 - -랑-
날안아주-시는주 - -님-　한없는주-님의사

- -랑 나찬양하네 - 나의믿음주 - 께 - 드려

- 나의삶이주 - 를- 향해 - 내유일한사

- - -랑- 되 신 주-께 내 삶드리 리 나의믿음주

- 께 - 드려 - 나의삶이주 - 를- 향해 - 내유일한사

- - -랑- 되 신 주-께 내삶드리 리 -

 메들리곡

A

616 소망없는 세대 가운데

(교회를 부흥시키소서)

민호기

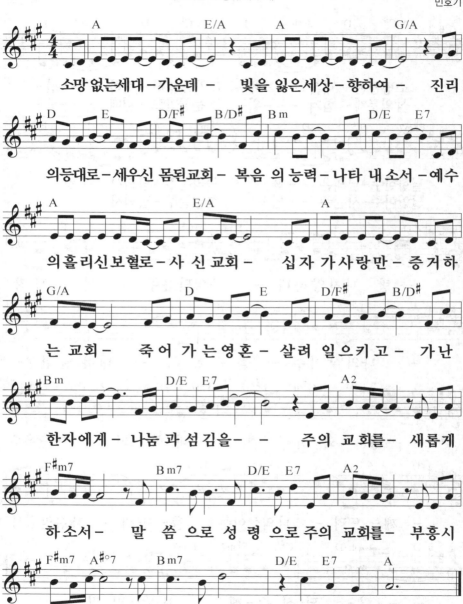

소망 없는세대－가운데 － 빛을 잃은세상－향하여 － 진리

의등대로－세우신 몸된교회－ 복음 의능력－나타 내소서 －예수

의흘리신보혈로－사 신 교회－ 십자 가사랑만－ 증거하

는 교회－ 죽어 가 는영혼－ 살려 일으키고－ 가난

한자에게－ 나눔 과 섬김을－ － 주의 교회를－ 새롭게

하소서－ 말 씀 으로 성 령 으로주의 교회를－ 부흥시

키 소서－ 열 방 중에 이 루 소 서

시작됐네

(은혜로다)

심형진

618 아름답고 놀라운 주 예수

(I stand in awe)

Mark Altrogge

아름 답고놀라운 주예 - 수 - 말 로할수 - 없네

- 그 측량 할수 없는위 - 엄 - 주 님과같은분없 네

- 한 없 는 그지혜와사 - 랑 그 누

구 도 다알수없네 - 아름 답고놀라운 주예

- 수 보좌에 - 앉으 - 셨네 - 주님 앞 에내 가

서 있 네 - 주 앞 에내 가 서 있 네 - 주 는

거 룩 하 신 하 나 님 그 앞 에 서 있 네

아무도 예배하지 않는

(예배자)

619

설경욱

아무 도 예배 하지 않 – 는 – 그 곳에서 – 주를 예배 하리라

– 아무 도 찬양 하지 않 – 는 – 그 곳에서

– 나 주를 찬양 하리라 – 누구 도 헌신 하지

않 – 는 – 그 곳에서 – 주께 헌신 하리라 – 누구

도 증거 하지 않 – 는 – 그 곳에서 – 나 주를 증거 하리라

– 내 가 밟 는 모든 땅 – 주를 예배 하게 하소서 – 주의

보 혈로 – 덮어 지게 하소서 – 내가 선 이 곳 – 주의 거룩 한 곳

되 게 하소 서 – 주의 향기로 – 물들 이 소서 –

A

620 아버지여 당신의 의로

(새벽 이슬 같은)

이 천

아버지여 당신의 의로

이슬같 –은– – 주의청 년 들이 – 주님–앞
에 나 오 는 도 다 – – 주님 –의
이름으 –로 – 축복하여 – –주소서 – 주의
빛을발 –하게 하 소 – 서
Fine

세상을구원 하 시려 – 아들 을 주신– – 하나
님 아 버 –지 ——————— 각 나 라와
족 속과 –모든 백 성– 들의 – 찬양 을 받으 –소서
– 높임 을 받으 –소서 – – 새––벽

A

621 안개가 날 가리워

(주님은 산 같아서)

김준영 & 임선호

안 개가 - 날가 리워 - 　　　내 믿음 - 흔들 리려
주 님은 - 산같 아서 - 　　　여전히 - 그자 리에

- 할 - 때 - 나 주님께 - 　나 아 가네 -
- 계 - 셔 - 눈 을들면 - 　보

이 리라 - 날위 - 한그 사랑 - 　주는 나 - 의 도움 이시며
- 서 날 이 끄 시며

- 주의계 - 획 영원하시네 - 　주의위 - 엄 앞에
- 주가항 - 상 함께하시네 - 　주의사 - 랑 안에

믿음 으로순종의 　예배드리리 - 　주님께
믿음 으로순종의 　예배드리리

- 영원히 -

메들리곡　584/ 나의 영혼이 잠잠히　592/ 내 모든 것 나의 생명　604/ 모든 능력과 모든 권세

영광의 주님 찬양하세

(영광의 주 / Majesty)

622

Jack Hayford

영 광의 – 주님찬 양 하세 –

모 든 영광 능력 찬 송 예수님 께 –

영 광의 – 주님찬 양 하세 –

주의백 성 모두함 께 찬양하 세 – –

두 손 을 높이들 고 주이름 찬 양 –

존 귀 와 영광모 두 주예수님 께

영 광의 – 주님찬 양 하세 –

죽으시 고 부활하 신 만왕의 왕 –

예수 결박 푸셨도다

1. 예 수 결 박 푸 셨 도 다 －
2. 소 리 높 여 할 렐 루 야 －
3. 모 든 영 광 하 나 님 께 －
4. 찬 양 하 리 영 원 토 으 －
5. 기 뻐 하 네 내 영 로 로 －

모 든 결 박 푸 셨 도 다 －
소 리 높 여 할 렐 루 님 －
모 든 영 광 하 나 께 토 －
찬 양 하 리 영 원 으 영 －
기 뻐 하 네 내 로 로 －

나 의 결 박 푸 셨 도 다 －
소 리 높 여 할 렐 루 님 －
모 든 영 광 하 나 께 토 －
찬 양 하 리 영 원 으 영 －
기 뻐 하 네 내 로 로 －

나 는 자 유 － 해 －

예수 나의 좋은 치료자

(예수 나의 치료자)

624

송재홍

예수나 -의좋 -은치 -료자 - 그의 눈이머-무 는곳- 은 나의

슬픔과- 고통- 고갤 들어그-의 눈-을볼-때에 - 난알았네 예수

나의좋- 은치 료자 - 예 수나 -의좋 - 은치 -료자

- 그의 손 길이 -닿는곳 - 은 나의 상처와 - 아픔 - 영원

히흐를 -것같-았던-눈물 - 다벗었네 예수 나 의치- 료자 -

나 노래하 리 라 -천한나를돌 -아보 -신 구세 주를찬-양해 하늘

닿는곳 -까지 - 내손들 리 라- 예수 나 의치 - 료자 -

메들리곡 574/ 나는 찬양하리라   603/ 모든이들 필요해   604/ 모든 능력과 모든 권세

625 예수 나의 첫사랑 되시네

(Jesus You Alone)

Tim Hughes

예 수 나의 첫 사 랑 되 시 -네- 내 첫-사 랑- 지

존 자 되 신 그 리 스 도 예 -수- 찬 양 -하 리-

보 좌 앞 에 나의 삶 이 향 기 로 운 제 사 로

주 께 드 려 지 기 원 하 네 -   오 직 주 만 바
나의 온 전 한

-라 보 -머   나의 삶 을 드 -리 네 --   다른 길 은 찾
-열 정 -과   나의 찬 양 되 -시 네 --   주 의 길 을 따

-지 않 -으 리 -   -라 가 -리 라 -

메들리곡   581/ 나의 반석이신 하나님   607/ 믿음따라   620/ 아버지여 당신의 의로

예수님 찬양

Charles Wesley & R.E.Hudson

1. 예수님 찬양　　예수님 찬양　　예수님 찬양합시 다
2. 예수이 름을　　부르는자 는　　구 원을얻으리로 다
3. 예수이 겼네　　예수이 겼 네　　예수사 탄을이겼 네
4. 예수이 름을　　높이는자 는　　새 힘을얻으리로 다
5. 예수님 권세　　예수님 권세　　예수님 권세내권 세

예수님찬양　　예 수 님 찬양　　예수님 찬양 합시 다
예수 이름을　　부르 는자는　　구 원을얻으 리로 다
예수이 겼네　　예 수 이 겼네　　예수사 탄을 이겼 네
예수이 름을　　높이 는자는　　새 힘을얻으 리로 다
예수님 권세　　예 수 님 권세　　예수님권세 내권 세

할　　렐루 야　　　　할　　렐루 야

예수님찬양 합시 다　　　　예수님찬양합시 다
구원을얻으 리로 다　　　　구원을얻으 리로 다
예수사 탄을 이겼 네　　　　예수사 탄을 이겼 네
새힘을얻으 리로 다　　　　새힘을얻으 리로 다
예수님권세 내권 세　　　　예수님권세 내권 세

A

메들리 곡　565/ 갈릴리 마을 그 숲속에서　572/ 그날이 도적 같이　586/ 나 자유 얻었네

627 예수 열방의 소망
(Hope of the Nations)

Brian Doerksen

평강 의 왕 - 주 를 믿 는 - 모 든 자 의

- 소망 - 되신 - 주를 - - 믿네 -

A

메들리 곡   590/ 내 마음 다해   611/ 새 힘 얻으리   613/ 성령이여 내 영혼에

628 예수 우리 왕이여

(Jesus, We enthrone You)

Paul Kyle

예 수 – 우리 왕이여 –

이 곳 에 오소 서 –

보좌 – 로 – 주 여 임 하 사 –

찬 양 을 받 아 주소 서 –

주 님 을 찬 양 하 오 니

주 님 을 경 – 배 하 오 니

왕 이 신 예 수 여 오 셔 서 서 좌 정

하 사 다 스 리 소 서 –

왕 되신 주 사랑합니다

629

(You are my King)

Brian Doerksen

630 우리가 지나온 날들은

(우리가 하나된 이유)

631

우리를 구원하신

(주님 사랑해요)

함지윤 & 이강희

우리 를 구 원 하신 예 수님 그사랑 –감 사 해요 – –

나 의 모 든 죄 위하여 십 자 가 달 리 셨 네 죽어

있 –던 –날 새 롭게 – 살게 하–시고 – 날 자유케 –해 주신 –

예 –수님 – 온맘 다해 – 사 랑해요 – 이제 나는 –

주님 의것 – 찬양받으 소서 – 주 님사 랑 해요 –

메들리곡 568/ 거룩한 성전에 거하시며 573/ 나 가진 재물 없으나 615/ 소망없는 내 삶에

우리 보좌 앞에 모였네

(비전 / Vision)

고형원

우리 보좌앞에 모 였 네　　함께주를찬양-하 며

하 나님의사랑그 아들주셨네 그의피로우린 구원받았 네

십자 가 에서쏟으신그 사 랑　　강같이온땅에-흘 러

각 나라와족속 백 성방언에 서　　구 원 받 고주

경배드리 네　구 원하심이-보 좌 에앉으신 우

리하나님과 어 린양께있도 다 구 원하심이 - 보

좌에앉으신 우 리하나님과 어 린양께있 도 다

633

우리 오늘 눈물로

(보리라)

고형원

우 리 오늘 눈물 로 - 한 알 의 씨앗 을 심 - 는 다

꿈꿀 수 없어 무너진 가 슴 에 저들 의 푸 른 꿈 - 다시 돋아 나 도록 -

우 리 함께 땀 흘 려 - 소 망 의 길 을 만 - 든 다

내 일 로 가는 길을 찾 지 못했 던 저들 노래 하며 달려 갈 그 길

그 날 에 - 우리 보 리 라 새벽 이슬 - 같은 저들 - 일 어 나

뜨거운 - 가슴 사 랑 의 손 으로 - 이 땅 치 유 하며 - 행 진 할 때

오 래 황폐 하였던 - 이 땅 어 디 서 나 순 결 한 꽃들 피 어 나 고 -

푸른 의의 나무 가 - 가 득 한 세상 우 리 함께 보 리 라

메들리 곡　　571/ 교회여 일어나라　　603/ 모든이들 필요해　　606/ 민족의 가슴마다

우리 죄 위해 죽으신 주　634

(Thank You For The Cross)

Mark Altrogge

우리죄 위해 - 죽으 - 신주 -　십 자가그 사랑 - 감 - 사하

네　날 마 다 주의 형상 대 로 변화 되리 라 - -　십

자가 우 - 릴 새 롭게 하 리　놀라 운사랑 - 찬양하 - 리라

우 리를 위해 생명 주셨 - 네 -　놀라 운사랑 -　찬양하

- 리라　십자 가 의그 능 력　십자 가의그 능 력

A

635 우린 이 세상에서 할 일 많은

(우린 할 일 많은 사람들)

고재문

우 린 - 이세상에서 - 할 일 - 많은사람 들-

우 린 - 이세상에 서 - 할 - 일 많은사람 - 들 우 들

주님 이 명령 하신 그말 씀을 모두 에 게전 해야하 는
이 하신 그 - 말씀 따라 우린 밝 은빛 이 되어 서

우린 주 의 사랑 전하 는 - 주님의 증 인이라 오
어두워 져 가는 이세 상 에 밝음을 전 해야하

우 린 - 이세상에 서 - 한 줄 - 기의 밝은 빛-

우 린 - 이세상 에 서 - 한 - 줄 기의 밝은 - 빛 주님 오

우물가의 여인처럼

(Fill my cup Lord)

636

Richard Blanchard

1. 우물 가의 여인 처럼 난 구 했 네 – 헛 되 고 헛된것들 을 그 때 주님 – 하신 말씀 – 내 샘에 와 생 수 를 마 셔 라
2. 많고 많은 사람들 이 찾 았 었 네 – 헛 되 고 헛된것들 을 주 안 에 감 – 추 인 보배 – 세 상것 과 난 비 길 수 없 네 오 –
3. 내 친 구 여 거 기 서 – 돌 아 오 라 – 내 주 의 넓은 품 으 로 우 리 주님 – 너 를 반겨 – 그 넓 은 품 에 안 아 주 시 리

주님 – 채우 소서 – 나의 잔을 높이 듭니 다 하늘
양식 내게 채워 주소서 넘치 도록 – 채워 주소 서

568/ 거룩한 성전에 거하시며 573/ 나 가진 재물 없으나 583/ 나의 모든 기도가

637 유월절 어린양의 피로

(Under The Blood)

Martin Nystrom & Rhonda Scelsi

유월 절어린양－의피 로 나의 삶의문이－열렸 네 － 저

어둠의권－세는 힘이없네 주 보혈의능－력으로 － － 원

수가 날정죄할 때 － 도 난 의롭게살 수있 네 － 난

더 이상정죄함 없 － 네 난 주보혈아－래있네 － 난

주보혈아－래있네 － 그 피로내죄－사했－ 네 －

하 나 님의긍휼 날 거룩케하시었 네 － 난

주보혈아－래있네 － 난 원수의어－떠한 공격에도

더 이상넘어 지지않네 난 주보혈아－래있네 － －

이 땅의 황무함을 보소서

(부흥)

638

고형원

이 땅의 황무함을 보소서 - 하늘의 하나님 - 긍휼을

베푸시는주여 우리의죄악용서하소서 - 이 땅 고쳐 주소

서 이제우리모두하 나되어 - 이땅의 무너진 - 기초를

다시쌓을때 우 리의우상들을 태우실 - 성령의불 - 임하소 서

부흥 의불길 - 타오르게 하소서 - 진리의말씀 - 이땅새롭게

하소서 - 은혜의강물 - 흐르게 하 소서 - 성령의바람 - 이제불어

와 오 - 주의영 - 광 가득한 새 날주소 서 오 -

주 님나 - 라 이 땅에 임 하소 서

A

639 전능하신 나의 주 하나님은

(Nosso Deuse poderoso)

Alda Celia

전능 하신나-의주- 하나 -님은 - 능치 못하실- 일전 혀-

없-네- 우리 의모든- 간구--도 우리 의모든-생각--도 우리

의모든-꿈과 모든- 소망 --도- 신실 하신나-의주- 하나--님은

- 우리의 모 든괴-로움 -바꿀 -수- 있 -네- 불가

능한일- 행하-시고 죽은 자를일-으 키 -시니 그를 이길자-아 무- 도

없--네 - 주의말씀 의지 하여 - 깊은곳에 그물던 져 - 오늘

그가놀 -라운- 일을- 이루 -시는-것보라- 주의말씀 의지 하여 -

믿음으로 그물 던져- 믿는 자에겐- 능치 -못함 -없네 -

메들리곡

592/ 내 모든 것 나의 생명까지 654/ 주님의 그 모든 것이 606/ 민족의 가슴마다

주가 보이신 생명의 길

640

박정은

주가 보이신 - 생명의 - 길 - 나 주님과 함께 -

상한 맘을 드리며 - 주님 - 앞에 - 나 - 가리 -

나의 의로움 - 이 되신 주 - 그 이름 예수 -

나의 길이 되 - 신 이 - 름 - 예 - - - 수 -

나의 길 오 직 그 - 가 아 - 시 나니 - 나 를

단 련 하 신 후 - 에 - 내 가 -

정 금 같 이 나 - 아 오 리 라 -

641 주께 가까이 날 이끄소서

Adhemar de Campos

주 께 가까이 - 날 이끄소서 - - - 간

절히주- 님만- 을 원합니 -다 - - 채 워 주소서 - 주

의 사 랑을 - - - 진 정 한찬 - 양 드 -릴 수 있 도

-록 목마-른 나 의영혼 - 주 를 부 르니- -

나의맘- 만져 - - 주 -소서 - - -주님만을 원 합니다 - 더

원 합 니 다- - 나 의맘- 만져 - - 주 소 -서 -

메들리 곡   583/ 나의 안에 거하라   615/ 소망없는 내 삶에   628/ 예수 우리 왕이여

주께 가오니

(Power of Your Love)

Geoff Bullock

주께가 오니 - 날새롭게 하 시고 - 주의은혜
나 의눈 열어 - 주를 보게하 시고 - 주의사랑

를 부어주 - 소 서　내안에발견한 -
을 알게하 - 소 서　매일나의삶에 -

나 의연약 함 모두 - 벗어지리 라 - 주의사랑으로
주 뜻이뤄 지 도록 - 새롭게하소 서 - 주의사랑으로

- - - - 주 사랑 - 나를붙드 시 - -

고 주 곁에 - 날이끄소 - 서 - -

독 수리 - 날개쳐올라 가 - - 듯 나주님과함

께 일 어나걸으 리 주의사랑안에 - - - -

643 주 날개 그늘 아래

(Hide me in the shelter)

Scott Brenner & Cheryl Thomas

주날개그 - - - 늘 - 아 - 래 - 주님의거 - 룩 - 한 처 - 소

- 에 - 서 나의하 - 나 - 님 주 - 를 - 기 - 다 - 리 - 네 -

이곳주의 - 처 - 소 - 에 - 서 - 주의사랑 - - - 이 - 나 를이

- 끄시니 주알기 - 위 - 해 - 나 - 를 - 드 - 립 - 니 - 다 -

주사랑으로 - 덮 - 으 - 소 - 서 - 주님의마 - 음 - 깊 - 은 - 곳
주님의날개 - 그 - 늘 - 아 - 래 - 나 - 를보 - 호 - 하 - 소 - 서

- 으 - 로 나를인 - 도 - 하 - 소 - 서 - -
- - - - 주알기 - 원 - 합 - 니 - 다 - -

메들리 곡

568/ 거룩한 성전에 거하시며 654/ 주님의 그 모든 것이 615/ 소망없는 내 삶에

주님같은 반석은 없도다

(만세 반석 / Rock of Ages)

644

Rita Baloche

645 주님 곁으로 날 이끄소서

(Draw me close to You)

Kelly Carpenter

주님곁 - 으로 - 날 이끄 - 소서 -
나의참 - 소망 - 그 무엇 - 과도 -

내모든것 - 다드 - 리며 - 주 음성듣 - 기원
바꿀수없 - 는주 - 사랑 - 그 품 안에 - 나안

- 하네 - 주님의 - 길로 - 인도하 - 소서 -
- 기리 -

주님 - 만이 - 내모 - 든것 - 되시 - 니 -

주님 - 만을 - 더 알게하 소 서 -

메들리 곡   583/ 나의 안에 거하라   592/ 내 모든 것 나의 생명   604/ 모든 능력과 모든 권세

주님과 같이

(There is none like You)

646

Lenny LeBlanc

주님과 같 - - 이 -   내마음 - 만지는 분은 없네 -

오랜세 - 월찾아 난알았네 - 내겐 - 주밖에 없 - - - 네 -

Fine

주 자비강 - 같이 흐 르 - 고주 손길치 - 료 - 하 - 네

고통받는 - 자녀품 - 으 - 시 - 니   주밖에 없 네

D.C.

A

메들리 곡   569/ 고개 들어   583/ 나의 모든 기도가   584/ 나의 영혼이 잠잠히

647 주님 나라 임하시네

고형원

주님 나라 임하시네 - 주의날은멀지않았 네 너는

일어나 주를따-르라 하나님널부르-시 네 세상

은 아직어둠 속에 - 빛되신주보기원하 네 너는

일어나 그 빛을발-하라 주님의영 광 네게임-했

네 일어나 주 위해서라 - 강한용사-여 - 주님이너와 -너와

함께하-시네 주께서 다 시오실길 - 그 길예비하 -라 -

영광의주님 - 오 만 왕의왕 곧 오 시 네 -

주님 당신은 사랑의 빛

648

(비추소서 / Shine Jesus, Shine)

Graham Kendrick

주님당신은 사 랑의-빛 어둠가운데 비추소-서

세상의빛예수 우리를비추사 당신의진리로 우리를자유케

비 추 소 서 우 리 위 에

비 추 소 서 - 주 님 의 영 광 온 땅 위 에

부 으 소 서 - 내게 성 령 의 불 을

넘 치 소 서 - 은 혜 와 긍휼 을 열 방 중 에

전 하 소 서 - 빛 되 신 주 의 말 씀

A

591/ 내 마음에 주를 향한   603/ 모든이들 필요해   606/ 민족의 가슴마다

주님 보좌 앞에 나아가

리 - 신실 하신 주 - 님 찬 양 해 신 실 하 - 신

신 실 - 하 신   주   님   -

A

650 주님은 내 삶에

(예수 만물의 주 / Lord over All)

Gary Sadler

주님은 내삶에 - - 소망과 이유 - 되시며

내 영혼의 생수 - 귀한 - 보물 - 되 - 시네 -

주님 은 내맘 에 - 불타 는 - 사랑 - 되 시 며

나의 모든호흡 - 온 맘을 다 해 - 부르는 - 노 - 래 - - - -

예 - 수 만 물 - 의주 - - - 내 - 모 든 것되 - 신주

- - 주 - 의 제 단 - 앞 에 - 나 가 - 오 니

- 주님 의 뜻 - 내안 에 이루 - 소서 - - -

590/ 내 마음 다해   611/ 새 힘 얻으리   627/ 예수 열방의 소망

주님은 내 호흡

651

(Breathe)

Marie Barnett

주님-은내 -호흡-　　　주님-은내 -호흡-
말씀-은내 -양식-　　　말씀-은내 -양식-

내안 - 에성 -령　　살아- 계셔 -　　-

생명 - 의말 -씀　　나누- 시네

오나 - - - -의- - 주　　난갈망해 - 요　　오주

- - -없- - 이　　난살수없- 네

주님-은내 -호흡-　　　주님-은내 - 호 - 흡

A

메들리 곡　583/ 나의 안에 거하라　　604/ 모든 능력과 모든 권세　　628/ 예수 우리 왕이여

652

주님은 아시네
(King Of Majesty)

Marty Sampson

주님은 아시네 주사랑 하는맘

이전보-다더- 주님-알기원-해-

내마음 다하여 주님께 고백해

주님만-위해- 내삶-드리기-원해 위대하

-신왕- 내맘의- -한소-망언제나

-주와-함께- 언제나-주와-함께-

예수나의영혼의구세-주 영원

무궁히주님만 을나찬양-하리

메들리곡

590/ 내 마음 다해   611/ 새 힘 얻으리   613/ 성령이여 내 영혼에

주님이 주신 땅으로

(이 산지를 내게 주소서)

653

홍진호

주님 이 주신 땅으로 - 한걸 음씩 - 나아

갈 때에 수많 은 적들과 견고한성이 - 나를

두렵게 - 하지 만 주님 을 신뢰

함으로 - 주님 을 의지 함으로 - 주님

이 주시는 담대함으로 - 큰 소리외치며 - 나아가

네 이산지 를 내게주 소 - 서 - 그날 에 - 주께서

말 씀 - 하신 이제내 가 주 님의 이 름으로 - 그땅

을 취하리 니 이산지 을 취하리 니 -

A

메들리곡   567/ 강하고 담대하라   571/ 교회여 일어나라   577/ 나의 믿음 주께 있네

654 주님의 그 모든 것이

(부족함 없네 / Enough)

Louie Giglio & Chris Tomlin

주님의 - 그모-든것 -이 내삶을 - 가-득 채우

-네 내모든 - 갈 -증과필 -요 주 사 랑

-으로만족시-키니 - 부족함 없네 -

나의공 - 급자 - 또내 - 생 명 - 놀라우 -신하나님-
내죄위 - 하여 - 대속 - 하신 - 놀라우 -신하나님-

주 나의-상급-삶 -의-이유 - 놀라우 -신하나님-주님의
다 시오-실왕 -나의모-든것 - 놀라우

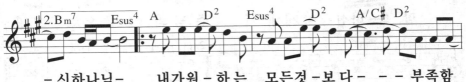

-신하나님- 내가원 -하는 모든것 -보 다 - - -부족함

주님의 그 모든 것이

- 없 는 나 - 의 주님 내 가 말 - 하 고 아 는 것 - 보 다

- - - 더 욱 더 - 놀 라 운 - - 놀 라 우 - 신 주님의

- 그 모 - 든 것 - 이 내 삶 을 - 가 - 득 채 우 - 네 내 모든

- 갈 - 증 과 필 - 요 주 사 랑 - 으로만족시 - 키 니 - 부 족 함 없 네 -

A

655 주님 큰 영광 받으소서

(Jesus shall take the highest honor)

Chris Bowater

주님 큰영광받-으 소서 - 홀로 찬양받으-소서 모든

이 름위에 - 뛰어 난 그이름 - 온 땅과하 - 늘이다찬 - 양 해

겸손하 - 게우리무 - 릎 꿇고 - 주 이름앞 - 에영광돌 - 리 세 모

두 절하세 - 독생 자예 - 수 - 주님께 - 찬양드 - 리리 모든

영광 과존귀 와 능력 - 받으소서 - 받으소서 -

영광 과존귀 와 능력 - 받으소서 - 받으소서 -

그 리 스도 살아 계신 - 하나 님 -

주님 한 분 밖에는

(나는 행복해요)

656

김석균

주님한분밖에 는　아 는 사람없어 요
주님한분밖에 는　사 랑 할이없어 요

가 슴깊이숨어 있 는　주를 사랑하는맘
작 은가슴뜨거 웁 게　주님 피가흘러요

주 님 한분밖에 는　기 억 하지못해 요
주 님 한분밖에 는　약 속 한이없어 요

처 음 주를만난 그 날 울 며 고백하던 말
나 를 믿고따르 는 자 반 석 위에서리 라

나 는 행복해 요 죄사 함 – 받았으니 아버
사랑 이 – 샘솟으니 이세

지 – 품안에서 떠나 살 기싫어 요　고도남아 요
상 – 무엇이든 채우

573/ 나 가진 재물 없으나　580/ 나의 모든 행실을　585/ 나의 힘이 되신 여호와여

657 주 발 앞에 무릎 꿇고

(주의 옷자락 만지며)

Saul Morales

주발앞에 - 무릎꿇고 - 그사랑에 - 나안기네 -

어떤말도 - 그 어떤소리-도 그 발앞에서 - 잠 잠해지네 - - -

주나의사 -랑 - 그발 앞 에-앉아 - - -

내모든기도 - 는 -사랑의 노 래가 되네 - 주

의 옷자락 만지 며 주의 두 발을 씻기며 - 주님

- 그발에 입맞 -추 며- 나의 왕 관을 놓으리 - 주의

옷 자락만 지며 - 주의 두 발을 씻기며 - 주님

- 그발에입맞 -추며-나의 왕 관 -을 놓으리

주 보혈 날 씻었네

(It's Your Blood)

Michael Christ

주보 혈 날씻 었- 네 내게 생명 을주- 셨- 네

주보 혈 나의죄 를 구속 하신어 린 양——

날씻었 네 - 흰눈보다 더 희-게 하셨 네

예 수님 - 귀 하신 어 린 양

A

메들리 곡   569/ 고개 들어   574/ 나는 찬양하리라   654/ 주님의 그 모든 것이

659 주 앞에 나와 제사를 드리네

(온전케 되리 / Complete)

Andrew Ulugla

주 앞 에 나 와 – 제 사 를 드 – 리 네 – 마 음 열

어 – 내 삶 을 드 – 리 네 – 주 를 봅 니 다 – 끝 없 는 사 랑 날

– – 회 복 시 – 키 네 – 이 제 눈 들 어 주 보 네 그 능

력 날 새 롭 게 해 주 님 의 사 랑 날 – 만 지 시 니 – 내

모 든 두 – 려 움 사 라 지 네 폭 풍 속 에 도 주 붙 들 고 믿 음

으 로 주 와 걷 네 갈 보 리 – 언 덕 너 머 그 어

– 느 날 – 주 안 에 온 전 케 되 리

주 여호와는 광대하시도다 660

(Great is the Lord)

Steve McEwan

661 주의 도를 버리고

(성령의 불로 / Holy Spirit)

Stephen Hah

주의도를 버리고 헛된 꿈을 좇던우리 들
심한고난을받 아 살소망 까지끊어지 고

거 짓과교만 한마음을 용서하여주소 서
죽 음과같은 고통에서 주를보게하셨 네

하 나님의긍휼로 부끄 러 운우리삶－을 덮어주소서－
용 서받을수없 는 나를위 해 십자가－에 달리셨으니－

우 리의－소망 우리의－구 원 주 께간구합니 다
주 사랑－에서 그 어느누－구 도 끊 을수는없으 리

성 령의－불 로 나 의 맘을 태워 주소서－

성 령의－불 로 나의 영혼새롭게하소 서

585/ 나의 힘이 되신 여호와여 615/ 소망없는 내 삶에 632/ 우리 보좌 앞에 모였네

주의 집에 영광이 가득해　662

(Redeemed)

John Barnett

주의 - 집 - 에 - 영 - 광 - 이 가 - 득 해 주 의 - 집 - 에 -

영 - 광 - 이 가 - 득 해 주 의 - 집 - 에 - 찬 - 양 - 이 가 - 득 해

주 의 - 집 - 에 - 찬 - 양 - 이 가 - 득 해

주 나 - 를 구 원 - 했 네 영 광 돌 리 세

주 나 - 를 구 원 - 했 네 찬 양 드 리 세

주 나 - 를 구 원 - 했 네 와 서 경 배 해

영 원 - 히 영 원 히 - 영 원 - 히 영 원 히 -

메들리곡　605/ 무화과 나뭇잎이 마르고　607/ 믿음따라　620/ 아버지여 당신의 의로

A

663 주 크신 사랑 세상 가득히

(주의 집에 나 살리라 / Dwell in Your House)

Paul Ewing

주 크신 사랑 세상 가득히

주의 집에 - 주 뜻 대
- 로 날 이 끄 사 - 충 만 하
- 게 임 - 하 소 서 - 주 성 령 - 이 - 여 -
- - 주의 집에 나 살 - 리 - 라 - 영 원 - 히 -
주 이 름 - 높 이 - - - - 며 - 나 살 - 리 - 라
- 영 원 - 토 록 - - -

A

664 주 하나님 독생자 예수

(하나님의 독생자 / Because He Lives)

Gloria Gaither & William J. Gaither

1. 주하나 님   독생자 예수   날위하 여
2. 주안에 서   거듭난 생명   도우시 는
3. 그언젠 가   주뵐때 까지   주를위 해

오시었 네   내모든 죄   다사하 시고
주의사 랑   참기쁨 과   확신가 지고
싸우리 라   승리의 길   멀고험 해도

죽음에 서   부활하 신   나 의구세   주
예수님 의   도우심 을   믿 으며살   리
주님께 서   나의앞 길   지 켜주시   리

살아계 신 주   나의참 된소 망   걱정근 심

전혀없 네   사랑의 주내   갈길인 도   하니

내모든 삶 에기쁨 늘충만 하 네

메들리 곡   565/ 갈릴리 마을   572/ 그날이 도적 같이   620/ 아버지여 당신의 의로

지금 우리는 마음을 합하여 665

(일어나 새벽을 깨우리라)

조동희

666

지금은 엘리야 때처럼

(Day of Elijah)

Robin Mark

메들리 곡   581/ 나의 반석이신 하나님   590/ 내 마음 다해   611/ 새 힘 얻으리

찬양이 언제나 넘치면   667

김석균

1. 찬 양이 언제나 넘 치면 – 은혜로 얼굴이 환 해요–
2. 감 사가 언제나 넘 치면 – 은혜로 얼굴이 환 해요–
3. 사 랑이 언제나 넘 치면 – 은혜로 얼굴이 환 해요–
4. 기 도가 언제나 넘 치면 – 은혜로 얼굴이 환 해요–

성 령의 충만한 모-습을 – 서로 가느–껴 요

할 렐루 할렐루 손뼉치-면서 할 렐루 할렐루 소리 외-치며

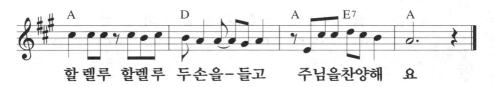

할 렐루 할렐루 두손을-들고 주님을찬양해 요

A

메들리 곡 575/ 나의 가장 낮은 마음 605/ 무화과 나뭇잎이 마르고 625/ 예수 나의 첫사랑

668

찬양하세
(Come let Us Sing)

Danny Reed

찬 양 하 세 - 찬 양 하 세 - 왕 께

소 리높 - 여 찬 양 드 리 세 찬 양드 - 리 세

찬 양 받 기 에 합 당 하신 주 님 -

언 제 나 동 일하신 주 -

무 릎 꿇 고 서 주이름 외 치 세

예 수 나 의 왕 예 수 나 의 왕

예 수 나 의 왕 아 멘 -

586/ 나 자유 얻었네   605/ 무화과 나뭇잎이 마르고   607/ 믿음따라

평강의 왕이요
(I Extol You)

Jennifer Randolph

평강의- 왕이요- 자비의- 하나님 -

만 군의- 주 시요- 다 시 오- 실

영 원하신왕- 주를 찬 - 양주님을 찬 - 양 온땅

위에높- 으신- 주를 모든만- 물찬양 주를 찬 - 양주님을

찬 - 양 나의 여 호 와께찬 - 양

A

메들리곡   577/ 나의 믿음 주께 있네   604/ 모든 능력과 모든 권세   628/ 예수 우리 왕이여

670

풀은 마르고

김영진

풀은 마르고 꽃은 시드나 주의

말씀–은영 원해 – 말씀–은영 원해 –

주 의말 –씀 –을 – 믿 는 –자 –
주 의말 –씀 –을 – 행 하 는자 –

주 의구 –원 –을 – 얻 으 리 – – – –

그 의능 –력 을 – 보게 되 리 라 – –

주 의 말 씀 –은영 원해 –

주 의 말 씀 –은영 원해 – – – – – – 영 원해

– – – – – – – 영 원해 –

하나님 어린 양

(Lamb of God)

671

Chris Bowater

672 하나님은 우리의 피난처가

(너희는 가만히 있어 / Psalm 46)

미가엘 1870

Stephen Hah

메들리 곡   583/ 나의 안에 거하라   591/ 내 마음에 주를 향한 사랑이

하나님의 사랑을 사모하는자 673

(주만 바라 볼지라)

박성호

577/ 나의 믿음 주께 있네   585/ 나의 힘이 되신 여호와여   632/ 우리 보좌 앞에

674

하늘에 계신 아버지

(주기도문 / The Lord's Prayer)

Albert Malotte(d.1964) & Peter Henry Mooney

하 늘 에 - 계 신 아 버 지 - 이 름 거
룩 하 사 주 님 나 라
임 하 시 고 뜻 이 이 루 어 지
이 다 일 용 할 양 식 주 시
고 - 우 리 들 의 큰 죄 - 다 용 - 서 하 옵
시 고 또 시 험 에 들 게 마 시 고 악 에 서 구 원 하
소 서 대 개 주 의 나 라 - 주 의 권 세 - 주 의
영 광 - 영 원 - 히 - 아 - - 멘

하늘 위에 주님 밖에

675

(주는 나의 힘이요 / God is the Strength of My Heart)

Eugene Greco

하늘 위에 주 - 님 - 밖에 - 　　　　내 가
사 모할 자 이 세 상 - 에 - 없 - 네 -
내 맘과 힘 은 　믿 을 수 - 없 네 -
오 직 한 가 지 　그 진 리 를 - 믿 네 　주 는 나의
- 힘 이 요 - 　주 는 나의 - 힘 이 요 -
주 는 나의 - 힘 이 요 - 영 원 히 - 주 를
의 지 - 하 리 　주 는 나의 　영 원 - - 히 -

A

590/ 내 마음 다해 　　611/ 새 힘 얻으리 　　625/ 예수 나의 첫사랑 되시네

676 하늘의 문을 여소서

(임재)

조영준

할렐루야 할렐루야 전능하신 677

(어린 양 / Agnus Dei)

Michael W. Smith

A

628/ 예수 우리 왕이여   632/ 우리 보좌 앞에   634/ 우리 죄 위해 죽으신 주

678 햇빛보다 더 밝은 곳

1. 햇빛보다더밝은곳 내집 있네   햇빛보다더밝은곳 내집 있네
2. 예수믿고구원됐네 예수 믿어   예수믿고구원됐네 예수 믿어
3. 예수님은다시오네 다시 오네   예수님은다시오네 다시 오네

햇빛보다더밝은곳 내집 있네 - 푸 른하늘 저 편
예수믿고구원됐네 예수 믿어 - 예 수믿으 시 오
예수님은다시오네 다시 오네 - 우 리데려 가 리

내주여내주여 날 들으소서   내주 여내주여 날 들으소서

내주여내주여 날 들으소서 - 푸 른하늘 저 편

형제여 우리 모두 다 함께

정종원

형제여- 우리 모두다함께- 주님을- 높이 부르세

자매여- 우리 모두다함께- 주님께- 사랑 드리세

주님은- 우리 모 일때 늘 임하 시 는주 맘과

뜻-다해- 주를 높-이세- 주님은 기 뻐하시 네 오

주님을찬양- 주님을찬양- 우리주님을- 찬양 해

주 님 을 주 님 을 주 님 을 찬 양

주님을찬양- 주님을찬양- 우리주님을- 찬양 해

주 님 을 주 님 을 주 님 을 찬 양

680 기쁨의 옷을 입은

(거룩하고 아름다운 / Holy And Beautiful Jesus)

김지혜 & 전필구

기쁨의 옷을 입은

하 - 늘 - - 이 - 열 - 리 - - 고   빛 비 - 추 네 -

구 - 원 - - 이 - 온 - 땅 - - 에   선 포 - 되 네

D.S. al Coda

- - 영 - 원 - - 히 -

681

내 영혼에 주의 빛
(내 영혼에 빛)

심형진

내 영혼 - 에 - 주의빛 비 쳐주 - 시 니

- 내영혼 - 은 - 참평 - 안 얻 - 네 -

하 나 님 - 의 - 임재가득 - - 한이 - 곳 에

- 주의영 - 광 의 빛비 - 추 - 시 네 -

1. A♭   2. A♭

내영혼 모든어 - 둠 - 물러 - 가고 - 새
하 신 - 주의 - 이 름 - 온

- 아 침 - 밝아 - 오 네 - 왕 - 되신 - 주
- 땅 에 - 높으 - 신 주 - 주 - 님만 - 주

1. B♭m7   1st time to coda

- 님 께 - 엎 드려 - 경 배 할 - 때 - 경 배 하
- 님 만 - 높

내 영혼에 주의 빛

드려 – 경배할 – 때 – 승리 임받으소 – 서 –

경배하 – 리 – 신 – 령과 – – 진정 – 으 로

– 내삶다 – 해 – 내힘 – 다 해 –

하나님 – 이 – 다스리시 – – 는이 – 곳에 – 주의나

– 라 임하 – 시네 – 모든어 –

A

682 내 안에 주를 향한 이 노래

(아름다우신)

심형진

영원전에 나를 향한

683

(하나님의 꿈)

천관웅

영원전에 - 나 - 를향한 - 하늘 아 버지 - 의 - 꿈 -
그누구도 - 알 - 지못한 - 하늘 아 버지 - 의 - 꿈 -

아들예수 - 죽이기 - 까지 - 포기할수 - 없던꿈 -
성자예수 - 외면할 - 만큼 - 포기할수 - 없던꿈

죄로죽어 - 깨 - 져버린 - 하나 님 의형 - 상 - 을 -
하나님의 - 아 - 들이 - 사람 이 되신 - 것 - 은 -

회복하여 - 아 - 들삼아 - 하늘보좌 - 앞 - 히 셨네 - - 찬양
사람들을 - 하 - 나님의 - 아들삼기 위 - 함이라 - -

하 세 하나님사 - 랑 그누 구 - - - 도 끊을수 - 없 네 경배

하 세 위 대 한사 - 랑 - 하 나님 - 의꿈 -

 메들리 곡   680/ 기쁨의 옷을 입은   682/ 내 안에 주를 향한   684/ 아버지의 마음

A

684 아버지의 마음

심형진

아버지의 – 마음 –　　　열 방을 사랑
아버지의 – 마음 –　　　가 난한 자억

하 시 는 –　　　한 – 영 혼을 천 – 하 보 다 – 귀 하
울 한 자 –　　　빛 이 없 는 – 자 – 들 에 게 – 구 원

게 여 기 는 마음 –　　　의 의 를 알 리 는 마음　가 서 전 하

–세 – 아 버 지 사 –랑 – – 잃 어 버 린 영 –혼 돌 아 오 도

록 가 서 나 누 – 세 – 아 버 지 사 –랑 – – 모

든 열 방 – 구 원 에 이 르 도 록　　가 서 전 하　록

아버지의 마음

내 눈을 - 여 - 소 - 서 -   내 맘을 - 여 - 소 - 서 -

내 눈을 - 여 - 소 - 서 -   내 맘을 - 여 - 소 - 서 -

- 서 - 가 서 전 하 록

A

685 이 세상의 부요함보다

(Better than Life)

Marty Sampson

이세상의 부요함 – 보다 – 이세상의 좋은친 – 구보 – 다

나의꿈을 이루는 – 것보다 더귀 – 한 – 분

필요한 모든것을 다얻고 – 내가원한 – 삶을사 – 는것 보다

어느누구 의그사랑보다 – 귀한 – 분 – 붙드 – 소서 –

주님나 – – 를놓 – 지마 – 소서 – – –

내영혼 –비추시 – 고 내게생 – 명 주신주 – 님

주의사 – 랑너 –무커 – 나의맘드려 – 주께

이 세상의 부요함보다

주 님 만 영원히사 - 랑해 - 나 의 사 랑

멈추 - 지않 - 으리 - 주 님 만 -

붙 드 - 소서 - 주님나 - - 를놓 - 지마 - 소서 - -

붙 드 - 소서 - 주님나 - - 를놓 - 지마 - 소서 - - -

A

686 내 삶에 소망

(예수 닮기를)

심형진

내 삶에 소망

완전하신 예 수   새롭게하시 - 네 -

연약한내 영 - 혼 -   온전하게 되 - 리 -

B

687

오 나의 주님

(날마다 / Everyday)

Joel Houston

오 나의 – 주님　내게생 –명주–시 니　당신은– 내게

얼마나–소중–한지　날구원하–신 주께　나의모 –든것–드려

나날마다 – 주를　전파 하 – 기 원–하 네

날 마다 – 주님　말씀위 –에 서–기 를　주님을 – 더욱

알기위 –해 기–도해　내발걸음 – 마다 주님날–인도–하시–니

세상가 – 운데　빛이되 –기원–하 네 날마다–　주 위 해 살리

오 나의 주님

날마다 - 주 따라 가리 날마다 - 주 함께 걸으

리

나 주만 - 위 - 해 - 살

- 겠네 - 나 주만 - 위 - 해 - 살 - 겠네 - 나

주만 - 위 - 해 - 살 - 겠네 - - -

B

688 잃은 영혼 구원 얻으며

(받아주소서 / take it all)

Matt Crocker, Scott Ligertwood &
Marty Sampson

잃은 영혼 - 구원얻으며 - - 그 자유안에
이 땅 위에 - 아들을주신 - - 그 복된소식

- - 다함께외쳐 - 십자가지신 - 또 부활하신
- - 내게들리네 - 내가찾은 - 진리는오직

주 예수 내 모든것을주님께 주 예수 내

모든것을주님께 주 이름 위해 살겠네 내

자랑되신주 예수 - 오오 - 오 찬양 또

나의모든것 Take, take, take it all Take, take, take it all

주 이름 위해살겠네 내 자랑되신주 예수

잃은 영혼 구원 얻으며

오 오 - 오 찬 양 또 나 의 모 든 것

Take, take, take it all Take, take, take it all

주 님 어 둔 내 눈 여 시 네 - -

그 빛 따 라 가 리 라 - 구 원 의 능 력 오 직

주 안 에 있 네 - - -

Take, take, take it all Take, take, take it all Take, take, take it all

B

689 주 발 앞에 나 엎드려

(오직 예수 / One Way)

Joel Houston & Jonathon Douglass

오 직　예 수　주 님 만 이 나 의 삶 의 이 유

오 직　예 수　주 님 만 이 나 의 삶 의 이 유

주 님 은 길 과 진 – 리 생 명 나 는 – 오 직 – 믿 음

– 으 로 – 살 리 –　주 만 – 위 해 – 살 리 – –

– 　주 님 만 이 나 의 삶 의 이 유 –

690

주 이름 찬양

(Blessed Be Your Name)

Beth Redman & Matt Redman

1. 주－이름 － 찬양－풍요 의 강－물흐 － 르는－부요
   주－이름 － 찬양－거치 른 광－야와 － 같은－인생
2. 주－이름 － 찬양－햇살 이 나－를비 － 추고－만물
   주－이름 － 찬양－가는 길 힘－할지 － 라도－고통

한 땅－에살－때에－ 주님 － 찬양해－
길 걸－어갈－때도－ 주님 － 찬양해－
이 새－롭게－될때－ 주님 － 찬양해－
이 따－를지 － 라도－ 주님 － 찬양해－

모든 축 복 주 신 주 님 　 찬 양 하 리

어둔 날 이 다 가 와도 　 난 외 치 리 주의이름

을 찬 － 양 － 해 － 주의 이름 을 　 주의 이름

주 이름 찬양

을 찬 - 양 - 해 - 영화로운주 이름 - 찬 양 -

주 님 은 주 시 며 주

님 은 찾 으 시 네 내 맘 에 하 는 말 주

찬 양 합 니 다 - 주 다 - 주 의 이름

691 거절 할 수 없는 주의 부르심

(발걸음)

미가엘 1980
원종수

거절 할 수없 - 는 주의부 - 르심 - 속에 - 믿음

으로나 - 아가는발 - 걸음 - 처음가 는 - 길이기 - 에

두려움도있 - 지만 - 나의갈 - 길을 - -주 - 가

예비하 - 심을 - 나를부르신 - 주의뜻 - 을믿 - 기에 - 어떤

장애물 - 이앞에있 - 어도 - 나보다더 - 앞서가 - 신

주의걸음뒤 - 따라 - 나의걸 - 음을 - 믿음으로옮 길 수있네 -

우 - - - - 나의발 - 걸음 - -온전히 주만바 - 라며 -

거절 할 수 없는 주의 부르심

헛된것 – 가 운 – 데 있 지않 – 도록 – 정 – 금과 – 같은 – 온전

한 믿음 – –으로 – – 주의 뜻가운 –데머물게 하소서 –

B

692 나를 기가 막힐 웅덩이와

(하나님의 조건없는 사랑)

나를 기가 막힐웅덩 이와- 수 렁 에서끌어올리
높음 이 나 깊- 음이 나- - 다 른 아무피조물이

시고 - 내 발을 반 석 위에 두신 하 나 님 의 - 그
라도- 우 리 를 예 수 안에 있 는 하 나 님 의 - 사

사 랑을 노래합니 다 허물 로 죽은 - 나를 살 리 셨고 또한
랑 을 끊 을수 없으 리 우리 가 운 데 역 사하 시 는데 로 내가

나 를 일 으키 시 사 -그리스도안 에 서 함께하늘 에 앉히신 하
구 한 모 - 든 것 에 - 더넘 치 도 록 능- 히 - 하 시 - 는 하

나 님 의조 건 없는 그 사 랑 끝이 없 는 하나 님의 그사 랑은 -

영원 전부 터 영 원 - - 까 지 변 함 없는 하 나

님 의 그 사 랑 어 떤 언 어로 표현 하 리 요 -

내게 능력 주시는자 안에서 693

홍정식

내 게 능력 – 주시는자안에서 – 내가 모든것을 – 할 수 있네 어떤

형편과 환경 속에서 – 내가 만족의비결 배 웠노라 능력

의 주예수 내맘에 계시 네 살아 계

신 주 – 예 수 내맘에 계 – 시 네 어떤

형편과 환경 속에서 – 내가 만족의비결 배 웠노라 – 내가

능력 – 주시는자 안에서 – 내가 모든것을 – 할 수 있 네

B

메들리곡
570/ 괴로울 때 주님의 얼굴 보라   583/ 나의 모든 기도가   694/ 내 구주 예수님

694

내 구주 예수님
(Shout to the Lord)

Darlene Zschech

내 구주 예수님 주같은분 없 네 내평생에
위로자 되시며 피난처되 신주님 나의영혼

찬양하리 놀라운주의사 랑 을

온맘다해 주를경배합 니 다

온땅 이여 주님께 외쳐라 능력과위 엄의왕

되신주 산과바다 소리처 주의 이름

을 높이리 주행한일 기뻐노

래하며 영원히주 님을사 랑하리

신실하신 주의약 속나받 았 네

내일 일은 난 몰라요

(I know who holds my hand)

Ira F. Stanphill

내일 일 은 난 몰라 요 하루 하 루살 아 요
좁은 이 길진 리의 길 주님 가 신그 옛 길
만왕 의 왕예 수께 서 이세 상 에오 셔 서

불 행 이 나요행함 도 내 뜻 대 로못 해 요
힘 이 들 고어려워 도 찬 송 하 며갑 니 다
만 백 성 을구속하 니 참 구 주 가되 시 네

험 한 이 길가고가 도 끝 은 없 고곤 해 요
성 령 이 여그음성 을 항 상 들 려주 소 서
순 교 자 의본을받 아 나 의 믿 음지 키 고

주 님 예 수팔내미 사 내 손 잡 아주 소 서
내 마 음 은정했어 요 변 치 말 게하 소 서
순 교 자 의신앙따 라 이 복 음 을전하 세

내일 일 은난몰라 요 장 래 일 도몰라 요
내일 일 은난몰라 요 장 래 일 도몰라 요
불과 같 은성령이 여 내 맘 에 항상계 셔

아 버 지 여날붙드 사 평 탄 한 길주옵소 서
아 버 지 여아버지 여 주 신 소 명이루소 서
천 국 가 는그날까 지 주 여 지 켜주옵소 서

696 목적도 없이

(험한 십자가 능력있네 / The old rugged cross made the difference)

William J. Gaither

목적 도 없이 나 는방황 했네 - -

소망 도 없 - 이 살 았 네 -

그 때 에 못 자 국 난 그 손길 - -

나에 게 새 생 명 주 셨 네 -

험한 십 - 자가 에 - 능력 있네 - -

거 기 서 나의 삶 이 변 했 네 -

찬 양 하 - 리 주 이 름 영 원 - 히 -

주의 십 자 가 능 력 있 네 -

나 는믿 네 갈 보 리 언 덕 십 자 가 -

목적도 없이

B

697 우리에게 한 제단이 있으니

(불의 제단)

예수 십자가에 흘린 피로써 개사 & E.A.Hoffman

1. 우리에게 한제단이 있으니 십자가제단에나아가
2. 무너진 제단을 다시 쌓고서 기도의 향불을 올리자
3. 십자가로 참사랑 알게 되니 그사랑 내게도 주시사
4. 오순절에 불로 오신성령이여 우리 교회 지금 태우사
5. 불로 응답하는 신이 참신이라 믿 - 고 구하면 주시네
6. 이불이 붙었으면 좋겠다고 탄식을 하시던 주시여
7. 제단에 붙은불을 끄지 말라 아침 저녁 제단에 나가

우리 모든 죄를 씻어 버리고 단상의 생활을 보내자
제사장의 큰사명을 위하여 기도의 전력을 바치자
원수 위해 달게 죽을 수 있는 끓는 가슴을 주옵소서
모든 성도 남김 없이 녹이어 부흥의 역사 주옵소서
바알 신을 믿는 저이 들에게 살아 계신 주를 보이자
이 교회에 그불을 던지시사 영광이 충전케 합소서
신앙의 나무들을 벌려 놓고 기도의 바람을 불어라

하늘의 불로써 이제 다 태워주 옵소서

엘리야의 때와같이 지금도 돌과 흙 까지 태우소서

이제 내가 살아도

698

최배송

1. 이 제 내 가-- 살 아 도 주 위 해 살 고
   하 늘 영 광-- 보 여 주 며 날 오 라 하 네
2. 이 제 내 가-- 떠 나 도 저 천 국 가 고
   우 리 예 수-- 찬 송 하 며 나 는 가 겠 네

이 제 내 가-- 죽 어 도 주 위 해 죽 네 다
할 렐 루 야-- 찬 송 하 며 주 께 갑 니
이 제 내 가-- 있 어 도 주 위 해 있 네 네
천 군 천 사-- 나 팔 불 며 마 중 나 오

그 러 므 로 나 는 사 나 죽 으 나 주 님 의 것 이 요

사 나 - 죽 으 나 --- 사 나 - 죽 으 나

날 위 해 피 흘 리 - 신 내 주 님 의 것 이 요

B

699

허무한 시절 지날 때
(성령이 오셨네)

김도현

허무한시절지날때 - 깊은한숨내쉴때 - 그런풍경보 - 시며 - 탄식
억눌린자간힌자 - 자유함이없는자 - 피난처가되 - 시는 - 성

하는분 - 있네 - 고아같이너희를 - - 버려두지 않으리 -
령님계 - 시네 - 주의영이계신곳에 - 참자유가 있 다네 -

내 가너희와영원히 - 함께하 - 리라 - 성령이 오 - 셨네 -
진 - 리 의영이신 - 성 령이오 - 셨네 -

성 - 령이 오셨네 - 내주의보내신 - 성 령이오 - 셨네 -

우리인생 가운데 - 친히찾아 - 오셔서 - 그나라꿈꾸게하시네

메들리 곡   692/ 나를 기가 막힐 웅덩이와   694/ 내 구주 예수님   698/ 이제 내가 살아도

감당 못 할 고난이 닥쳐와도 700

(내가 승리 하리라)

김석균

1. 감당 못할 고 난이 닥쳐와도- 나는 두렵지않 네
2. 소돔 같은재 앙이 온다 해도- 나는 두렵지않 네
3. 원치 않는질 병이 찾아와도- 나는 두렵지않 네
4. 부귀 영화명 예가 떠나가도- 나는 두렵지않 네

여호와의손 잡고 일어나 - 반드시 승리하리 라
여호와는내 방패 이시며 - 피난처 되시는도 다
여호와의치 료의 손길이 - 내몸을 감싸주시 네
여호와로인 하여 감사와 - 기쁨이 넘쳐나도 다

여호와- 만군의하-나님이 나에게- 능력을- 주시니
여호와- 구원의하-나님이 나에게- 새 힘을- 주시니
여호와- 창조의하-나님이 나에게- 새 생명- 주시니
여호와- 전능의하-나님이 나에게- 지혜를- 주시니

무슨- 일을만- 나든지 내가 승리하리 라
무슨- 일을만- 나든지 항상 찬송하리 라
무슨- 일을만- 나든지 항상 기뻐하리 라
무슨- 일을만- 나든지 항상 감사하리 라

B

 메들리 곡 570/ 괴로울 때 주님의 얼굴 693/ 내게 능력 주시는 자 안에서 699/ 허무한 시절

내 영혼의 BEST 700
주찬양

초판 발행일 : 2014년 11월 1일

2판 발행일 : 2015년 5월 1일

펴 낸 이 : 김 수 곤

펴 낸 곳 : 선교햇불CCM2U

출 판 등 록 : 1999년 9월 21일 제54호

악 보 편 집 : 노수정, 위은애

업 무 지 원 : 기태훈, 김한희

주　　　소 : 서울시 송파구 삼전동 103번지

전　　　화 : (02) 2203-2739

F　A　X : (02) 2203-2738

E － mail : ccm2you@gmail.com

Homepage : www.ccm2u.com